本书系国家社会科学基金2013年度教育学一般项目
"大学层面本土留学的价值识别与风险控制"
（BIA 130084）研究成果

高/等/教/育/发/展/丛/书

柯佑祥 张紫薇 / 著

大学层面本土留学的价值识别与风险控制

图书在版编目(CIP)数据

大学层面本土留学的价值识别与风险控制/柯佑祥,张紫薇著.—武汉:华中科技大学出版社,2019.9
(高等教育发展丛书)
ISBN 978-7-5680-5665-6

Ⅰ.①大… Ⅱ.①柯… ②张… Ⅲ.①留学教育-研究 Ⅳ.①G648.9

中国版本图书馆 CIP 数据核字(2019)第 197008 号

大学层面本土留学的价值识别与风险控制   柯佑祥 张紫薇 著

Daxue Cengmian Bentu Liuxue de Jiazhi Shibie yu Fengxian Kongzhi

策划编辑:	陈建安
责任编辑:	佟　一
封面设计:	刘　卉
责任校对:	李　弋
责任监印:	周治超
出版发行:	华中科技大学出版社(中国·武汉)　　电话:(027)81321913
	武汉市东湖新技术开发区华工科技园　　邮编:430223
排　　版:	华中科技大学惠友文印中心
印　　刷:	武汉华工鑫宏印务有限公司
开　　本:	710mm×1000mm　1/16
印　　张:	14.75　插页:2
字　　数:	275 千字
版　　次:	2019 年 9 月第 1 版第 1 次印刷
定　　价:	78.00 元

本书若有印装质量问题,请向出版社营销中心调换
全国免费服务热线:400-6679-118　竭诚为您服务
版权所有　侵权必究

目录

第一章 绪论 /1
 第一节 研究背景 /1
 第二节 研究目的与意义 /4
 第三节 文献综述 /6
 第四节 核心概念 /17
 第五节 本课题的研究思路、研究方法、技术路线 /19

第二章 留学的变迁及其功用 /21
 第一节 大学层面留学教育变迁 /21
 第二节 大学层面本土留学的特点与价值践行 /33
 第三节 大学层面"境外留学"与"本土留学"的变迁机制 /47
 第四节 讨论与展望 /58

第三章 本土留学的教育价值 /60
 第一节 高等教育外部提供的价值 /60
 第二节 大学本土留学文凭的教育价值 /66
 第三节 大学本土留学文凭的教育价值指标体系构建 /72
 第四节 大学本土留学文凭的教育价值的评价案例分析 /77
 第五节 大学本土留学文凭的教育价值的实证研究 /84

第四章 大学层面本土留学主体收益与风险的理论基础与设计 /95
 第一节 本土留学个人收益与风险的特征 /95
 第二节 大学本土留学个人收益及风险的影响因素 /103
 第三节 大学本土留学个人收益及风险的理论基础 /110
 第四节 大学本土留学个人收益及风险的分析逻辑 /116

第五章 大学层面本土留学个人收益与风险的现状调查 /119
   第一节 调查设计与样本描述 /119
   第二节 问卷调查的数据整理与分析 /129
   第三节 主要结论 /169

第六章 大学层面本土留学个人收益的计量与分析 /173
   第一节 本土留学个人收益计量样本与数据说明 /173
   第二节 本土留学个人收益结果与分析 /176
   第三节 主要结论 /190

第七章 大学层面本土留学个人风险的计量与评价 /193
   第一节 本土留学个人风险的计量方法与数据说明 /193
   第二节 本土留学个人风险计量结果与分析 /195
   第三节 主要结论 /201

第八章 研究结论及对策建议 /202
   第一节 大学本土留学的教育价值及风险研究总结 /202
   第二节 大学本土留学教育价值及风险的影响因素分析 /208
   第三节 大学本土留学教育投资的 SWOT 分析 /210
   第四节 提高大学本土留学教育价值及规避风险的对策建议 /216
   第五节 分析和讨论 /220

参考文献 /222

后记 /232

第一章 绪 论

大学层面本土留学是一种新的留学教育形式,属于高等教育的外部提供。其核心是基于个人获得的在本土接受境外高等教育的机会与活动,主要是一种个人行为。大学层面本土留学既受期待,也受质疑。其价值有多大,是否能真正使个人获得应有的教育价值,学有所长?是否能够以低投入获得高回报的经济价值,学有所值?是否得不偿失?如何来检测和鉴定与识别大学层面本土留学的教育价值、个人发展与经济价值?如何发挥大学层面本土留学的有效性?如何降低、规避与控制大学层面本土留学的风险?这一系列问题既是社会所关心的,也是理论研究未能充分地证明与回答的。

第一节 研究背景

自20世纪80年代以来,世界经济发生了巨大变化。其中一个突出的变化是,随着经济全球化的大潮席卷而来,人类的发展逐渐打破了地域、民族的界限,并迅速蔓延到政治、经济、科技和教育等各个领域,促使世界政治体系、经济格局发生重大变化,带来科学技术的突飞猛进,促使资本、劳动力、知识等要素在全球范围内流动,实现世界资源的优化配置。联合国在1999年《人类发展报告》中指出:"全球化不仅表现为货币和商品的流动,而且表现为人们相互依赖程度的日益增强。全球化不仅是经济的,而且是文化、技术和治理结构一体化的过程。"[①]经济发展引起的全球化是当今社会不可逆转的发展趋势,已成为21世纪的时代特征。

一、经济全球化与高等教育国际化

高等教育发展与经济和社会的发展有着密切的联系。随着世界经济一体化热潮的深入推进,高等教育国际化的浪潮随之兴起。目前,国际化与跨国教育俨然已成为高等教育发展的重心,各国通过不断开放的高等教育,培养高层次专门人才,发展和创新科学技术,增强经济、军事竞争能力,提高本国综合国

---

① 人类发展报告编写组.1999年人类发展报告[M].北京:中国财政经济出版社,2001.

力。与此同时,研究者逐渐赋予高等教育国际化更为广泛的内涵和外延,高等教育国际化并不局限于出国留学、国际师资流动等传统形式,现已发展成为一个在高等教育机构本身所具有的传授、调研和服务功能方面不断融合跨国界、跨文化视角的过程。尤其在中国加入世界贸易组织后,面对世界日益激烈的国际竞争,国内急需具有国际视野的专业人才,人才竞争正式成为国家发展战略的着力点和关键。

高等教育肩负着培养人才、发展科学等重大历史使命,迫切需要不断开放,走出国门,培养国际化复合型人才,为我国经济社会的发展、国际地位的提高输送人才。为此,中共中央、国务院于2010年7月29日发布实施《国家中长期教育改革和发展规划纲要(2010—2020年)》,明确提出,"借鉴国际上先进的教育理念和教育经验,促进我国教育改革发展,提升我国教育的国际地位、影响力和竞争力。适应国家经济社会对外开放的要求,培养大批具有国际视野、通晓国际规则、能够参与国际事务和国际竞争的国际化人才。"[①]因此,通过加强国际交流与合作、引进优质教育资源、提高交流合作水平等途径促进我国高等教育国际化已是大势所趋。

二、中外合作办学异军突起

在我国,大学层面本土留学(以下称为大学本土留学)主要是通过高等教育领域的中外合作办学这条途径实现的,大学本土留学与中外高校合作办学联系密切。在经济全球化、高等教育国际化的时代背景下,在我国高等教育大众化的进程中,中外合作办学经过30多年发展,正逐渐成为继公办高校、民办高校之后的第三支办学力量,已经发展为中国高等教育国际化的重要形式。

在20世纪80年代早期,我国高校就开始探索各种形式的中外合作办学活动。1987年,天津财经大学与美国俄克拉荷马城市大学合作举办MBA项目,开启了中外合作办学的先河。90年代中期,国务院和原国家教委相继出台《中外合作办学暂行规定》《关于加强中外合作办学活动中学位授予管理的通知》等文件,明确规定中外合作办学是"外国教育机构同中国教育机构在中国境内合作举办以中国公民为主要招生对象的教育机构或项目的活动",规范并推动了中外合作办学的发展。到2002年年底,我国"共有中外合作办学机构

[①] 中华人民共和国教育部.国家中长期教育改革和发展规划纲要(2010—2020年)[EB/OL].[2010-07-29]. http://www.moe.gov.cn/publicfiles/business/htmlfiles/moe/moe_838/201008/93704.html.

和项目712个,比1995年初增长了九倍多,覆盖了28个省、自治区、直辖市。"①

2003年3月,国务院颁发了《中华人民共和国中外合作办学条例》,条例中明确指出"国家对中外合作办学实行扩大开放、规范办学、依法管理、促进发展的方针。""国家鼓励在高等教育、职业教育领域开展中外合作办学,鼓励中国高等教育机构与外国知名的高等教育机构合作办学。"当年9月该条例正式实施,中外合作办学自此进入快速发展阶段。宁波诺丁汉大学、(苏州)西交利物浦大学、温州肯恩大学等具有独立法人资格的中外合作办学机构相继成立。

2012年,中外合作办学机构的发展取得重大突破。当年10月11日香港中文大学(深圳)在深圳举行了批筹仪式;同年10月15日上海纽约大学(华东师范大学与美国纽约大学合作)正式成立(2013年开始招生);同年12月19日已获国家教育部批准筹建的昆山杜克大学(武汉大学与美国杜克大学)举行揭牌仪式,中外合作办学再次成为高等教育学界以及媒体、社会舆论关注的焦点。2013年9月5日,教育部首次以"中外合作办学"为主题召开新闻发布会,专题介绍中外合作办学有关情况,此次会议具有历史性突破意义。

截至2018年5月,经行政审批机关批准设立和举办的中外合作办学机构和项目共有2654个,其中由教育部审批和复核通过的中外合作办学机构和项目(即本科以上机构和项目)1324个。截至2017年9月,中外合作办学高等教育阶段在校生约45万人,占全日制高等学校在校生规模的1.4%。高等教育阶段中外合作办学毕业生超过150万人。② 随着国内高水平大学与世界一流大学的合作办学,中外合作办学已进入平稳发展阶段,办学初具规模,布局更加合理,学科专业结构逐步优化。

三、本土留学教育的未知与挑战

中外合作办学是提高我国高等教育国际化水平的途径之一,采用国外大学教育模式不仅能对我国高等教育改革发挥"鲶鱼效应",有利于缓解我国高等教育供需矛盾,促进高等教育供给的多样化,而且为更多的中国学生提供"本土化留学"的机会,即不出国门就可享受到国外的教育。相对出国留学昂贵的学费和生活费,中外合作办学教育成本相对较低,本土留学可以让更多的

---

① 赵彦志. 收益、风险与监管:中外合作办学的经济分析[M]. 北京:中国社会科学出版社,2010:4.

② 王峰. 中外合作办学遭"强力清盘":234个机构和项目退出后的监管新局[EB/OL]. [2018-07-13]. http://www.21jingji.com/2018/7-13/5OMDEzNz1fMTQzOTU5OA.html.

中国家庭和学生有机会享受国外优质的教育资源,实现自己的"留学梦"。同时,自20世纪90年代起,中国出境留学市场鱼龙混杂,存在较大的留学风险。据《国际人才蓝皮书:中国留学发展报告(2013)No.2》(以下简称《中国留学发展报告(2013)》)指出,"文化差异、学习压力和感到孤独是青少年留学生的三座大山"。许多独生子女留学生自制能力偏差,缺乏生活经验,再加上留学生安全问题频发,留学生学习、安全和生活等问题令人担忧,许多家长对孩子出国留学忧心忡忡。

面对出国留学存在的风险和不确定性,中外合作办学应运而生,并发展迅速。其新型的本土留学方式受到越来越多家长和受教育者的青睐。但是,由于中外合作办学机构引进国外资源水平偏低,对部分机构和项目认证体系不完善、监管力度不够,严重影响了中外合作办学的声誉,因而发展的步伐缓慢,仍处在初步摸索阶段。

客观来讲,经过长期以来的发展探索,我国在出国留学政策、管理和信息发布方面相对完善,出国留学市场也相对成熟,每年均有《中国留学发展报告》出台。国内大学的发展都在国家政策的管理与调控之下,每年我国也都会发布"本科教学质量报告",使得中国家长和受教育者对相关大学的信息能够做到心中有数。而对于本土留学的情况,大多中国家长和受教育者只能通过中外合作办学机构或项目的自身网站介绍了解,缺乏第三方相对公正的信息参考,因此本土留学形式虽然引起中国学生的兴趣,但是更多家庭在实际选择中外合作办学项目或机构时,还是持怀疑和保留态度。虽然相对出国留学而言,本土留学成本大大降低,但是相对国内一般高校而言,本土留学的费用依然很高,因此家长和学生在选择学校时更关注本土留学的性价比问题:教育成本到底有多少?本土留学文凭在目前中国社会受到多大认可?相对其他教育方式,本土留学有什么优势与不足?总之,本土留学教育充满着未知与挑战,本课题希望从受教育者角度出发,分析中外合作办学的教育成本,探讨本土留学的收益与风险,为更多考生及其家庭选择本土留学提供理性投资的决策参考。

第二节 研究目的与意义

"大学层面本土留学的价值识别与风险控制"是一个亟待开拓的前沿研究课题,也是一个应用范围很广的热点问题,涉及政府、社会、高校、学生及其家庭等多方利益。提供决策参考,引领大众认知,解答报考秘笈,繁荣学科建设,既是本课题研究的宗旨,也是本课题探索的价值所在。

第一章 绪论

一、研究目的

通过历史考察,区分大学本土留学和出国留学的功用;在问卷调查和量化统计的基础上测定、识别、分析本土留学文凭的教育价值,实证研究大学本土留学的成本收益(经济价值);运用典型案例分析,识别大学本土留学可能的损失和风险,揭示国际化人才培养的共同特征与价值追求,提出大学本土留学综合价值最大化的策略与风险最小化的控制路径。借此丰富高等教育理论,并为个人、社会理性选择大学本土留学之实践提供参考。结合大学本土留学的现实状况,迫切需要回答以下三个基本问题,这些问题既是社会所关心的,也是以往的理论研究未能充分证明与回答的。

(1)当前,大学本土留学的价值及风险是怎样的,是否能真正使个人获得应有的教育收益,学有所长?是否能够以低投入获得高回报的经济收益,学有所值?是否得不偿失?大学本土留学的教育价值、个人收益的表现形式与形成机理是什么?

(2)如何检测、鉴定、识别大学本土留学的教育价值、个人收益及风险?如何突破传统研究方法的局限性,重新构建个人价值、收益及风险计量模型?

(3)如何充分实现大学本土留学投资的教育价值、个人收益?如何降低和规避大学本土留学的风险?

二、研究意义

本土留学的教育价值及风险的形成与规律有深刻的理论基础和现实依据,它涉及高等教育学、社会学、经济学和管理学等众多学科领域,是一个跨学科研究的课题。对本土留学这一特殊活动的教育价值、个人收益及风险进行理论分析及实证研究,具有重要的理论价值和现实意义。

在理论上,本课题通过探索大学本土留学的教育价值、个人收益与风险的基本关系和一般规律,既为留学教育研究、中外合作办学研究、高等教育国际化研究、高等教育经济研究等领域提供鲜活的研究素材案例,又可以促进这些领域的发展。具体而言,从教育价值、收益和风险角度对大学本土留学的分析,有利于加深对留学教育的道路、内容与形式的探索,拓展中外合作办学领域的研究范围,加强对高等教育外部提供和高等教育国际化的研究,开拓教育收益和风险研究的新方向、新方法,推进高等教育经济学的理论研究和学科建设。

在实践上，本课题从高等教育投资的角度，采用定量、定性相结合的方法对本土留学的教育价值、个人收益及风险进行测定、评估和预测，有利于厘清人们对大学本土留学价值的困惑，指导个人和社会理性看待大学本土留学并做出正确选择，控制与避免损失，实现大学本土留学收益最大化，并为相关政策调整提供参考。

第三节 文献综述

大学本土留学是社会关注的议题，也是中外合作办学的主要动因和办学目标。对于这种非公立高校之外的高等教育，学界主要将关注点放在中外合作办学和出国留学的相关问题上，而对其价值的识别及风险控制，给予的关注度还不足。

一、本土留学机构（中外合作办学）相关研究

我国大学层面的本土留学主要是通过中外合作办学高校实施的，中外合作办学高校的发展直接影响到大学本土留学的价值、收益及风险。

1. 中外合作办学的内涵与基本属性

对于中外合作办学的定义，研究者基本以《中华人民共和国中外合作办学条例》（以下简称为《中外合作办学条例》）为标准，认同中外合作办学是指外国教育机构同中国教育机构在中国境内合作举办以中国公民为主要招生对象的教育机构的活动。自1980年以来，中外合作办学在30多年的发展过程中，已逐渐形成自身特点，林金辉和刘志平从中外合作办学的基本定义出发，提出中外合作办学的5个基本特点：作为办学主体的中国教育机构或外国教育结构应具有法人资格；中外合作办学不是合资办学，也不是外方独立办学，应是合作办学；中外合作办学以中国学生为主要招生对象；中外合作办学教学地点应以中国境内为主；中外合作办学需依法得到认可。[①]

合作办学国际上往往被称为跨国高等教育（TNHE），其定义基本以联合国教科文组织的定义为标准，指学生就学所在国不同于学位授予机构所在国的所有高等教育学习项目、研究课程及教育服务（包括远程教育）。[②]

---

① 林金辉，刘志平.高等教育中外合作办学研究[M].广州：广东高等教育出版社，2010：10.
② United Nations Educational, Scientific and Cultural Organization. Policy Paper for Change and Development in Higher Education[R]. Paris：UNESCO，1995.

中外合作办学模式多种多样,研究者采用不同分类标准对其进行归类,有利于进一步的研究工作。王剑波依据设置机理,将中外合作办学分为中外合作办学项目和机构两大类:中外合作办学项目是指中国教育机构与外国教育机构以不设立教育机构的方式,在学科、专业、课程等方面,合作开展的以中国公民为主要招生对象的教育教学活动,中外合作办学项目的数目要远远超过中外合作办学机构。中外合作办学机构根据是否具有法人资格,又可分为独立设置机构和非独立设置的二级学院。独立设置的中外合作办学机构具有独立法人资格,拥有独立的校园和办学设施,独立招生,独立实施教育组织与管理,颁发独立的学历证书。中外合作办学二级学院是介于中外合作办学项目和独立机构之间的一种办学模式,是设立在中方合作大学内的中外合作办学机构,不具独立的法人资格,类似于民办大学中的独立学院,如吉林大学-莱姆顿学院等。①

跨国教育全球联盟(GATE)将跨国高等教育分成以下七种模式:海外分校、特许经营、关联项目、双联课程、教育公司、远程教育、出国留学。加布里埃尔·维格诺利(Gabriel Vignoli)对跨国高等教育的七种模式进行了调整:特许经营、关联项目、海外分校、境外机构、教育公司、国际机构、远程教育和虚拟大学。每种模式下中方和外方的角色定位、授课方式、教材、师资配置以及文凭发放形式等各有不同。

2. 中外合作办学的发展阶段与问题

关于中外合作办学的发展阶段,研究者的划分方法不同,观点各异。黄藤、王冠将发展历程分为四个阶段:第一阶段,从改革开放初期至80年代中期,我国开始探索合作办学活动;第二阶段,从80年代末期到90年代前期,伴随中外合作办学机构数量逐渐增加,中外合作问题增多;第三阶段,1995年至2003年,《中外合作办学暂行规定》颁布并实施以后,中外合作办学机构和项目迅速发展;第四阶段,2003年至今,《中外合作办学条例》正式实施,中外合作办学进入规范发展阶段。②

陆根书等人依照中外合作办学政策和办学数量的变化,将中外合作办学的发展历程分成四个阶段:探索发展阶段、规范发展阶段、规范管理阶段、快速发展阶段。③根据教育部2012年8月公布的数据,陆根书等人从数量、地域、

---

① 王剑波.跨国高等教育与中外合作办学[M].济南:山东教育出版社,2012.
② 黄藤,王冠.第三办学力量的希望与困境——对中外合作办学的实践、理论及有关政策问题分析[J].民办教育研究,2006(5).
③ 陆根书,康卉,闫妮.中外合作办学:现状、问题与发展对策[J].高等工程教育研究,2013(4).

层次、模式等对中外合作办学的基本情况进行了重新分析：中外合作办学的数量迅速增加；中外合作办学的项目、机构集中分布在东部、中部地区；中外合作办学的层次依然以本科层次为主；中外合作办学的项目远多于机构，具有独立法人资格的机构只有4所（2012年数据）。

现在，中外合作办学主要存在以下问题：中外合作办学的发展阶段极不平衡；项目与机构的比例极不平衡；办学层级的结构不合理；法人治理结构不合理；地域分布极不平衡。针对中外合作办学的诸多问题，研究者重点从完善政策、均衡布局、健全机制、优化结构等角度提出切实可行的对策建议。

跨国高等教育的现状及发展策略问题亦是国外研究者研究的热点。格兰特·麦克伯尼（Grant McBurnie）和克里斯多夫·里格罗斯（Christopher Ziguras）以中国香港、马来西亚和澳大利亚为例，探讨了当前跨国高等教育的发展经验和发展对策。他们认为法律是跨国高等教育最有力的工具，并建议建立国际跨国高等教育质量认证系统。

3. 关于本土留学产生背景与动因的研究

研究者对本土留学发展背景及动因的基本观点是：全球化经济、高等教育国际化以及我国加入世界贸易组织（WTO）是本土留学发展的时代背景，引进国外优质教育资源是本土留学产生的源动力。相关研究者从不同侧重点具体阐述了本土留学的发展动因问题。徐建中等人从中方和外方两个角度阐释了本土留学的产生动因：发达国家高校主要受抢占国际教育市场、获取经济利益和社会效益三个方面原因的驱使；中方更希望通过合作办学学习外方经验，适应教育国际化和多样化的需要，以缓解我国教育资源的不足。①

陈润奇从内部和外部两方面分析本土留学产生的动因：外部动因包括获取巨大的经济利益、解决本国的教育资源过剩问题、扩大高校的知名度。内部动因包括弥补教育投资的不足、为教育改革注入新的活力、引进先进的教育资源、满足教育消费者对教育不断增长的需求。②

国外学者从经济、教育、政治等多角度探究跨国高等教育的动因问题。莫家豪（Ka Ho Mok）认为满足不同利益相关者的需求是跨国高等教育最主要的源动力。③ 简·奈特（Jane Knight）提出跨国高等教育是文化、政治、经济和学

---

① 徐建中,李有彬,那书博.中外合作办学的经济性分析与模式探索[J].情报科学,2006(5).
② 陈润奇.高等教育国际化背景下对中外合作办学的探索[D].上海:上海师范大学,2007.
③ Mok K H. Globalisation and Higher Education Restructuring in Hong Kong, Taiwan and Mainland China[J]. Higher Education Research and Development, 2003, 22(2).

术等一系列因素的结果。① 菲利普 G. 阿特巴赫(Philip G. Altbach)和简·奈特认为在自由贸易下跨国高等教育的主要动因是追求利益和高等教育的供给需求,他们还详细分析了欧盟国家和发展中国家教育国际化的不同动因。②

杰里·文森特·尼克斯(Jerry Vincent Nix)在其博士论文中,通过调查提出中美合作办学的主要原因:①中国政府开始接受学术资本主义,并鼓励高校从发达国家购买文凭,外方院校则倾向于出售教育项目;②美国在中国跨国高等教育的主要目的是营利(2008年收入总额1亿美元),学生的学习处于次要位置;③受中国的关系、面子文化影响,跨国高等教育项目深受学生及家长的欢迎。

美国加利福尼亚大学教授詹姆斯·派纳戴斯(James Paradise)认为,中国的跨国高等教育是中国新型外交手段,中国快速增长的中外合作办学机构或项目实是为政治目的服务,它有利于中国向知识型与改革型社会发展,逐步扩大中国对世界的影响力。

4. 关于本土留学机构的宏观、微观管理研究

关于本土留学机构的外部宏观管理研究集中在中外合作办学的教育主权、公益性与营利性、相关政策法律、如何引进优质教育资源以及中外合作办学的质量监管与评估等问题上。

王剑波和薛瑞莉提出教育主权问题是中外合作办学理论研究的重点,中外合作办学的其他问题,如引进外资、经营手段、产业运作等都与教育主权问题密切相关。③ 虽然《中外合作办学条例》明确提出,"中外合作办学属于公益性事业",但是中外合作办学作为一种教育服务形式,本身兼具公益性和营利性,因此教育部在《中外合作办学条例实施办法》中进一步补充了中外合作办学的合理回报问题,允许中外合作办学依法收取合理回报。

李永强、金璐、邵丽霞、陆小兵、王文军等人重点分析了中外合作办学政策的发展、政策环境、政策失真等问题,其中邵丽霞在论文中介绍了合作办学的政策内容,分析了政策失真的表现及原因,最后从控制、实施、监督、反馈四个环节提出应对之策。④ 罗尧成认为,正确识别外国教育资源是确保引进优质资

---

① KNIGHT J. Internationalization Remodeled:Definition,Approaches and Rationales[J]. Journal of Studies in International Education,2004,8.

② ALTBACH P G,KNIGHT J. The Internationalization of Higher Education:Motivations and Realities[J]. Journal of Studies in International Education,2007,11.

③ 王剑波,薛瑞莉.中外合作办学教育主权问题的理性思考[J].山东师范大学学报(人文社会科学版),2004(5).

④ 邵丽霞.中外合作办学政策分析[D].扬州:扬州大学,2009.

源的前提,识别优质资源应关注拓展优质资源视域、避免观念误区及把握优质资源特征三方面。①

如何建立高效的质量保障系统不仅是我国面对的问题,也是其他国家共同面临的挑战,关于跨国高等教育的质量保障问题是外国学者研究的焦点。杉本一宏(Kazuhiro Sugimoto)指出,澳大利亚为加强对海外教育机构的审计,不断增加财政投入,建立政府和第三方独立机构相结合的质量保障系统。经过三十多年的发展,中外合作办学正稳步快速发展,虽然发展过程中出现了各种问题,但是正如菲利普 G. 阿特巴赫所说,中国政府和高校对中外合作办学机构(项目)已逐步形成正确的监管方法,确保中外合作办学过程中中方的利益。

随着中外合作办学的研究不断深入,研究者的研究视角越来越细化,本土留学机构的教学管理、师资管理、学生管理等问题逐渐成为研究热点。

教学管理的研究重点集中在本土留学机构的双语教学问题、教育模式、教材使用、课程问题等。针对中外合作办学中的双语教学问题,芦文娟和朱柯冰提出,通过汉译型、延展型、示范型、合作型等教学模式,可以提高课程的教学效率。② 本土留学作为一种新型的教育模式,不能拘泥于传统的教学方式,张宁和连进军提出,中外合作办学课程应形成一种具有批判性的多元特色文化。③

师资管理的研究重点集中在外籍教师的引进与管理、辅导员队伍建设、教师的绩效考核及工作满意度调查等。中外合作办学对教师队伍提出了更高的要求,但是实践中本土留学机构的师资队伍存在"结构不合理、流动性大、良莠不齐、培训不足"等问题。④ 外籍教师是本土留学机构的中流砥柱,优秀的外籍教师应具备"学术至上、以人为本、尊重个性、追求正义"的特征。⑤ 规范教师管理、提高教学效率,是提高合作办学质量的关键。

学生管理的研究重点集中在学生的学习态度、心理状态、学习管理、毕业生就业等方面。王春梅以参与本土留学项目的学生为样本进行实证研究,揭示了学生的家庭背景、自我效能与学习态度的关系。

外国学者对跨国高等教育中内部管理问题的研究集中在文化语言冲突以

---

① 罗尧成.高职院校国际合作办学项目中优质教育资源的识别与引进[J].教育与职业,2012(36):14-17.
② 芦文娟,朱柯冰.中外合作办学背景下双语教学模式研究[J].教育理论与实践,2013(9).
③ 张宁,连进军.多元文化视角:中外合作办学批判性课程文化的生成与构建[J].江苏高教,2012(6).
④ 冯发明.中外合作办学的师资问题及对策探析[J].教育与职业,2007(6).
⑤ 冷树伟,高永军,冯娅楠,等.中外合作办学外籍教师教育资源优势及特征分析[J].中国成人教育,2011(8).

及教学模式等。莫家豪和徐晓舟(Xiaozhou Xu)以中国浙江省的学生为调查对象进行研究,研究表明,中外合作办学机构里的学生对课程安排、教学方式、教学模式、考核方式、师资力量及教学设备等相对满意,但是学生普遍认为中外合作办学机构的学费相对较高。① 内尔·霍尔(Lynnel Hoare)分析了合作办学机构中的学生的有形及无形的教育收益,并论证了如何确保学生的学习经验转换为他们日后发展所需要的技能。②

二、出国留学价值、成本、效益分析

目前,中国留学教育已从过去的精英留学时代进入到大众化留学时代。对出国留学教育的研究包括出国留学教育和留学归国两个大的方向。研究者对出国留学教育的研究在宏观方面主要集中于出国留学教育的历史发展。出国留学教育研究中与本课题密切相关的是研究者对于出国留学的价值、成本、效益等问题的探讨。

戚德祥和柳海民在《出国留学教育价值论》一文中从文化、经济、思想、发展四个方面分析了出国留学的价值,指出出国留学有利于促进中西方文化的传播与交流;提高人力资本的投资回报;促进教育观念的更新与发展;推动学术、学科发展和人才培养。③ 此外,戚德祥在其博士论文《出国留学教育与中国高等教育跨越式发展》中进一步详细论述了出国留学教育对中国高等教育的积极影响。

李晓伟采用经济学方法对自费出国留学的供给和需求进行分析,指出留学教育的"准公共产品"属性及留学政策中的配额限制决定了留学市场的供给现状;留学政策及个人收入水平、预期收入、选择偏好等决定了留学市场的需求现状,并解释了中国留学市场中供不应求的现象。④ 成刚从国际教育服务贸易的视角,采用定量分析的方法论证了留学不但给教育出口国带来可观的外汇收益,而且为出口国积累了大量的人力资本,并计量分析了留学教育对我国造成的经济损失和收益。⑤

---

① Mok K H, XU X Z. When China Opens to the World: A Study of Transnational Higher Education in Zhejiang, China[J]. Asia Pacific Education Review, 2008, 9(4).
② Hoare L. Transnational Student Voices Reflections on a Second Chance[J]. Journal of Studies in International Education, 2012, 16(3).
③ 戚德祥,柳海民. 出国留学教育价值论[J]. 东北师大学报(哲学社会科学版), 2003(4).
④ 李晓伟. 自费留学的经济分析[J]. 科学学与科学技术管理, 2002(4).
⑤ 成刚. 对我国留学经济的分析[J]. 教育科学, 2003(5).

留学分公派留学和自费留学两种形式,公派留学的教育成本主要由国家和政府相关部门承担,自费留学的教育成本则主要由受教育者个人承担。陈学飞等人在著作《留学教育的成本与收益:我国改革开放以来公派留学效益研究》中对我国公派留学教育的成本进行了定量分析。张珍对我国自费留学中的个人教育成本进行了剖析。张珍将留学的教育成本分为个人投资留学的经济成本(包括前期成本、直接成本及机会成本)、个人投资留学的人力资源成本、个人投资留学的时间成本三部分。①

田玲依据布尔迪厄的理论,对留学教育效果的评估方法引入新的视角,即运用资本的概念解释各种教育效益,对留学教育效益的评估从经济资本、文化资本和社会资本进行划分,建立了留学教育成本投入与效果产出的分析框架。② 李鸿泽分析了留学教育给个人带来的非货币性收益:提升外语水平,融入国际文化;体验异国风情,丰富人生阅历;获得移民资格,改变生存环境等。③ 对出国留学教育的成本与效益的分析,以《留学教育的成本与收益:我国改革开放以来公派留学效益研究》这本著作最具代表性。书中采用量化研究和质性研究相结合的方法,在大规模的问卷调查和专题调研的基础上,运用教育经济学和教育社会学的相关理论,分析我国公派留学的个人效益、社会收益以及它们之间的关系等,为留学效益的评估提供了重要的参考体系和范例。④

三、教育收益与风险的研究

自西奥多 W. 舒尔茨(Theodore William Schultz)和加里·贝克尔(Gary Becker)创立了人力资本理论后,教育收益、风险以及教育收益与风险的关系一直是国内外教育经济学研究者关注的焦点。

1. 教育收益的定义与分类

教育能给个人和社会带来的好处,即为教育收益。国外有学者认为教育收益是由教育所带来的个人的前后变化。⑤ 国内的王善迈教授提出教育收益即教育经济效益(经济效果),是教育引起的国民收入或国民生产总值的增量

---

① 张珍.留学教育的个人投资决策解析[J].文教资料,2008(5).
② 田玲.留学教育效果评估理论框架的探讨[J].清华大学教育研究,2002(2).
③ 李鸿泽.从教育消费性收益看当代留学动机[J].世界教育信息,2007(8).
④ 陈学飞,等.留学教育的成本与收益:我国改革开放以来公派留学效益研究[M].北京:教育科学出版社,2003.
⑤ CARNOY M.教育经济学国际百科全书(第二版)[M].闵维方,等,译.北京:高等教育出版社,2000.

与教育成本的比较。① 不同学者因在界定教育收益时的侧重点不同,所以对教育收益这一定义的具体阐述略有不同。有学者从收益主体、教育层次、收益产生的原因等维度对教育收益进行分类研究:从收益主体的维度,将教育收益分为私人收益和社会收益;从教育层次的维度,将教育收益分为初级、中级和高级教育收益;从教育收益产生原因的维度,将其分为市场化收益和非市场化收益。②

2. 教育收益的计量

理论上计算教育收益的方法分为绝对收益计量和相对收益计量。绝对收益是指计算接受教育前后的变化量。有国外学者提出了计算高等教育收益的五个维度:教育费用、受教育者的反应、人的生命价值的增长、教育对经济增长的贡献和教育收益率。在实际研究中,应用最为广泛的是相对教育收益,即对教育收益率的计量,传统的计量方法有明瑟教育收益率法、教育收益现值法、教育成本收益比值法、教育内部收益率法。

詹姆斯·赫克曼(James Heckman)提出参数估计方法,即两阶段估计法,先用一个简单的连续二阶段估计反米尔斯比,然后加入工资方程后再用OLS估计法求样本选择方程中的参数。但由于这种方法要求样本选择方程中的扰动项符合正态分布,又有学者对该模型进行了扩展,提出半参数估计方法。③

国内学者刘泽云提出,由于遗漏变量、测量误差、选择偏差和异质性等问题的存在,导致根据明瑟方程计算得出的教育收益率是存在误差的,并详细讨论了如何纠正OLS估计法的偏差。④

刘泽云和萧今运用多层模型分析了学校教育、企业在职培训和成人学习等多种教育投资的收益。⑤ 马晓强的著作《教育投资收益——风险分析》揭示了教育投资在我国经济发展和社会转型过程中对个人经济收益的影响,作者采用大规模数据和多个计量模型,从教育投资收入的差距、收益率的变动等角度对教育投资的收益进行实证分析。

---

① 王善迈.教育投入与产出研究[M].石家庄:河北教育出版社,1996:246.
② 刘泽云,萧今.教育投资收益分析——基于多层模型方法的研究[M].北京:北京师范大学出版社,2009:13.
③ 钱争鸣,易莹莹.中国教育收益率统计估计与分析——基于参数和半参数估计方法的比较[J].统计研究,2009(7).
④ 刘泽云.教育收益率估算中的几个方法问题[J].北京大学教育评论,2009(1).
⑤ 刘泽云,萧今.教育投资收益分析——基于多层模型方法的研究[M].北京:北京师范大学出版社,2009.

3. 教育风险的界定和类型

西奥多 W. 舒尔茨在 20 世纪 60 年代首次提出人力资本投资的风险性，开启了研究者对教育投资风险的研究，风险的类型、来源、测量及控制成为研究的重点。

经济学、管理学等学科的学者从不同侧重点对风险这一概念进行了界定，主要观点可以分为两类：一是将风险界定为结果的变动性；二是将风险定义为对损失的测算。

加里·贝克尔是最早对教育投资风险进行系统研究的学者之一，他对教育投资风险进行了如下界定："人力资本的实际收益围绕着预期收益变动，这是因为某些因素的不确定性。一个年龄与能力既定的人的收益也是不确定的，因为还有许多无法预料的事情。"[①]

教育投资风险可以从两个角度来解释：个人教育投资收益的不确定性和个人教育投资损失的可能性。赵宏斌从这两个角度具体阐述了人力资本投资风险的定义："人力资本投资风险，一种是指投入一定量的人力、物力、财力开发人力资本，但在未来若干年，投资者的收益不一定能补偿投资成本的现象；另一种是从个体间教育收益的差异来看，对受教育者个体进行教育投资，具有相同受教育水平的个体往往会有不同的教育收益，若这种教育收益的差异是由不确定因素造成的，便是教育投资的风险。"[②]马晓强基于个人教育投资活动的特点，归纳了教育投资风险的六个特性：客观性、负面性、变动性、可测定性、潜在性、损失和收益的对立统一性。

关于教育风险的来源，研究者大多从不确定性、人力资本产权特性、信息非对称性来阐述教育风险的形成机理。西奥多 W. 舒尔茨分析了人力资本投资风险的三个来源：对自身才能的不确定性、就业的不确定性、资本市场的不确定性。[③] 加里·贝克尔讨论了教育投资收益的不确定性的三个来源：人们对自身能力的认识不确定、生命周期长短不确定、不可预测的事件。

赖武海瑞(Levhari)和韦斯(Weiss)提出由于人力资本异于物质资本的独特属性，不能买卖、转让和继承，所以具有比物质资本更大的风险。韦斯通(Wiston)从信息非对称性视角出发，认为当人们投资于高等教育时，他们不知道自己已经产生了投资行为。教育是典型的一次性投资支出，是一次性而不

---

① 加里·贝克尔.人力资本[M].梁小民,译.北京：北京大学出版社,1987.
② 赵宏斌.人力资本投资风险：对中国高校毕业生就业选择与教育投资风险的研究[M].上海：上海交通大学出版社,2007:43-44.
③ 马晓强.教育投资收益——风险分析[M].北京：北京大学出版社,2008:42.

是重复性的购买。① 史黛西·陈(Stacey Chen)认为,个人能力、大学教育质量是教育投资的永久性风险,市场状况是教育投资的暂时性冲突。针对高等教育投资风险产生的原因,武向荣归纳为以下几个方面:政治环境的不确定和意外事件的发生、高校扩招和培养方式、就业面狭窄、信息不对称等。②

4. 教育风险的计量与控制

投资风险的计量主要有马克维茨方差法、半方差风险计量法、分位数回归法、资本资产定价模型等方法。对个人教育投资风险的计量在实证研究中主要运用马克维茨方差法、分位数回归法等易于计算的方法。

赵宏斌利用国外学者关于欧洲十五国教育收益不平等研究的数据,对教育投资风险进行了国际比较研究。③ 王明进和岳昌君根据国家统计局"城调队"在1991年、1995年、2000年和2004年进行调查的数据,采用计量回归方法,对我国城镇居民个人教育投资风险进行了实证研究。④ 廖娟以中国居民收入分配课题组2002年对城镇住户的调查数据为基础,对高等教育收入风险与个人上大学之间的关系进行了实证研究。⑤

研究者大多将企业、证券管理中风险控制的理论应用于教育风险的规避与控制:威廉姆斯(Williams)和肯尼斯·扎德(Kenneth Zadeh)根据资产组合理论,提出利用资产组合投资来分散人力资本投资风险。孙国红具体分析了个人高等教育投资中的投资风险,并从高校、个人和政府三个角度提出了个人教育风险的规避策略。

韦斯曾提出"收入变动率是一个有效的测量教育风险的指标"。⑥ 研究者普遍认同教育收益与教育风险之间存在一定的相关性,国外学者佩雷拉和马丁斯采用实证研究方法验证了教育领域内平均收益与风险存在正相关关系;哈特戈和威京贝尔等人采用麦克格德瑞克的基本模型研究了高风险工作的补偿性策略。⑦ 国内学者赵恒平和闵剑运用财务投资理论,用期望收益率和标准差两个指标计量了高等教育个人投资的风险,并通过计量高等教育个人投资

---

① BELFIELD C R. Economic Principles for Education: Theory and Evidence[M]. Northampton Ma: Edward Elgar Publishing Ltd, 2000.
② 武向荣. 大学毕业生就业风险和职业选择[J]. 当代教育论坛, 2005(11).
③ 赵宏斌. 教育收益与风险的国际比较及对我国的启示[J]. 比较教育研究, 2004(8).
④ 王明进, 岳昌君. 个人教育投资风险的计量分析[J]. 北京大学教育评论, 2007(2).
⑤ 廖娟. 人力资本投资风险与教育选择——基于个体风险态度的研究[J]. 北京大学教育评论, 2010(3).
⑥ 许震. 人力资本投资风险研究[D]. 南京: 南京理工大学, 2003.
⑦ 马晓强. 教育投资收益——风险分析[M]. 北京: 北京大学出版社, 2008: 120-123.

的风险与收益分析了高等教育个人投资中风险与收益的关系①。

四、研究述评

前期相关研究成果为本课题研究提供了有益的参考。从中外合作办学基本属性和动因的相关研究中,有利于获悉本土留学的背景、动因及本土留学与中外合作办学的关系等;从中外合作办学的发展、管理政策与质量保障的相关资料中,可以在一定程度上明晰本土留学的影响因素与推进的条件等;从教育收益与风险的相关研究,可以初步了解教育价值、成本、收益、风险的核定与计算等;从留学教育的相关研究成果中可以适当吸取相关的研究方法。通过对以往文献的梳理,也发现已有的研究存在着某些不足和值得进一步探索的领域与空间。

由于发达国家是世界高等教育的外部提供者,所以这些国家极少存在大学本土留学现象,因而对大学本土留学价值与风险问题并不太关注,研究也不多。而恰恰是在中国这样一些发展迅速的转型国家,大学本土留学现象较为突出,在理论研究上大有可为。

1. 研究对象有待拓展

第一,对中外合作办学机构和项目两种模式,研究者没有区别中外合作项目和机构的不同特点对本土留学教育的影响。中外合作办学机构,尤其是具有独立法人地位的机构,它们提供国外教学模式、原版教材、外籍教师等,与部分仅仅获得国外高等教育文凭的中外合作办学项目是显著不同的,分开研究中外合作办学机构和项目是十分必要的。

第二,对本土留学和中外合作办学的区别和联系,研究者关注不足。以往研究者侧重从办学形式、集体行为、本土留学机构的角度研究中外合作办学的政策、质量保障、师资队伍等问题。中外合作办学对于个人而言最大的意义在于提供新型本土留学教育形式,但是从留学形式、个人行为、留学者视角研究本土留学教育的资料十分有限。因此,立足于大学本土留学和中外合作办学的区别和联系,从新型留学教育的收益与风险角度出发,是本课题研究的创新点之一。

2. 研究内容需要拓宽

第一,本土留学经济学方面的研究尚未得到应有的关注。有限的研究致

---

① 赵恒平,闵剑.高等教育个人投资风险研究[J].武汉理工大学学报,2005(12):123-125.

力于寻找本土留学机构的公益性与合理回报之间的平衡,力求规范合作办学各方行为,并为合理回报政策提供理论支持。少数学者从民间投资人的社会经济收益角度分析本土留学机构的收益与风险问题,较少研究本土留学生到底从新型留学教育中收获了什么,其选择新型的留学教育有何风险。因此,从个人(家庭)投资角度客观分析本土留学的教育价值、个人收益与风险问题成为本课题研究的重点。

第二,虽然教育收益一直是教育学、经济学等学科中讨论最热门的研究领域之一,但学者们对由教育质量改变引起的教育价值及收益、风险问题研究不足,以往国内外教育价值研究重点探讨受教育个体数量的增加对教育收益的影响。随着我国高等教育大众化进程加快,越来越多的适龄青年能够接受大学教育,体现在学生身上人力资本的不同更多是由高等教育的不同质量所造成。接受本土留学教育相对接受普通高等教育而言,本土留学生的教育收益和风险有什么不同,成为本课题的研究内容之一。

3. 研究方法尚可完善

以往相关研究往往从哲学思辨的方法分析中外合作办学对本土留学的意义与价值,采用定量的研究方法对本土留学的教育价值、个人收益和风险进行测量和剖析成为本课题的创新点之一。这也是当前研究的空白和缺憾,值得填补和解决。

第四节 核心概念

本土留学是一个通俗的说法,在广义上人们常常把本土留学等同于中外合作办学。但是,严格来讲,本土留学又是一个新的说法,与中外合作办学有着很大的差别。

一、大学层面本土留学

大学层面本土留学,简称大学本土留学,是一国公民不用出国就可以在自己的国家接受来自其他国家大学提供的本科专业教育,通过在本国内使用他国大学的语言,接受他国的教育理念,按照他国大学的标准和教学管理制度学习通用知识和专业知识、培养和提高各种能力等,直至修完课目,修满学分,获得国外(含"境外",下文中省略)大学提供的学士学位。在我国,大学本土留学主要是通过高等教育的中外合作办学这条途径实现的,因此,大学本土留学与高等教育的中外合作办学联系密切。

依据中外合作办学机构的种类与形式,可以分为Ⅰ类本土留学和Ⅱ类本土留学两种形式。简要来说,本课题中的大学本土留学特指中国公民在中外合作办学机构(包括独立设置机构和二级学院),接受以英文为主要教育语言,以原版教材为主要学习资料等以国外教育模式为主的高等教育学历教育。

大学本土留学是基于个人在本土接受外国高等教育的活动,是一种个人行为;而高等教育的中外合作办学涉及多种主体和利益相关者,属于集体行为。采用国外大学教育模式的中外合作办学既是高等教育外部提供的重要形式,同时也是提高我国高等教育国际化水平的途径之一,而且还为更多的中国学生提供本土留学的机会。

二、教育价值与教育收益

教育价值是教育对人和社会的意义、作用与功能。根据《教育大辞典》,关于教育价值的分类有不同的维度。①教育的工具价值和内在价值。前者指通过教育可达到的价值,它的客体不具有直接满足主体需要的属性,它的价值体现在促使其他价值的实现与完善中;后者指教育本身固有的价值。②教育的理想价值与现实价值。前者指教育以面向未来为目标,为未来社会的发展和人的发展服务;后者指教育为现实的社会生活服务,培养人的某种实际技能或技巧。③教育产品价值和教育过程价值。前者指教育活动所创造的满足一定社会政治、经济、文化需要的教育产品所具有的价值;后者指满足一定教育目的的教育过程所具有的价值。① 在本课题研究中,教育价值主要是指教育为现实的社会生活服务,培养人的某种实际技能或技巧,是教育活动所创造的满足一定社会政治、经济、文化需要的教育产品所具有的作用与功能。

教育收益指教育通过培养和提高劳动者的知识和技能给个人和社会带来的种种有益效果。② 这种收益或效果包括从货币化到非货币化的收益,既有对投资教育的个人而言的(获得更高的收入,具有周全的思考能力),也有对整个社会而言的(更高的生产率,技术创新),即使那些不直接投入教育的人也可能从中受益。本课题的教育收益专指个人收益,即个人因接受本土留学教育而带来的经济化和非经济化的收益。

---

① 顾明远.教育大辞典[M].上海:上海教育出版社,1990.
② 王玉昆.教育经济学[M].北京:华文出版社,1998:86.

三、教育风险

高等教育投资风险可以分为个人风险和总体风险,总体风险指高等教育整个系统或社会面临的风险,它与社会经济发展、国家教育系统、宏观政策等外部因素有关,个人无法消除或转移;个人风险指个人或家庭投资高等教育的收益或损失的不确定性,它与个人选择、投资水平等内在因素有关,个人可以规避或转移。本课题的教育风险特指个人风险,即由于不确定性因素,具有相同教育水平的个人存在获得不同教育收益或损失的可能。[①]

第五节 本课题的研究思路、研究方法、技术路线

本课题是我国高等教育发展中出现的一个新问题,涉及面广。它既涉及中外合作办学的宏观管理和微观管理,又与受教育者即本土留学生密切相关;在研究方法上,需要借助定性与定量、文献与案例等方法,充满挑战性。

一、研究思路

本课题从对大学本土留学和出国留学功用的比较出发,分析大学本土留学的基本特征和产生背景;以本土留学文凭及其蕴含的价值为研究标本,通过德尔菲法等方法,建立大学本土留学的教育价值指标体系和分层的标准值,测定大学本土留学的综合教育价值;从大学本土留学个体的教育成本入手,运用多元回归分析等定量方法对调查对象的教育收益率进行计算,判别大学本土留学的经济价值和非经济价值;根据大学本土留学价值的影响因素,建立系统的本土留学风险指标,结合调查数据检验损失程度和风险等级;针对大学本土留学价值不确定的状况,建立本土留学价值保障与提升的措施,建立风险规避和控制的方略。

二、研究方法

本课题是高等教育领域的一项综合研究,涉及多学科范畴,在研究方法上实行定性和定量研究相结合、理论研究与应用研究相结合。

[①] 赵宏斌.教育收益与风险的国际比较及对我国的启示[J].比较教育研究,2004(8).

文献研究法：利用国内外相关书籍、期刊杂志、网络资源等文献资料，从高等教育学视角研究大学本土留学的基本理论问题，揭示大学本土留学的基本特征与生成机理。

问卷调查与访谈：对相关院校在校生、毕业生进行随机抽样，并设置控制组与对照组，在获取本土留学教育收益及风险的一手资料的同时，对比分析控制组与对照组的教育收益与风险的异同。在调查过程中对学生进行个别访谈，详细了解学生对本土留学收益与风险问题的看法，以弥补问卷调查的不足。

定量分析法：运用德尔菲法等方法，建立大学本土留学的教育价值识别指标，运用问卷调查、访谈等获得的研究数据，统计和测定大学本土留学文凭的教育价值。采用描述统计、方差分析等方法对本土留学的个人收益及风险进行定性评价；采用最小二乘回归法、倾向指数匹配法、分位数回归法、模糊综合评价法对本土留学个人收益及风险进行定量分析，综合运用定性描述与定量分析相结合的方法。将高等教育价值理论、发展规律理论和质量保障研究成果与相关实践相结合，提出大学本土留学价值提升和风险规避的策略。

三、技术路线

本课题的技术路线如图1-1所示。

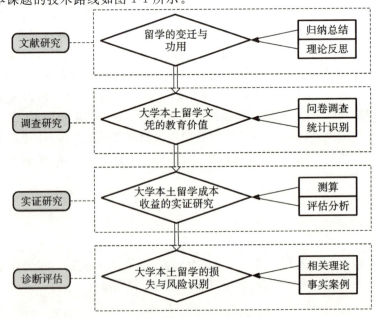

图1-1 技术路线图

第二章 留学的变迁及其功用

中国大学层面留学教育始于1847年,容闳、黄宽、黄胜三人随同马礼逊学校校长塞缪尔·勃朗(Samuel Brown)牧师赴美接受正规的西式高等教育。这不仅是我国大学层面留学教育的起源,还有学者将此视为中国留学教育的肇始。此后,大学层面的留学教育在各方力量的影响下得以持续发展,对我国思想启蒙、社会变革等方面发挥了积极而重要的作用,成为中国社会经济、政治、军事、科技等向近现代变迁的不可替代的力量。中国教育的近现代化从19世纪60年代启动以来的一百多年间,中外教育交流从来没有停止过。可以这样说,中外教育交流曾经是中国教育从传统走向现代的重要推动力。[①] 尤其是中国的高等教育,其近现代化的发轫与留学教育密切相联。中国现代高等教育是在"西学东渐"这一大规模文化迁移的过程中诞生的,它从一开始就受到西方及日本的影响。高等教育的创建者们往往是这种外来观念的中介人。[②] 在这个过程中,教会大学以及其他一些中外合作教育机构(清华学堂成立于1911年,成立时作为留美预科学校)兴起,这不仅成为中国新式高等教育建设过程中的主要参照,大学层面留学教育的新模式——"本土留学"也由此开始。

值得注意的是,1949年以前,我国大学层面的留学教育虽培养了大量的专业人才,但无论是"境外留学"还是"本土留学",其主题都是"西学东渐",试图以此谋得救国救邦、求富求强的方法与途径。因此,从这个角度而言,近代大学层面的留学教育的中外"交流"的意义并未得到体现。1949年后,我国大学层面留学教育无论是在政策方针上还是在价值导向上抑或是在实施方式上都发生了巨大的变化。本课题力图通过对中华人民共和国成立后中国大学层面留学教育变迁的梳理,总结其变迁的基本特征,分析其对我国社会经济和文化发展的不同作用和影响,探索全球化背景下大学教育的国际交流功能。本课题讨论的大学层面的留学教育不包含外籍人士来华留学教育状况的分析。

第一节 大学层面留学教育变迁

自中华人民共和国成立以来,我国留学的主体集中于高等教育阶段。据

---

① 李涛.借鉴与发展——中苏教育关系研究(1949—1976)[M].杭州:浙江教育出版社,2006:2.
② 陈洪捷.蔡元培的办学思想与德国的大学观[J].高等教育研究,1994(3):24.

统计,从 1978—2010 年,当时仍在外的 127.32 万留学人员中,94.64 万人正在国外进行本科、硕士、博士阶段的学习以及从事博士后研究或学术访问等[①],这一比例高达 74.33%,各项政策的制定也多针对于高等教育阶段的留学工作。

大学层面留学教育主要是指一国公民接受来自其他国家大学提供的专业教育。从这个定义可以看出,大学层面的留学教育有着其他层面留学教育所没有的特质,一是接受留学教育的对象无论是生理还是心理都相对较为成熟,因此对于留学教育的认识更为深刻,在留学实践中表现出来的行为模式也更为积极,对于留学教育中可能出现的问题有更强的预判以及应对能力;二是大学层面留学教育主要进行的是专业教育,因此不仅需要留学生具有一定的语言功底,也需要留学生有一定的相关知识储备;三是大学层面留学教育因与留学生就业等直接相关,直接关系到留学生本人、家庭及对整个国家和社会的回报问题,因此大学层面留学教育更受关注,所产生的问题也更多。

中华人民共和国成立后,经过几十年的发展,我国的留学教育工作,特别是大学层面的留学教育工作在日趋完善与成熟的过程中也发生了一些重要的变化。通过研究发现,我国不同时期大学层面留学教育经历了不同的发展模式:国家计划主导、逐步开放、计划与市场共同推动、需求有序主导。

一、1949—1977 年:计划主导

1. 留学教育概况

从表 2-1 可以看出,1950—1977 年,中国派遣留学人员的数量以及学成归国人员的数量出现了时起时落的现象。留学回国人员数的忽高忽低主要是由于外出留学人员数的起伏所造成的,留学人员主动滞留不归这种现象较为少见。究其根本原因,是由于此段时间的留学教育工作完全是一种"国家行为",带有浓厚的政治与计划色彩。

根据表 2-1 的数据,此时大学层面留学教育工作可以分为四个阶段。

第一阶段:1949—1956 年处于留苏热潮阶段。在这一时期,留学人员基本逐年增长,且增长的速度较快,特别是在 1954 年、1955 年及 1956 年,留学人员数增长迅猛,这和当时我国经济建设亟需大量应用型人才密切相关。中华人民共和国成立之初,由于国内外各方因素的影响,我国实行向苏联学习的"一边倒"政策,作为社会子系统的高等教育进入"以俄为师"的阶段。高等教育领域的中外合作与交流主要是向苏联学习,一是创立了中国人民大学和哈尔滨

---

① 《中国教育年鉴》编辑部.中国教育年鉴(2011)[M].北京:人民教育出版社,2012.

第二章 留学的变迁及其功用

工业大学两个借鉴和传播苏联高校办学经验的典型;二是以苏联高等教育专业性教育为蓝本进行了全国性的院系调整;三是借鉴苏联专业设置模式进行高等学校的教学改革;四是聘请苏联专家;五是向苏联派遣留学人员;六是开展俄文学习运动。① 实际上,这段时期的留苏热潮不仅有经济、政治上的考量,也是中华人民共和国成立前共产党人在战争年代留学苏俄的延伸。在这段时期,苏联几乎所有大学和专业,包括国防、尖端科技、特殊工种类的专业都向中国留学生开放,中国留学生约占在苏学习的外国留学生的一半左右。②

表2-1　1950—1977年中国派遣留学人员数以及学成回国留学人员数

年份	出国留学人员数(单位:人)	学成回国留学人员数(单位:人)
1950	35	—
1951	380	—
1952	231	—
1953	675	16
1954	1518	22
1955	2093	104
1956	2401	258
1957	529	347
1958	415	670
1959	576	1380
1960	441	2217
1961	124	1403
1962	114	980
1963	32	426
1964	650	191
1965	454	199
1972	36	—
1973	259	—
1974	180	70
1975	245	186

---

① 李均.中国高等教育政策史(1949—2009)[M].广州:广东高等教育出版社,2014:44-61.
② 周尚文.新中国成立初期"留苏潮"述评[J].毛泽东邓小平理论研究,2012(10).

续表

年份	出国留学人员数(单位:人)	学成回国留学人员数(单位:人)
1976	277	189
1977	220	270

注:此表数据来源于国家统计局编订的《新中国60年》表70;"—"表示当年没有毕业的出国留学生。

第二阶段:1957—1966年处于自力更生阶段。20世纪50年代后期,中苏关系开始恶化。1959年4月和1960年9月,国家科委(现中华人民共和国科学技术部,下同)、教育部、外交部两次召开留学生工作会议,确定派遣留学生应根据中央指示,本着积极谨慎的态度,采取减少数量、提高质量的方针。[①] 因此,从1961年起,不仅在苏学习的留学生被召回,同时派往苏联和东欧社会主义国家的留学生数逐步减少,结果导致我国境外留学生数大幅度下降。为了解决因此而产生的影响,在这一时期,我国开始将目光转向西方和第三世界国家。根据中国科学院和英国皇家学会的交换协议,陈佳洱(1996年任北京大学校长)等人在1963年前往英国牛津大学原子实验室留学学习。因此,从1964年到1965年,我国出国留学人员数有小幅提升。

第三阶段:1967—1971年处于全面停滞阶段。1966年开始,全国进入"文化大革命"阶段,从1967年起,在外所有留学生被陆续召回,直至1971年我国不再向外派遣留学生。

第四阶段:1972—1977年处于恢复重建阶段。1972年,我国恢复在联合国合法席位,同时也恢复了向国外派遣留学生。自1972年底至1978年底,我国向32个国家派遣留学人员1548人,其中,英、法两国所占比例最高。而在专业上,由于学习交流的重要媒介是语言,因此,此段时间学习和研究外国语言的有1451人,约占留学人员的93.7%,学习和研究自然科学的有97人,约占留学人员的6.3%。[②]

2. 留学政策:国家计划主导

从1949年直至1977年,这一时期的留学教育带有深刻的"国家行为"印记,学术交流的意义在于国家计划的实现。被派遣的留学生都是根据国家建设与发展的需要,去往各个国家进行学习,个人自主选择权有限,意识形态色

---

① 陈昌贵.人才外流与回归[M].武汉:湖北教育出版社,1996:70.
② 《中国教育年鉴》编辑部.中国教育年鉴(1949—1981)[M].北京:中国大百科全书出版社,1984:667.

第二章 留学的变迁及其功用

彩浓厚,个人的留学完全服务于国家需要。在与苏联关系恶化的后期,很多留学生的学业被迫中断。正因为此时期的留学是国家意志的体现,尽管有关部门发布了一些有关留学生教育管理的规章制度,如1974年8月由国务院教科组和外交部联合发布的《出国留学生管理制度(草案)》及《出国留学生守则(草案)》等,但是都因为国家关系、国际环境的变化而未能得到全面贯彻实施。在1949—1977年这段时期,我国留学政策深受国内外政治环境以及国际关系变化的影响,如1950年12月,教育部颁发了《1950年度派往东欧人民民主国家交换留学生暂行管理办法》,中国内地(大陆)的留学几乎完全转向以苏联为中心的社会主义阵营,并促成了20世纪50年代的留苏热潮,在1953年相关部门还专门制定了《留苏预备生选拔办法》。

3. 留学教育重点:公派精英境外留学

从20世纪50年代开始,中国政府学习苏联经验,全面改造和调整高等院校,接管了所有外籍人员在华开办的高等教育机构。在中国高等教育近代化进程中起重要作用的教会大学由此绝迹,因此本土留学的空间不复存在,公派境外留学成为留学的唯一渠道与模式。

从1949年至1977年,中国的留学教育带有强烈的政治意识形态色彩。留学工作的所有环节都由"组织"出面确定,大到留学学校的选择、留学专业的选择、学习期满后的工作分配等,小到书本等学习用品、服装、手提箱等都由国家统一安排与配置[①],被派遣的留学生不仅要经过严格的政治审查,还要参加全国统一的考试进行业务考核,同时对学生的思想与价值导向也进行了细致的约束与规定。正因为如此,留学工作受到中国与其他国家外交政策的直接影响。20世纪60年代,中苏关系恶化,在苏联学习的学生不仅要经历更多政治上的考验,还要与日益困难的学习环境以及苏联人为设置的障碍做斗争,同时归国后也要重新进行政治学习与审查。

正因为此段时期的留学工作由国家计划与政治主导,带有深刻的"政治印记",因此对于留学生的选拔非常严格。可以这样说,被派遣的学生属于"精英"中的"精英",主要是本科生以及研究生,少量为高中生和进修生。同时,对于留学生的管理也非常严格且具体,留学生中不仅有党小组、党支部,还有学生会、留学生总会等组织,且大使馆也专门设立留学生管理处,对留学生的思想、组织纪律、学习生活、经费、身体健康等方面进行全方位的监管。这批留学生归国后,为国家建设做出了重大贡献,在他们中间,产生了大批杰出的科学家、政治家以及艺术家,如李德伦(曾任中央交响乐团指挥)、郭淑珍(歌唱家)、

---

① 王政挺.留学备忘录[M].杭州:浙江人民出版社,2003:281.

李方华(科学家)、孙家栋(运载火箭与卫星技术专家)、曹刚川(中国人民解放军上将)等。

二、1978—1992年：逐步开放

1. 留学教育概况

"开放"不仅体现在我国改革开放政策的实施推动了留学工作的发展，也体现在我国留学市场的建立与开放，同时也意味着高等教育系统的逐步开放。1978年至1992年，我国开始由计划经济向社会主义市场经济转型，政治与文化事业的开放、科技上的突飞猛进、对外交流的加强等，为我国的留学教育工作带来了新的契机。

1978年6月，邓小平在听取清华大学工作汇报时对留学生派遣工作做出了重要指示："要成千上万地派"。① 同年12月，中华人民共和国第一批留美人员成行。② 据曾在教育部外事局工作的李顺兴回忆，"改革开放政策一提出，我们就感到教育必须改革，必须对外开放，必须加大对外交流的步伐，所以，当时教育部领导把教育改革开放的重要性提升到了一个很高的高度来看待，即我们国家的改革开放能不能走下去，关键看教育敢不敢开放、敢不敢交流"。③ 在此思想的指导下，不仅留学人员成倍增长，且留学的渠道与模式变得多样化，这促成了留学市场的出现与开放，由各地方政府、社会团体等建立的留学服务机构开始兴起，并得到发展。

1981年，中国教育国际交流协会成立，作为教育对外交流的民间组织，它有力地推动了中外合作教育与交流的发展。此外，与我国改革开放政策、经济建设发展直接相关的表现是，此时期留学的学科主要集中于自然科学。1979年，中国向五大洲32个国家派遣出国留学人员1750人，其中学习和研究自然科学的有1445人，约占82.6%；学习和研究外国语言的有282人，约占16.1%；学习和研究社会科学的有23人，约占1.3%。④ 据国家人事部1988年的调查，在赴外学习的人员中，学工科的占35.5%，学理科的占24.8%，学医

---

① 中华人民共和国教育部办公厅直属机关党委.邓小平理论指引下的中国教育二十年[M].福州:福建教育出版社,1998:313.
② 陈昌贵.人才外流与回归[M].武汉:湖北教育出版社,1996:72.
③ 中国高等教育学会.改革开放30年中国高等教育改革亲历者口述纪实[M].北京:教育科学出版社,2008:242.
④ 《中国教育年鉴》编辑部.中国教育年鉴(1949—1981)[M].北京:中国大百科全书出版社,1984.

第二章 留学的变迁及其功用

科的占13%,这三项共占全体留学者的73.3%。①

值得关注的是,在这一时期,人才外流现象趋于严重。从1978年到1992年,我国改革开放事业刚起步,国家经济发展要远远落后于我国留学生的主要接收国,且在相关制度的制定上,如1992年印发的《国务院办公厅关于在外留学人员有关问题的通知》,出现了"为渊驱鱼,为丛驱雀"的做法②,加之自费留学等形式的出现,我国对留学生的选拔以及意识形态的管理相对宽松,因此虽然出国人数不断增加,但回国人数持续降低。特别是1989年,伴随国际政治风波,美国政府单方面调整了对华留学生政策,允许在美留学人员自动延长签证,同时发放临时工作卡,因此回国人员所占比例急剧下降,详见表2-2。

表2-2 1978—1992年公派留学人员和回国人员情况表

年份	总人员数（单位:人）		进修人员及访问学者（单位:人）		研究生（单位:人）		本科生（单位:人）	
	派出	回国	派出	回国	派出	回国	派出	回国
1978	3348	—	2456	—	367	—	525	—
1979	1750	—	1298	—	117	—	335	—
1980	2124	—	1635	—	260	—	229	—
1981	3416	—	3049	—	212	—	155	—
1982	3326	2076	2024	1985	1060	60	242	31
1983	3412	2303	1786	2204	1490	29	136	70
1984	3372	2257	1916	2058	1364	140	92	59
1985	4888	1424	3104	1303	1659	100	125	21
1986	4676	1388	3356	1299	1100	86	220	3
1987	4703	1605	—	—	—	—	—	—
1988	3786	3000	—	—	—	—	—	—
1989	3329	1753	—	—	—	—	—	—
1990	2950	1593	—	—	—	—	—	—
1991	2900	2069	—	—	—	—	—	—
1992	2574	1601	558	—	—	—	—	—

注:1.此表数据来源于《中国教育年鉴》相关各卷以及《新中国60年》表70,"—"表示数据缺失;2.1990年,派出研究生与本科生共计817人;1992年数据中的"进修人员及访问学者"数为高级访问学者数,普通访问学者和其他留学人员数共计2016人。

---

① 黄新宪.中国留学教育问题[M].长沙:湖南教育出版社,1995:211.
② 中国高等教育学会.改革开放30年中国高等教育改革亲历者口述纪实[M].北京:教育科学出版社,2008:248.

2. 留学政策:政府转向宏观指导

政策的不断完善促使留学教育工作走向规范化和制度化。此阶段颁发的相关境外留学政策和文件非常多,且对后续的留学工作都产生了重大的影响。一系列规章制度的出台,不仅可以避免留学工作受国际政治局势的冲击,保持留学工作自身的延续性,也加强了留学工作的制度化,进一步凸显留学本身的要义。

1978年8月,教育部印发《关于增选出国留学生的通知》;1979年,国家教育部、国家科委和外交部联合发出通知,试行《出国留学人员管理教育工作的暂行规定》;1992年8月,国务院印发《关于在外留学人员有关问题的通知》等,这些政策都有力推动了留学工作的发展与规范。

在这个过程中,留学政策的制定从过去的对国家意识的强调转变为对个人行为的关注,因此制度的刚性约束力随之降低。政府在留学教育工作中的角色也从过去的"完全主导"演变为"宏观指导",留学工作权力逐步下放。1986年,国家教委(现教育部,下同)印发《关于出国留学人员工作的若干暂行规定》;1987年,国家教委印发《关于进一步贯彻中央出国留学人员工作方针的通知》。在这些制度规定中,公派选拔权不断下放。

同时,我国自费留学政策不断完善与放宽,自费留学作为留学教育的重要渠道得到极大的发展。自1981年开始,国务院和国家教委相继颁布了关于自费留学的相关政策与规定,包括《关于自费出国留学的请示》(1981)、《关于自费出国留学的暂行规定》(1981)、《关于自费出国留学的规定》(1982)、《关于具有大学和大学以上学历人员自费出国的补充规定》(1990)等等。在这些政策的指导下,我国自费留学人数有了大幅度的增长。

3. 留学教育新变化:自费境外留学迅猛发展

随着自费留学渠道和培养模式的拓展,自费留学群体对留学工作的影响越来越大。特别是随着我国中产阶层的崛起,民众对国外优质教育资源的需求越来越大,留学中介机构开始出现,留学市场逐步形成,在此前提下,自费境外留学逐渐成为与公派留学并驾齐驱的一种重要模式。据统计,1978—1984年,我国自费出国留学人员总数约为7000人;1985—1988年,我国自费出国留学人数增至1.6万人。[1] 1979年中美建交,中美交流与合作有了进一步发展。

---

[1] 中国高等教育学会.改革开放30年中国高等教育发展经验专题研究[M].北京:教育科学出版社,2008:86.

第二章 留学的变迁及其功用

同年,由李政道教授等人倡导的"中美合作项目物理研究生"(CUSPEA)开始招生,此举打通了中美联合培养高级专门人才的渠道。

在这个时期,出国留学人员主要由三部分组成:一是国家统一的计划选派;二是通过校际合作与交流或接受国外友好团体、人士资助的留学人员;三是国外亲友资助或自筹资金而派出的自费留学人员。① 值得一提的是,随着我国改革开放政策的不断推进,中外合作办学得到一定程度的发展,特别是高等教育层面的中外合作办学,在中国本土为中国学生提供优质教育资源。这种新的留学方式开始受到政府、高校以及民众的关注。

三、1993—2000年:计划与市场共同推动

1. 留学教育概况

随着留学政策的完善、留学管理工作权力的下放以及留学行为主体的变更,留学工作进一步市场化。随着信息技术的发展、知识社会的到来、国际共性问题的增多等等,高等教育国际化(Internationalization of Higher Education)浪潮在20世纪90年代得以兴盛。高等教育国际化由以下六个要素构成:国际化的教育观念、国际化的培养目标、国际化课程、人员的国际交流、国际学术交流与合作研究、教育资源的国际共享。其中,人员的国际交流是高等教育国际化中最活跃的方面。② 在这种情况下,充满竞争的国际留学生市场得以形成,各国纷纷出台相关政策吸引留学生,此举不仅促进了各国间的文化交流,也增强了本国人力资源的竞争优势。

随着我国社会主义市场经济体制建设的不断推进以及政治环境的稳定,我国的留学教育市场更加规范与透明,并逐步与国际留学市场接轨。1996年6月,国家留学基金管理委员会正式成立,标志着留学教育工作中政府职能的转变,也在一定程度上反映了我国留学教育工作的"国际化"趋势。但在强调自由竞争的留学市场建设过程中,这段时期我国留学生外流现象更为严重。根据《中国统计年鉴(2015)》数据显示,1995年、2000年、2001年这三年学成回国留学人员数占当年出国留学人员的比重分别为:27.60%、23.39%、14.58%。③ 详见表2-3。

---

① 《中国教育年鉴》编辑部.中国教育年鉴(1982—1984)[M].长沙:湖南教育出版社,1986:301.
② 陈学飞.高等教育国际化:跨世纪的大趋势[M].福州:福建教育出版社,2002:7-15.
③ 中华人民共和国国家统计局.中国统计年鉴(2015)[M].北京:中国统计出版社,2015.

表 2-3　1993—2000 年出国留学人员数与回国留学人员数一览表

年份	出国留学人员数（单位：人）				回国留学人员数（单位：人）			
	总人数	国家公派	单位公派	自费	总人数	国家公派	单位公派	自费
1993	2757	2166	439	—	—	—	—	—
1994	2415	1962	363	—	—	—	—	—
1995	20381	—	—	—	5750	—	—	—
1996	20905	1905	5400	13600	6570	—	—	—
1997	22410	2110	5580	14720	7130	—	—	—
1998	17622	2639	3540	11443	7379	1964	2446	2969
1999	23749	2661	3204	17884	7448	2558	2202	2688
2000	38989	2808	3888	32293	9121	2456	2290	4375

注：1.此表数据来源于《中国教育年鉴》相关各卷，"—"表示数据缺失；2.1993 年总留学人数中含世界银行贷款出国留学人员 152 人；1994 年的总留学人数中含世界银行贷款出国留学人员 90 人。

2. 留学政策：宏观调控，微观搞活，不断健全留学市场

留学政策的不断完善，促使留学教育市场逐渐成熟。1993 年，在前期留学政策不断完善以及放宽的基础上，确立了"支持留学、鼓励回国、来去自由"的 12 字留学工作方针，这为形成有序成熟的留学市场提供了制度保障。[①] 同时，国家从 1995 年开始，尝试对留学管理体制进行改革，做到逐步与国际接轨。1995 年 2 月，国家教委在全国出国留学人员选拔工作会议上，提出了《改革国家公费出国留学选派管理办法的方案》，开始实行"公开选拔、平等竞争、专家评审、择优录取、签约派出、违约赔偿"的方针。1999 年，教育部、公安部、国家工商行政管理局联合发布《自费出国留学中介服务管理规定》以及《自费出国留学中介服务管理规定实施细则（试行）》，并设立留学教育基金管理委员会，分两批对全国 270 家留学中介机构进行资格认定。[②] 这些政策的出台都和留学市场化密不可分，且留学市场化也为自费留学提供了便利，刺激了自费留学的发展。

同时，国家还出台了一系列政策以吸引留学人才回流，如 1996 年，国家教委设立"春晖计划"，资助在外留学人员短期回国工作。2000 年 10 月，科技部、人事部、教育部颁发《关于确定北京、上海等留学人员创业园为国家留学人员

[①] 何东昌.中华人民共和国重要教育文献(1991—1997)[M].海口：海南出版社,1998.
[②] 李梅.高等教育国际市场——中国学生的全球流动[M].上海：上海教育出版社,2008:126.

第二章 留学的变迁及其功用

创业园示范建设试点的通知》。2001年5月,人事部、教育部、科技部、公安部、财政部印发《关于鼓励海外留学人员以多种形式为国服务的若干意见》,吸引优秀留学人员归国。

3. 出国留学人员结构:自费境外大众留学占主导

自费留学成为主流有多方面的原因。

一是普通高校招生就业政策改革的推动。1994年,国家教委印发《关于进一步改革普通高等学校招生和毕业生就业制度的试点意见》,全国40多所高校实行招生"并轨",同时要求学生缴纳一定数额的学费,实行"成本补偿"。到1996年,全国实行招生"并轨"的高校达到661所,占高校总数的64%。2000年,包括师范院校在内的所有普通高校都完成了招生"并轨"。① 相应地,毕业生面向市场就业,人才市场日趋灵活与完善,这解决了留学生回国工作的后顾之忧。

二是我国中产阶层力量崛起,有能力也希望家庭成员接受国际化教育。

三是留学资助渠道的多样化,国家政府、地方政府、企事业单位、个人、家庭、接收国、接收国机构等等都成为留学资金来源的构成部分。20世纪90年代以后,非政府资金成为学生留学资金的主要来源,自费留学成为主流,留学的主体开始告别"精英时代",走向"大众时代",大众留学成为时代热潮。"大众留学"不仅仅是指留学人员的激增,也指留学主体层次与类型的多样化,留学人员也不一定是各行各业的精英,特别是学生主体中,"小留学生"(高教层次以下留学人员)数也在不断增长。在这一时期,中外合作办学取得重大进展,不仅仅从国家层面规范了之前中外合作办学兴起之初乱象丛生的局面,同时也出台了奠定中外合作办学方向与原则等方面的重大政策,高等教育的中外合作办学进入了规范化阶段。

四、2001— :需求有序主导

1. 留学教育概况

2001年,我国加入了世界贸易组织(WTO),并签署了《服务贸易总协定》(GATS),这不仅意味着中国经济要面临全球化的挑战,也吹响了高等教育主

---

① 中国高等教育学会.改革开放30年中国高等教育发展经验专题研究[M].北京:教育科学出版社,2008:261.

动应战全球化的号角。以此为契机,我国高等教育的国际交流与合作进一步向纵深化发展,留学工作较之前有了重大突破与进展。在国家财政的支持下,教育部于 2007 年设立并正式启动"国家建设高水平大学公派研究生项目计划",迎来了我国公派出国留学工作的第二次高潮。在此期间,出国留学的国别也不再集中于某几个国家,而是遍布全球。据统计,2003 年,仍在国外的留学人员有 52.74 万人,美洲占比 36.45%,欧洲占比 28.06%,亚洲占比 22.01%,大洋洲占比 12.89%,非洲占比 0.59%①,之后各年各大洲占比变化较小。

同时,自费留学生的规模进一步增大。2001 年,自费出国留学所占比例达至 90.57%②,之后,所占比例基本维持在 90% 左右,这极大地推动了留学市场的进一步发展,涉外教育消费逐渐形成比较完整的产业链。为了促进涉外教育消费市场有序发展,2003 年,教育部设立教育涉外监管处,通过发布留学预警(截至 2016 年 3 月,已发布 58 期留学预警)、监管留学中介机构(2016 年 2 月,我国经教育部认证的留学中介机构共有 567 家,除西藏外,中国大陆地区各省、自治区、直辖市均有留学中介机构③)等措施,有效地推进留学市场的有序化发展。

2. 留学政策:系统化

留学政策的系统化主要体现于在前期留学政策的基础上,国家对于留学教育的政策涵盖更为全面,并进一步拓展了我国全方位留学教育发展战略。2003 年 2 月,教育部印发《关于简化大专以上学历人员自费出国留学审批手续的通知》,彻底放开对自费留学的限制,并首次设立了国家优秀自费留学生奖学金,反映了国家对自费留学工作的重视与期待。2004 年,"提高层次、扩大规模、保证重点、增强效果"成为国家公派出国留学的指导方针。

3. 留学教育实践特征:留学渠道的拓宽与人才回流

随着我国经济的发展、各项配套改革的进行以及我国群众支付能力的进一步提高,此时期留学渠道进一步拓宽。随着高等教育中外合作办学进一步规范化,本土留学作为一种重要的留学形式,开始受到政府和社会的关注。伴随本土留学的兴起,留学人员毕业回国的人数逐年增加,尤其是 2011 年至 2014 年。据《中国教育年鉴》数据显示,2001 年、2005 年、2013 年的回国留学

---

① 《中国教育年鉴》编辑部. 中国教育年鉴(2004)[M].北京:人民教育出版社,2004:336.
② 国家统计局国民经济综合统计司. 新中国五十五年统计资料汇编[M].北京:中国统计出版社,2005:83.
③ 自费出国留学中介服务机构名单[EB/OL].[2016-12-20].http://www.jsj.edu.cn/n3/12075/147.shtml.

人员中,自费留学人员分别占比54.72%、77.71%、93.78%。在回国留学人员中,自费回国留学人员占比不断提高。此阶段出国留学人员数与回国留学人员数详见表2-4。

表2-4 2000—2014年出国留学人员数及回国留学人员数一览表

年份	出国留学人员数（人）	学成回国留学人员数（人）	留学归国人员占出国留学人员的比例（%）
2000	38989	9121	23.39
2001	83973	12243	14.58
2002	125179	17945	14.34
2003	117307	20152	17.18
2004	114682	24726	21.56
2005	118515	34987	29.52
2006	134000	42000	31.34
2007	144000	44000	30.56
2008	179800	69300	38.54
2009	229300	108300	47.23
2010	284700	134800	47.35
2011	339700	186200	54.81
2012	399600	272900	68.29
2013	413900	353500	85.41
2014	459800	364800	79.34

注:此表数据来源于《中国统计年鉴(2015)》表21-10。

第二节 大学层面本土留学的特点与价值践行

一、大学层面"境外留学"与"本土留学"的比较

大学层面的留学教育形式,可以分为"境外留学"与"本土留学"。大学层面的境外留学,是指一国公民出国接受来自其他国家或地区大学提供的本科专业教育,这一直是大学层面留学的主要形式。但是,随着全球化的发展以及跨国教育的兴盛,大学本土留学成为一种新的选择。大学本土留学,又称为

"不出国门的留学",是指一国公民不用出国就可以在自己的国家接受来自其他国家或地区大学提供的本科专业教育,通过在本国国内使用他国大学的语言,接受他国的教育理念,按照他国大学的标准和教学管理制度等学习通用知识和专业知识,培养和提高各种能力,直至修完课目,修满学分,获得国外大学提供的学士学位。在我国,本土留学主要是通过高等教育的中外合作办学这条途径实现的。因此,大学层面的本土留学是伴随着中外合作办学的兴起而出现和发展的。

1949年后,境外留学作为大学层面留学的主要形式,在几十年的发展过程中,虽受国内外经济、政治因素的影响而波动,但是几乎没有间断过,政策日益完备,市场日益成熟,人才回流比例不断提高,这些都体现了我国大学层面的境外留学已然成熟。在这个过程中,中外合作办学开始出现,并赋予留学形式以新的表现。实际上,我国的中外合作办学可以追溯到清末。1906年,清政府以学部名义,通知各省市:"现今振兴学务,各省地方筹建学堂,责无旁贷;亟应及时增设,俾国民得有向学之所。至外国人在内地设立学堂,奏定章程并无允许之文;除已设各学堂暂听设立,毋庸立案外,嗣后如有外国人呈请在内地开设学堂者,亦均毋庸立案。"①民国时期,我国的中外合作办学更是蓬勃发展。这一状况一直持续到中华人民共和国成立,我国进行全方位的高等教育改造与院系调整,中外合作办学的历史由此而中断。

20世纪80年代,伴随着中国的改革开放,中外合作办学应运而生,特别是2001年中国加入世界贸易组织后,在全球化理念的推动下,中国的高等教育体系进一步融入国际高等教育体系,本土留学以中外合作办学机构为承载,进入学界的研究视野。此时期的跨境教育研究、跨国教育研究、中外合作教育研究等从某个角度而言都可以看作是对本土留学研究的诠释,这种研究的趋势折射社会现实,本土留学开始成为留学形式的重要组成部分。目前,本土留学的发展并不成熟,中外合作办学也有很多需要进一步解决的问题,本课题试图通过探讨留学的演变机制,分析其对社会经济和文化发展等的不同作用和影响,探索全球化背景下大学教育的国际交流功能。

大学层面的"境外留学"与"本土留学"虽然有一些共同点,如都是对外交流与合作的重要形式;都既是教育开放结果的体现,又推进了教育开放的进程;都有经济利益纷争的因素在其中等等,但是从其缘起、体现的理念等方面来看,又有各自不同的特点。

从表2-5可以看出,大学层面的"境外留学"与"本土留学"作为留学教育

---

① 于述胜.中国教育制度通史(第七卷)[M].济南:山东教育出版社,2000:51.

的两种形式,虽然在某些方面有相似点,但更多的相异之处使得两种留学形式各有利弊并相互补充。对于大学层面的境外留学而言,影响留学行为发生的因素更多,需要留学人员考虑到的因素也更多,通过境外留学,可以更为直观地感受非本国的文化与价值观,全方位体验异质于本国的课程与学习模式,但是留学期间文化的适应性问题、留学的经济成本问题、学位学历的"含金量"等问题都需要留学人员予以细致的考虑。因此在这个过程中,本土留学形式的出现确实可以起到很好的补充作用:本土留学不仅可以节省经济成本,还可以缩短对异国的文化适应时间,因此更有利于专业学习的开展;而对于我国高等教育系统而言,承担本土留学的中外合作办学机构的兴起与发展,也为我国高校系统注入了新的活力。但是,在本土留学教育的发展过程中,中外合作办学机构由于其民办身份并不被社会大众所完全认可,部分合作办学机构的海外资源非国外知名的实力较强的教育力量导致低水平重复建设;还有部分中外合作办学机构在正式开班过程中,出现了无论师资配备还是教学开展都与其最初承诺不一致的情况;而我国高等教育系统对中外合作办学机构的认可度也不够高。由于这些问题的存在,大学层面的"本土留学"并没有呈现出与"境外留学"齐头并进的发展态势,而是在寻求我国政府与高等教育系统的认可过程中艰难探索其发展道路。

表 2-5 我国大学层面"境外留学"与"本土留学"的比较(1949 年后)

比较维度	大学层面境外留学	大学层面本土留学
兴起时间 (1949 年后)	20 世纪 50 年代	20 世纪 80 年代
接受教育地	非本国	本国
缘起	1. 本国优质高等教育资源的稀缺 2. 向他国学习,培养和造就优秀人才	1. 本国优质高等教育资源的稀缺 2. 满足不出国门即可接受国外教育的需求,立足于在国内培养人才
相关政策的核心要义	吸引和鼓励优秀留学人员回国工作,为国服务	吸引国外优质教育资源,引进国外先进教育理念
实施途径	公派和自费留学	中外合作办学
所反映的国际教育理念	教育国际化	教育全球化

续表

比较维度	大学层面境外留学	大学层面本土留学
教育过程	不受本国价值观的影响,"他国"教育理念与思想体系、学术体系的完全渗透	教育过程渗透着本国文化、价值观和教育制度
对我国高等教育体系有无直接影响	无直接影响与冲击	有直接影响
成效	1. 学习与引进国外先进理念与技术 2. 深刻直观地体验国外教育形态与教育理念 3. 推进教育的对外交流与合作	1. 吸引优质教育资源 2. 推进我国高等教育体制的改革 3. 不出国门的留学,节省教育成本 4. 推进我国教育国际化进程
焦点问题	1. 优质生源的流失 2. 出国留学人员的滞留不归,特别是公派人员的滞留不归问题	1. 中国教育主权问题 2. 合作办学机构定位问题:成为出国留学的预备基地 3. 他国文化意识形态的渗透问题 4. 合作办学机构的良莠不齐问题
发展程度	制度化	尚待发展

二、大学本土留学的特点与机构分类

在我国,大学本土留学主要是通过高等教育的中外合作办学这条途径实现的。

1. 大学本土留学的特点

传统意义的留学教育是一种跨国界的教育,指留学生离开自己的国家或地区到另一个国家或地区求学。在我国,依据派遣国和接受国的角色定位,留学教育分为出国留学教育和来华留学教育。出国留学教育以中国为派遣国,指中国学生留居国外学习或研究,在接受国的高等教育机构、研究机构等注册

第二章 留学的变迁及其功用

学习或进修。按留居国名的不同,中国留学生被分为留美生、留日生、留英生等等。来华留学教育是以中国为接收国,指我国专门针对各国来华留学生开展招收、培养等活动的高等教育。依国籍不同,来华留学生被分为美国留学生、日本留学生、英国留学生等等。本土留学教育不同于以往的留学教育,是一种新生事物,正逐渐成为高等教育的一部分,其产生一方面源于高等教育自身发展的需要,另一方面是高等教育不断强大的结果。本土留学教育除具有高等教育的基本属性与特点外,还因中外合作模式、教育过程等的不同具有以下特殊性。

(1) 本土留学教育的主要表征为中国学生在国内接受的国外高等教育。

从出国留学教育和来华留学教育的定义中,可以看出两者均强调了留学生的接受国和派遣国属于两个不同的国家或地区,留学生活是要背井离乡的,而本课题中的本土留学教育打破传统意义上留学教育的地理位置局限,以受教育对象、教育模式、教学语言等不同重新区分普通高等教育和留学教育。如表2-6所示,相对于来华留学,本土留学教育的主要特点是以中国学生为教育对象;相对于出国留学,本土留学的主要特点是在国内接受高等教育;相对于普通高等教育,本土留学的主要特点是学生接受以外方教学模式、语言、课程为主的国外教育。因此,本土留学的主要表征可以概括为中国学生在国内接受的国外高等教育。

表2-6 不同形式高等教育的异同

		受教育对象	学习地点	教学要素
留学教育	出国留学	中国学生	国外	接受国语言、教材、师资、教学模式
	来华留学	外国学生	中国	汉语、教材、师资、教学模式
	本土留学	中国学生	中国	合作方语言、教材、师资、教学模式
普通高等教育		中国学生	中国	汉语、教材、师资、教学模式

(2) 本土留学教育是一种跨国界和跨文化的教育。

本土留学教育的教育活动主要在国内进行,所以自然会受到我国高等教育水平和文化传统的影响;但由于学校的招生、专业课程的设置、教学内容的安排、教学语言的使用、师资队伍的建设、学业成绩的评价等均以国外高等教育为基础,因此,本土留学教育还受到外方教育系统和管理评价机制的制约,是一种跨国界的教育。其次,本土留学生的宿舍管理、校园生活、假期安排等生活环境与国内普通高校存在很大的差异,并且由于本土留学机构中来华留学生数量较多,本土留学生与外方教师、来华留学生频繁交流与合作,致使本土留学生在文化习得、民族情感、宗教信仰、自我意识等心理方面具有不同的文化心理倾向①,本土留学生与外方教师、本土留学生与来华留学生的文化冲突与适应也成为本土留学生需要面临的生活挑战。本土留学教育这一基本特点,决定了其通常以培养国际化人才为目标,帮助学生在不离开祖国的情况下就能促进自身国际化与跨文化技能的发展。

(3) 本土留学教育是一种引进国外优质教育资源的活动。

传统的留学教育主要以受教育对象的流动为主,留学生被当作输入或者输出的资源,派出或招收留学生的数量体现了派遣国或接受国高等教育的发展水平。随着高等教育的发展,教育质量的逐步提高,教育者、教育媒介(教材、课程等)也开始逐步突破国界的限制,实现在全球范围内的流动。本土留学教育侧重在将国外优秀高等教育进行输入,直接将国外教学内容、教学模式、师资力量、教学评估、管理体制等教育资源引入到我国。中方通过本土留学机构与外方院校的合作,不断学习和利用外方院校的优质教育资源,促使我国科研水平和教学质量走向国际化,从而提高我国高等教育的国际形象与声誉。大学本土留学机构或项目的出现不仅有利于加强国内高校与国外高校的交流与合作,发挥"鲶鱼效应",推动我国高等教育改革,有效缓解我国高等教育供给和需求的矛盾,还为学生提供了第三条求学之路。

2. 大学本土留学机构的分类

作为大学本土留学的主要机构即中外合作办学高校,根据是否具有法人资格,分为独立设置的法人机构(大学)和非独立设置的二级学院。独立设置的中外合作办学机构具有独立法人资格,拥有独立的校园和办学设施,独立招生,实施教育组织与管理,颁发独立的学历证书。截止2014年底,经教育部审核批准已经开始招生的高等学历教育中外合作办学教育机构中,只有宁波诺丁汉大学、西交利物浦大学、上海纽约大学等7所大学具有独立法人资格。中外合作办学二级学院是介于中外合作办学项目和独立机构之间的一种办学模式,不具独立的法人资格,是一种设立在中方合作大学内的中外合作办学机构②,类似于民办大学中的独立学院,如吉林大学-莱姆顿学院、上海交通大学密西根学院、郑州大学西亚斯国际学院等。

依据中外合作办学机构的种类与形式,大学本土留学可以分为Ⅰ类本土留学和Ⅱ类本土留学两类:独立设置的中外合作办学机构,独立实施教学组织和管理,采用外方教育理念、英语教学模式、英文原版教材,外方院系对课程设置、招生标准、师资队伍建设、培养标准等全面负责,可以提供真正意义上的本

---

① 金晓达.外国留学生教育学概论[M].北京:华语教学出版社,1998:3.
② 王剑波.跨国高等教育与中外合作办学[M].济南:山东教育出版社,2012.

土留学,此为Ⅰ类本土留学;中外合作二级学院对中方院校具有依附性,没有独立的人事权、财务管理权等行政管理权,但却有独立的办学自主权,可独立招生,有独立师资、学制、收费制度等,尤其具有相对规范性、独立性的教学管理,中方院校一般只提供土地使用权、场地、设备等,外方院校负责相关课程设置、教材、师资、毕业文凭等教学活动,亦可以为学生提供本土留学的机会,此为Ⅱ类本土留学。据此,本土留学与中外合作办学的关系可以用图2-1来表示。

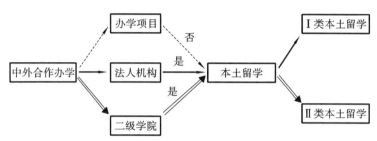

图 2-1 大学本土留学的基本类型

三、大学本土留学的变迁概况

从时间序列上看,我国的本土留学大致可以分为以下三个阶段。

20世纪80年代,随着外资企业与中外合资企业在中国的发展,中外合作办学尤其是高等教育中外合作办学开始出现并得到一定程度的发展,大学本土留学开始萌芽。1986年9月,第一个中外合作办学机构——南京大学-约翰斯·霍普金斯大学中美文化研究中心经国务院批准成立。1988年,德国的歌德学院经国务院批准,在北京外语学院内建立了歌德学院北京分院,主要合作的内容是德语培训和就德国问题举行讲座。①

虽然如此,此时期的中外合作办学缺乏制度性保障,中外合作办学机构呈现的问题较多,且由于政治上的敏感性,国家对中外合作办学采取了谨慎、防范的态度。因此,在20世纪80年代,大学层面的境外留学仍然是绝对主流。1992年,为严格控制中外联合办学,《关于国外机构或个人在华办学等问题的通知》(内部文件)规定,"中外联合办学原则上不能接受,特殊情况须报国家教委审批","对中外联合办学、办培训中心均应在谈判前先行请示","未经批准,

---

① 中国高等教育学会.改革开放30年中国高等教育发展经验专题研究[M].北京:教育科学出版社,2008:82.

不得对外作出允诺包括意向性的允诺"。①

但是,在另一方面,对中外合作办学的探索并没有停止,政策上也没有完全封死,而是谨慎地放开,本土留学开始兴起。1992年后,国务院研究室教科文卫组对中外合作办学问题进行了大量的调查研究。1993年6月,国家教委印发了《关于境外机构和个人来华合作办学问题的通知》,明确了在我国境内进行中外合作办学的目的与原则,其中提到,"抓住机遇,通过接受捐资助学、合作办学等形式,有条件、有选择地引进和利用境外于我有益的管理经验、教育内容和资金,有利于我国教育事业的发展","积极慎重,以我为主,加强管理,依法办学",这不仅为后续中外合作办学政策的出台奠定了基调,也标志着我国中外合作办学从限制走向了开放。1995年1月,国家教委颁布《中外合作办学暂行规定》,这一规定对中外合作办学的内涵、设置、运行、监督等重要事项进行了明确的规定。此后,相关政府部门颁布了更为细致而具体的规定,推动了中外合作办学走向规范化,如1996年1月,国务院学位委员会办公室颁发《关于加强中外合作办学活动中学位授予管理的通知》;1996年3月,国家教委发布《关于教育系统接受境外捐赠有关问题的通知》;1997年12月,国家计委(现发改委,下同)、国家经贸委、外经贸部联合发布《外商投资产业指导目录》;2001年12月,国家外国专家局印发《社会力量办学和中外合作办学单位聘请外籍专业人员管理暂行办法》。之后颁布与修订的《中华人民共和国教育法》《中华人民共和国职业教育法》《中华人民共和国高等教育法》等法规都从不同层面明确提出了鼓励中外合作办学的相关条款,这标志着中外合作办学走上了依法办学与管理的制度化阶段。

随着中国加入世界贸易组织,中外合作办学已经成为我国教育事业中,在公办学校、民办学校之外崛起的第三支办学力量,并且呈现出从沿海向内地包括西部地区蔓延推进的态势。② 2003年3月,国务院颁布了《中华人民共和国中外合作办学条例》,这个条例也是目前中外合作办学最主要的专门的行政法规,它的出台使我国有关中外合作办学的政策更加规范、透明,标志着我国的中外合作办学事业进入了一个新的发展阶段。2004年6月,教育部印发了《中华人民共和国中外合作办学条例实施办法》,使得中外合作办学更具有可操作性。此后,我国相继颁布了一系列推动中外合作办学的政策文件,如:2006年2月,教育部印发《关于当前中外合作办学若干问题的意见》;2007年4月,教育部印发《关于进一步规范中外合作办学秩序的通知》;2009年7月,教育部办

---

① 刘孙渊.江苏省高等教育中外合作办学的政策考察[D].南京:南京师范大学,2011.
② 袁振国.中国教育政策评论(2006)[M].北京:教育科学出版社,2006:27.

公厅印发《关于开展中外合作办学评估工作的通知》;2009年8月,教育部国际合作与交流司印发《关于进一步做好申请举办实施本科以上高等学历教育的中外合作办学项目形式审查和实质内容初审工作的通知》。这些政策的出台推动了中外合作办学机构以及中外合作项目的规范发展,尤其是在高等教育领域,更是取得突破性进展。

截至2016年3月,经教育部审批和复核的本科层次以上中外教育合作机构数为94个,而本科层次及以上的中外教育合作项目数为1099项,除青海、西藏、宁夏三省以外,中国内地(大陆)各省市本科层次及以上的中外合作教育都有不同程度的发展,详见表2-7。2008年4月,教育部中外合作办学监管工作信息平台开通,它标志着我国的中外合作办学建立了信息化、动态化的监管机制。

表2-7 教育部审批和复核的本科层次以上中外教育合作机构及项目统计表

地区	中外合作办学机构数		中外合作办学项目数	
	本科层次	硕士及以上层次	本科层次	硕士及以上层次
北京	5	6	38	56
上海	9	5	69	38
天津	1	2	22	14
重庆	4	1	17	4
江苏	8	6	90	9
浙江	5	1	43	18
广东	4	3	11	14
海南	0	0	3	0
福建	0	0	17	1
山东	4	0	67	4
江西	0	0	16	9
四川	3	0	9	7
安徽	0	0	12	2
河北	2	0	22	2
河南	3	0	84	0
湖北	1	2	53	6
湖南	1	0	24	1
陕西	2	1	9	6

续表

地区	中外合作办学机构数		中外合作办学项目数	
	本科层次	硕士及以上层次	本科层次	硕士及以上层次
山西	2	0	2	0
黑龙江	0	0	171	5
辽宁	8	2	34	5
吉林	3	0	42	1
广西	0	0	15	0
云南	0	0	9	2
贵州	0	0	3	1
甘肃	0	0	1	0
内蒙古	0	0	10	0
宁夏	0	0	0	0
新疆	0	0	1	0
青海	0	0	0	0
西藏	0	0	0	0
合计	65	29	894	205

注:1.此表数据来源于中华人民共和国教育部教育涉外监管信息网,数据截止日期为2016年3月9日;2.本表部分机构为同属本科和硕士研究生教育的合作机构,具体数量为:北京3个,上海1个,天津1个,重庆1个,江苏2个,广东1个,辽宁2个;3.本表中外合作教育机构和项目含内地(大陆)与港澳(台)合办。

随着中外合作办学的发展,本土留学特别是大学层面的本土留学作为留学的一种重要形式在我国遍地开花。截至2016年3月,我国实施大学本土留学教育的机构遍及我国17个省、直辖市,详见表2-8。

表2-8 大学本土留学实施机构情况统计表

地区	由具有独立法人资格机构实施		由非独立法人资格机构实施	
	本科层次	硕士及以上层次	本科层次	硕士及以上层次
北京	0	1(长江商学院2003年招生)	5	5
上海	1(上海纽约大学2013年招生)	0	8	5

第二章 留学的变迁及其功用

续表

地区	由具有独立法人资格机构实施		由非独立法人资格机构实施	
	本科层次	硕士及以上层次	本科层次	硕士及以上层次
天津	0	0	1	2
重庆	0	0	4	1
江苏	2（西交利物浦大学2006年招生，昆山杜克大学2018年招生）	2（西交利物浦大学2012年招生，昆山杜克大学2014年招硕士生、2019年招博士生）	6	4
浙江	2（宁波诺丁汉大学2004年招生，温州肯恩大学2014年招生）	1（宁波诺丁汉大学2004年招生）	3	0
广东	1（香港中文大学（深圳）2014年招生）	1（香港中文大学（深圳）2014年招生）	3	2
山东	0	0	4	0
四川	0	0	3	0
河北	0	0	2	0
河南	0	0	3	0
湖北	0	0	1	2
湖南	0	0	1	0
陕西	0	0	2	1
山西	0	0	2	0
辽宁	0	0	8	2
吉林	0	0	3	0
合计	6	5	59	24

注：1.此表数据来源于中华人民共和国教育部教育涉外监管信息网，数据截止日期为2016年3月9日；2.本表部分机构为同属本科和硕士研究生教育的合作机构，具体数量为：北京3个，上海1个，天津1个，重庆1个，江苏2个，广东1个，辽宁2个；3.本表中外合作教育机构含内地（大陆）与港澳（台）合办。

四、大学本土留学的价值践行

20世纪90年代以前,我国的经济体系一直处于社会主义计划经济模式之中,整个经济体系与制度趋于保守,经济的发展战略隶属于政府的政治战略导向中。因此,我国的留学教育是国家计划主导,本应作为留学行为主体的个人与家庭由于经济力量的欠缺,无法自主选择留学行为,作为中介的留学机构也无法生成,且由于高等教育市场的不成熟性,中外合作办学无法兴盛,留学形式单一。随着我国改革开放政策的进一步深入,市场规律在国家经济体系中的作用日益突出。而在高等教育领域,市场规律在推动调整高等教育规模、资源配置等方面也承担着重要的角色,特别是中国加入世界贸易组织后,国家对海外市场的探求与开拓步伐逐渐加快,在全球化理念的推动下,国内的高等教育市场逐步形成,且面临越来越激烈的国际竞争。在日益强大的经济力量的支持下,个人作为留学行为主体的意识凸显,国内高等教育尝试从国外引进优质教育资源,中外合作办学项目和机构日益增多,本土留学开始成为留学的重要形式。

从"境外留学"到"本土留学",不仅体现出我国留学工作的巨大进展,也体现出我国由综合国力、政治能量、社会能量等综合力量成就的高等教育市场的巨大吸引力,这也是高等教育精英时代向大众化时代迈进的必然反映。因此,从这个角度来说,大学本土留学具有重大价值,这种价值不仅体现在丰富留学教育渠道,更因为本土留学形式的出现,鼓舞了中外合作办学机构的发展,也为吸引优质的高等教育资源提供了契机。

但是客观来说,大学本土留学在发展过程中也存在着某些突出问题和挑战。

其一,社会对大学本土留学的认可度并不高。虽然各中外合作办学机构在教育部对其进行资格认定时,声称"不要求取得合理回报",但是其高昂的学费总是让民众对其运营目的心存质疑,由此引发对其课程质量、毕业证书的"含金量"的怀疑。另外,中外合作办学机构在本土办学的有效期也令民众担心,这些都使得本土留学的价值大打折扣,因此在经济实力允许的情况下,更多的民众仍然选择境外留学。

其二,大学本土留学的功能发生了变异。大学本土留学不仅可以满足国人对海外优质教育资源的需求,也可以提高国家的人力资本优势,并为吸引人才的回归起到一定的示范作用。

但是,近年来出现了一些不良的倾向,有民众和专家认为大学本土留学只

第二章 留学的变迁及其功用

是境外留学或境外就业的一个"跳板",本土留学成为一种工具,大学本土留学的价值没有得到合理的彰显。

从大学本土留学问题的两个表现来看,大学本土留学价值的践行还需多方共同努力与推进。

1. 中外合作办学机构的办学定位与功能承担

2002年,中国教育国际交流协会会长柳斌曾指出,"中外合作办学的实质,就是以让出我国教育服务市场换取优质教育资源和办学、教学以及学校管理的软件,最终是缩短差距,提高我国教育的国际竞争力,满足人民群众不断增长的教育需求,实现跨越式发展"。[①] 这段话可以很好地说明我国中外合作办学机构应该承担的功能,同时也表明了其在高等教育系统的定位与作用。中外合作办学机构存在的主要目的在于提高我国高等教育质量,同时满足社会大众对优质教育资源不断增长的需求,它存在的一个重要前提是在不损害我国教育主权的情况下,做好高等教育对外开放的窗口和标志。特别是在中国加入世界贸易组织后,中外合作办学机构作为一种贸易品种被引入,以期能形成刺激我国高等教育系统的因子,并提高我国高等教育的整体实力。中外合作办学机构的这种"异质性"在其发展过程中曾成功地引起了民众以及高等教育学界的关注,但是这种关注并没有成功地引发高等教育系统的内部革新。也可以说,我国引入中外合作办学机构的初衷实现得并不充分,中外合作办学机构在我国所展示的角色也备受质疑,诸如国际教育产业化的充当者、吸收高考落选群体的民办教育机构等等,因此这为中外合作办学机构在我国的后续发展造成了一定的障碍。目前来看,中外合作办学机构更多地承担了境外留学预备基地的功能,这都与我国引入中外合作办学机构的初衷相背离。

2. 中外合作办学机构与我国高等教育系统的融入度

目前我国的中外合作办学机构可以分为独立法人机构和依附于本国大学的二级学院两种形式,因此根据承担办学机构的不同,大学本土留学可以分为Ⅰ类本土留学和Ⅱ类本土留学两种类型。但是,我国高等教育"消费者"对民办大学一直存在认知上以及心理接受度上的偏差,因此,中外合作办学机构一直未能进入政府高等教育规划的重点关注视野。在这种情况下,中外合作办学机构与高等教育系统的融入度问题成为该领域研究与实践的关注焦点。

相比两类中外合作办学机构以及相应的两种留学形式,可以看到Ⅱ类本

---

① 董秀华.跨境教育的能力建设与我国中外合作办学问题研究[J].清华大学教育研究,2007(5):51.

土留学形式以及承担的机构虽对中方院校更具依附性,但其与中国高等教育系统的融入度也更强。就中外合作办学机构整体而言,从进入我国高等教育系统的过程中,我们可以看到高等教育系统对其关注度并不高,进入高等教育系统内部的海外教育力量并没有引起本土高等教育机构的重视,其并没有成为一支对本土高等教育起着重要补充作用的力量而存在,更多地游走于高等教育系统的边缘,作为高等教育系统开放化的一个标志而存在,其管理模式、办学运作模式、课程实施模式等并没有受到高等教育界以及学者的充分关注,高等教育系统更为关注的是如何通过本国高等教育结构的调整提升整体教育质量,并在全球高等教育市场上占据一席之地。

之所以出现上述情况,原因是多方面的。一是与中华人民共和国成立后我国高等教育系统呈现出相对封闭性的发展模式相关;二是与我国高等教育管理体制相关,我国的高等教育系统更为关注政府的政策,大学的自主办学权并没有完全得到落实;三是与中外合作办学机构进入我国后,并没有形成整体发展思路相关,中外合作办学出现了办学定位不明晰、办学目的与我国引入海外办学力量的初衷相背、局部混乱等情况;四是中国社会民众对中外合作办学机构的接受度并不高,始终对中外合作办学机构抱持相对怀疑的态度。因此中外合作办学机构要想在我国占据一席之地,目前所能进行的是努力提升质量,以优质教育资源树立整体形象以让社会大众接受、认可,同时,更要考虑如何通过明确办学定位,真正起到提高中国高等教育绩效的作用,融入我国高等教育系统。

目前,我国的高等教育改革进入深水区,高等教育规模也面临扩张后的拐点,作为大学本土留学的重要承载体的高等教育中外合作办学机构能否真正融入我国的高等教育系统这个"组织场域",取得其确实的合法性地位,还需要进一步的努力。美国学者马克·萨奇曼认为"合法性是一种普遍化理解或假定,即由某个实体所进行的行动,在社会建构的规范、价值、信念和身份系统中,是有价值的、适当的假定"。因此组织理论和社会交换理论仅仅把合法性看作是组织从其制度环境中抽取的一种资源,这种看法虽然有失偏颇,但是正是因为这种"合法性"标签的存在,组织结构才得以被模仿或者成为该组织形式被强制扩散的"正当"依据。就目前而言,政府机构、专业协会和行业协会对组织而言往往十分关键,来自这些机构的认可、证明、鉴定、资格认证或委托,常常成为组织具有合法性的重要标志,与此同时,是否能得到本系统内同类机构特别是具有领衔意义的机构的支持与认可也非常关键,"组织的很多结构之所以存在和扩散,是因为它们被相对独立的强大机构视为'适当的',尽管组织机构的合法性会受到其他较少权力机构的挑战"。①

第三节　大学层面"境外留学"与"本土留学"的变迁机制

根据《现代汉语词典》(第7版),"机制"是指:机器的构造和工作原理;机体的构造、功能和相互关系;某些自然现象的物理、化学规律;一个工作系统的组织或部分之间相互作用的过程和方式。自20世纪90年代以来,我国改革开放走向深入,"机制"一词开始广泛应用于社会科学研究领域,指其内部组织和运行变化的规律。"对它的理解需要把握三点,即构造、运行及功能。构造即机制的构成要素、组织部件和结合方式,它是机制存在的前提,涉及事物的组成,该组成决定了运行的情况和功能的本质。运行指因为构造体之间的相互作用而体现出的一种特有的秩序,是其内在的本质联系。机制是以一定的运作方式把事物的各个部分联系起来,使它们协调运行而发挥作用的。功能是机制对特定对象物产生的作用,任何机制必然导致某种功能,没有无谓的机制。"②大学层面留学教育形式的变迁并不是突如其来的,在境外留学兴盛之时,本土留学兴起,研究其变迁的原理及规律不仅有助于丰富留学教育理论,也有助于推动中国高等教育国际化的实践进程。

一、大学层面"境外留学"与"本土留学"的变迁因素

欧洲社会学家皮埃尔·布尔迪厄提出了"社会场域"这一概念,他认为"社会场域"是指由独特的价值观与手段、方法所支配的社会场合。③ 从这个角度来看,随着我国加入世界贸易组织,在全球化的影响下,所有国家的高等教育可以看成是一个大的"社会场域"。布尔迪厄进一步强调场域内存在着"争斗"的性质,这种"争斗"影响全球高等教育市场教育供给的变化,留学的形式也随着发生变迁。而影响"争斗"的关键力量有五个:国家的经济发展水平与潜力、国家的相关政策与制度的变化、国家的科技与文化发展水平、国家对高等教育发展的需求、作为留学主体之一的个人与家庭的状况与需求。这五个因素在全球化高等教育市场上,共同构成了"争斗"的"推""拉"力量。

---

① W.理查德·斯科特.制度与组织——思想观念与物质利益(第3版)[M].姚伟,王黎芳,译.北京:中国人民大学出版社,2010.
② 余小波,余加宝.高等教育质量的社会调节机制探析[J].高等教育研究,2015(12):2.
③ W.理查德·斯科特.制度与组织——思想观念与物质利益(第3版)[M].姚伟,王黎芳,译.北京:中国人民大学出版社,2010:50.

根据推拉理论,每一个国家的高等教育的供求变化都有不同的推力因素与拉力因素在起作用,两类因素的不平衡造就了留学教育的不同形式。值得注意的是,某种留学形式的兴起与发展不仅仅是其中某类因素的作用,而且也是"推"与"拉"两种因素博弈的结果,即教育的接受国或输出国都同样存在着既把学生向外"推"的因素,同时存在着吸引学生留在本土内进行良好教育的积极的"拉"的因素。特别是在全球化背景下对留学教育进行全方位考量时会发现,推力因素和拉力因素具有某种共性,即同一个因素造成了两种不同的行为结果,详见表2-9。

表2-9 全球化理念下大学层面留学变迁因素细化表

指标	指标细化
经济与社会	经济发展速度
	经济发展程度
	经济发展潜力
	经济开放程度
	产业结构
	海外市场的开拓
	留学的经济收益(国家层面)
	社会的可持续发展
	人类发展指数
	人口的数量与质量
政治与制度	政治体制与政府管理模式
	政治环境的稳定度
	政治环境的开放与包容度
	国家政治战略
	政策的连续性
	留学市场的规制化
	就业市场的成熟度
	国家对学生学历学位的认可情况
	就业市场对学生学历学位的认可情况
科技与文化	文化的包容度
	本国文化与他国文化的融入度
	国家科学技术发展水平与要求
	科技进步与创新

第二章 留学的变迁及其功用

续表

指　　标	指标细化
高等教育发展状况与需求	国家对高等教育的投入状况
	高等教育系统的开放度
	高等教育系统的成熟度（结构、类别等的多样性）
	国家高等教育资源的稀缺性
	国家优质高等教育资源的稀缺性
	高等教育的国际交流程度
	高等教育市场的完善度
	大学办学自主权的落实程度
	留学高校的声誉
	留学国教育资源和设施的丰富程度
个人与家庭	消费者个人偏好与动机
	消费者经济实力
	留学的个人经济成本与收益
	家庭观念
	家庭的经济能力
	父母的职业、教育经历等

实际上在表2-9列出的五个因素中，有一个概念始终蕴含在所有因素中，成为影响留学教育形式变迁的非常关键的因素，即"全球化"理念的影响。比较高等教育学者伯顿·克拉克提出了影响高等教育体系内高等教育形态及发展的"三角"（国家权威、知识和专业权威、市场）模型。运用这一模型似乎可以解释高等教育体系内所有的改革，但是无法很好地解释自20世纪80年代以来，各国教育受到全球化和国内教育改革发展的双重压力。因此，有学者在研究跨国高等教育时对此三角模型进行了修正，将其放入全球化背景中予以考量并进行分析，由此发现影响高等教育系统的协调力量发生了微妙的变化。① 在全球化理念的影响下，高等教育系统不但要关注内部自身的运行与发展，更要将目光聚焦于全球，通过"向外"的寻求以期获得"向内"关注的视角。因此

---

① 郭丽君.全球化下的跨国高等教育——视点、问题与中国的应对[M].北京：中国社会科学出版社，2009：18.

在现今高等教育发展的过程中，很多问题不再局限于本国范围内，而是必须将其置于国际背景当中去探讨，才能更好地解决本国高等教育中出现的一些问题，并提高高等教育质量。由此可以看出，随着全球化理念的普及与推进，国际因素成为影响我国留学教育变迁的重要因素，这些国际因素主要包括国际政治环境、国际经济力量的角逐与合作、国际教育市场的分层等等。

二、差异性与多样性：大学层面"境外留学"与"本土留学"变迁的缘起

图 2-2 显示了全球化理念背景下大学层面留学教育的变迁因素以及运行的机制。可以看出，在全球化理念的影响下，大学层面留学教育变迁的推拉力量主要由三个维度构成：本国状况、他国状况、本国与他国之间的匹配与差异状况。这三个维度不仅仅是国家制定相关留学政策的依据，也是影响个人与家庭选择留学教育形式的主要依据。"差异性"不单指发展程度上的差别，也指发展策略、发展类型等方面的异质性，正是这种差别与异质性，能够满足消费者多样化的需求，而这种多样化的需求，成为大学层面留学教育变迁的直接动因。

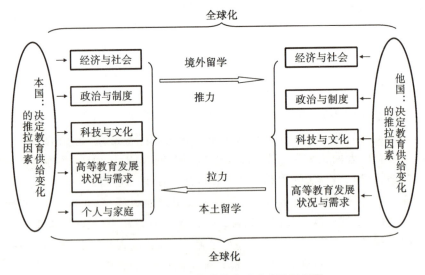

图 2-2　大学层面留学教育形式变迁机制图

从图 2-2 可以看出，影响留学工作的本国因素和他国因素很多方面是共通的，不同之处在于其发展状况的国与国之间的差异，这种差异则造成大学层面留学教育变迁的不同的"推力"与"拉力"，推力与拉力相互交锋、碰撞、较量，产生巨大影响。胜者为主，趋之若鹜；败者为次，门可罗雀，出国与归国浪潮也

第二章 留学的变迁及其功用

因此形成。

1. 经济与社会

国家与国家之间经济发展的差距,是留学主体对留学国别选择的重要因素。特别是1978年以后,随着自费留学渠道的打通,国家经济力量成为吸引留学人员的重要因素,一国经济力量从某一个方面可以反映并代表一个国家的科技、教育水平等方面的实力。因此,经济实力较强的国家或地区比经济实力较弱的发展中国家或地区对学生的吸引力往往更大。20世纪80年代以后,我国留学主体去向偏向于美英等西方发达国家,而前往非洲国家留学的人员是最少的。在经济方面还需注意的一个因素是国家经济发展的续航力对留学生流动的影响。国家经济发展的续航力包括国家经济政策的稳定性与持续性、国家经济发展的潜力、国家经济面对国际经济环境变化的权变能力等方面,因此虽然某个国家或地区经济发展暂时落后,但由于其经济发展的续航力表现优异,也会吸引大量留学生,这一点可以从我国中外合作办学机构的兴起以及大学本土留学的出现得到验证。

值得注意的是,经济因素并不是导致留学教育变迁的唯一重要因素。国家在引导留学行为时,个人与家庭在进行留学路径选择时,权衡的因素是多方面的,如一国的环境、人口素质等等,研究者将其归结为社会因素。在全球化理念下,留学行为主体具有更多样的选择权,期望获取更优质的教育服务。因此,社会是否具有可持续发展力、是否具有足够高的人类发展指数(Human Development Index,简称HDI,由三方面判断标准组成:人们能否长期健康地生活、能否获得所需的知识以及能否获得按照体面生活的标准所需的各种资源①)、是否具有足够的人口数量支撑高等教育的后续发展、人口的素质是否足够高等等,这些都成为国家引导留学行为、个人进行留学抉择的权衡因素,而正是这种权衡,诱发了留学教育的变迁。因此,当一个国家经济水平、社会发育程度落后于其他国家时,这本身就形成了一种促使学生"向外"的推力,因此中华人民共和国成立直至本世纪初,我国留学人员持续大规模增长,并滞留在外不归,正是这种推力的作用。现如今,经过几十年的发展,虽然我国目前仍处于发展中国家行列,但是国家的经济水平有了极大的提升,而其他国家在寻求海外市场拓展时,我国社会巨大的人力资源空间、优质高等教育资源亟待补充等特征也形成了吸引国外高等教育力量的拉力。

---

① 联合国开发计划署驻华代表处,中国社会科学院城市发展与环境研究所.2013中国人类发展报告:可持续与宜居城市——迈向生态文明[M].北京:中国对外翻译出版有限公司,2013:6.

2. 政治与制度

"不同形式的政府,拥有不同的政治理念,对教育投入的偏好有明显的差别。"①无论在何时,政治对于教育的影响都是不可忽略的,且不说中华人民共和国成立初期我国的留学政策完全由我国政治策略以及外交政策统领,即使在我国加入世界贸易组织后,自费留学成为我国留学的绝对主流,个人成为留学行为主体,但各国的政治策略以及相应出台的各项政策仍会成为推动留学变动的主要因素,如学位学历互认制度、相关的移民政策法案、国家发布的留学预警等等。除了相关政策的出台以外,政治体制与政治环境的稳定度、开放度以及包容度都成为影响留学变迁的重要推拉力量。总体而言,当政治趋于保守时,政府在留学工作中的主导因素更强,对他国教育资源的吸引力也越弱;而当政治环境趋于稳定与开放,各项政策与规章制度趋于完善时,他国教育资源就更容易进入本国市场,但其是否能真正融入,还要看与该国文化和制度的契合度。

制度意味着需要所有人共同遵守,它起着规范国家和个体行动的作用,正如历史新制度主义学者罗伯特·基欧汉指出的,制度不仅仅是反映建构它的单元之偏好与权力,制度本身也会影响这些偏好与权力。② 制度对留学行为的影响是巨大的,一般说来,国家的相关制度越成熟,体系越完整,制度的灵活性越强,不仅越能吸引留学人员,也越能吸引优质的海外办学力量,而且还能成为规范海外办学机构的重要力量。从境外留学的发展历程可以看到,正是伴随着我国制度体系的建设与成熟,境外留学从方式和途径上才能走向多样与多元化。在这个过程中,中外合作办学机构不仅逐步在我国兴起,也经历了从无序状态发展到有序发展的阶段。但是我们也应注意,制度本身体现的是一种外部价值观的输入,它有固化和落后于社会变化的一面,因此在留学工作因国际形势或者全新理念的引入发生变化时,制度的反应往往要慢于这种变化,从而使得这一段时期的留学工作进入一种相对无序或者比较混乱的情况。当然,这也意味着留学教育中新的因素可能就此产生,通过梳理留学教育的变迁史,这一点是可以得到明确的印证与说明的。

3. 科技与文化

科学技术是一个国家先进生产力的深刻体现,因此,科技水平先进的国家自然能形成吸引他国学生前往的拉力,而科学技术的发展也在内部形成对人

---

① 柯佑祥.教育财政偏好及其规范[J].教育研究,2010(3):24.
② W.理查德·斯科特.制度与组织——思想观念与物质利益(第3版)[M].姚伟,王黎芳,译.北京:中国人民大学出版社,2010:41.

力资源的巨大需求。在对科学技术发展有强烈需求或科技发展势态良好的国家,不仅会主动寻求优质的高等教育资源,也会对海外的优质教育力量形成吸引力。在这种吸引力的作用下,国家会制定相关政策吸引人才。值得一提的是,国家科学技术发展的要求不仅是留学教育工作中的主要拉力,同时也是一种重要的推力。从留学教育的历史变迁中我们可以看到,1949年后,我国经济发展的巨大需求和科技发展的落后使得国家迫切需要先进的力量来推动我国的建设与发展,因此"留苏热"兴起。改革开放以后,我国的经济、政治体制不仅更具包容性,而且作为一个后发国家,对科学技术水平提高的要求更为紧迫。留学人员的增多、留学国别选择的多样化、留学专业倾向自然科学等等都说明了这一点。随着我国市场经济体制改革的不断推进,留学市场不断成熟,在这个过程中,如何吸引国外优质教育资源为我国服务成为留学工作思考的重点,中外合作办学机构的兴起以及大学本土留学的发展历程正反映了这一点。

文化因素在留学教育工作中是不可忽视的因素。在一定程度上可以说,文化是一个国家物质财富和精神财富的总和,文化不仅反映着历史传统,也代表着社会进步。无论是国家还是机构或个人,都会带有本国文化的"印记",并成为一种意识形态的"武器",影响着一个国家的管理模式、社会的行为模式以及个人的思维模式。在留学教育变迁中,左右留学教育变迁的文化推拉力量主要集中在两国之间文化的差异与匹配状况。从留学教育的变迁来看,当国家主导留学工作时,大学层面的境外留学更多地考虑他国文化与本国文化的同质性,因此中华人民共和国成立初期留学生主要去往苏联及部分东欧国家;而随着个人和家庭在留学工作中行为主体的凸显,异于本国文化且极具包容性与多元性文化的国家对我国留学生更有吸引力。而在中外合作办学方面,文化的融合度问题成为海外力量在中国办学时需要着重考虑的文化因素,这也为大学本土留学提供了发展空间,在本国境内接受异质于本国的课程并感受其文化体系,很好地解决了学生境外留学的文化适应问题。

4. 高等教育发展状况与需求

当本国的高等教育不能提供足够的教育资源或者足够的优质教育资源时,境外留学随之发生;而当本国优质高等教育资源亟需得到补充时,海外教育资源顺势进入。在这个过程中,本土留学兴起。

1949年以后,在国家的高等教育政策的影响下,我国的高等教育形成了一个相对封闭的系统,这种封闭性体现在:首先高等教育系统内部的各主体即高校的发展具有趋同性,虽然我国高校的类型、层级等结构都在不断调整和完善中,但是在长期以来的"模仿"与管控下,体现出来的仍然是一种制度性同形。

这种制度性同形导致了封闭性的第二个表现,即在自身高等教育优质资源稀缺的前提下,对外来优质资源存在一定的"排斥性",这意味着外来高等教育资源进入我国高等教育市场时很难占据一席之地。纵观我国高等教育系统的发展,虽然高等教育市场本身呼唤多样性的出现,但是其长期以来的发展行为模式又给差异性的寻求带来了一定的阻碍,因此在这种情况下,"向外"寻求高等教育资源尤其是优质高等教育资源成为趋势,特别是当他国高等教育由于人口等因素面临紧缩或财政问题的情况下,他国也会积极地制定相关政策,为该国高等教育吸引留学人员提供便利条件。伴随着经济的发展,国家高等教育管理体制改革也在不断推进,我国高等教育系统内部结构也在不断调整,受这些因素的影响,我国高等教育对优质的异质的教育资源的需求开始显现,这些优质的高等教育资源不仅可以丰富我国高等教育的结构,还可以为我国本土高等教育机构的发展提供一些经验借鉴与参考,同时也为高等教育系统内良性竞争环境的建构提供了很好的机会。

5. 个人与家庭

个人与家庭作为留学行为主体,不仅是境外留学的重要推拉力量,也是决定本土留学发展的主要因素。留学行为不仅反映着政府的政策偏好,也是个人与家庭选择的结果。个人在进行留学选择时,经济支付能力与留学行为可能带来的收益是首要考量因素,但是家庭的教育背景、父母的文化程度、教育经历、个人的发展意愿都会成为留学行为中不可忽略的因素,而个人与家庭对优质教育资源的需求也会成为海外教育机构来华开拓教育市场的重要依据。在我国留学教育发展的历史中,中华人民共和国成立初期,个人与家庭的力量与作用几乎完全被忽视,国家计划掌控了整个留学教育工作,直到70年代以后特别是改革开放政策实施以后,伴随着自费留学渠道的打通,中国中产阶层的形成,个人与家庭的力量才逐渐成为留学教育中的主导力量,留学中介机构也以服务于个人与家庭为基础而兴起并不断壮大。通过梳理留学教育的变迁历史可以看到,在一般情况下,家庭经济状况良好、父母文化程度高、生活在经济相对发达的省会等城市的家庭,个人选择境外留学的意愿更为强烈,并且对国别的选择、专业的选择也更为慎重,均衡考虑的因素也更多。

全球化理念既深刻影响上述五个因素,也与这五个因素叠加、复合在一起,对留学教育工作的变迁呈现出重要影响。在全球化理念的巨大影响下,很多问题不再是本国或者本土的问题,甚至会产生一种"牵一发而动全身"的"涟漪效应",这种效应的发生,也造成了留学教育工作的复杂性。各项留学政策的出台、留学形式的变动等等不仅要考虑本国的经济状况、社会发展以及本国人民的需求等方面因素,还要考虑国际形势的变化以及他国经济政策、政治意识形态等等,因此随着时代的发展,留学教育工作在越来越完善的过程中,要权衡的因素也越来越多。大学层面的"境外留学"与"本土留学"看似只是留学形式的一个变化,表面上反映的也只是个人与家庭对留学行为的选择,但实质上考量的是在国际大背景下各国之间经济、政治、文化、科技、高等教育状况的综合力量的对比与角逐。

三、"选择偏好":大学层面的"境外留学"与"本土留学"变迁的运行

"偏好"(preference)是经济学领域常用的一个概念,它指的是对某种货物、事件或项目的喜好,在程度上高于对另一种或多种其他货物等的喜好。与"偏好"相关的一个概念是"效用",如果一个人对 A 的偏好胜于 B,那么我们可以说,他得自 A 的效用大于得自 B 的效用。[①] 如图 2-3 所示,留学行为主体的选择偏好集中反映了一国的综合国力、政治导向以及高等教育市场的资源配置等情况及需求,在这个过程中,政府在留学工作中的角色变化与政策偏好的变化也随着本国与他国经济状况与力量的对比、国际局势的变化、本国社会内相关因素的需求而变动。

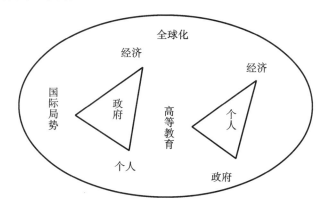

图 2-3　全球化理念下大学层面"境外留学"与"本土留学"政府与个人偏好影响图

1. 全球化理念下"政府偏好"对留学教育变迁的影响

对于政府而言,一个国家的政治体制、宏观政策都深刻地影响着高等教育的方方面面。对于各国高等教育而言,大学层面"境外留学"与"本土留学"角逐的场域是高等教育市场,各国间高等教育力量的对比就形成了不同的推进

---

① 柯佑祥.教育财政偏好及其规范[J].教育研究,2010(3):23.

因素与阻碍因素,而高等教育市场的力量究其本质是一国综合国力、社会发展状态、政治意识形态、科技与文化发展水平等力量的综合反映。美国学者沃尔特 W. 鲍威尔以及保罗 J. 迪马吉奥提出了"组织场域"的概念,认为组织场域是指那些由组织建构的、在总体上获得认可的一种制度生活领域,这些组织包括关键的供应者、资源和产品消费者、规制机构以及提供类似服务或产品的其他组织。① 从这个角度来看,各个国家的高等教育体系可以看成是一种独特的组织场域,每一个组织场域不仅有其自己的特征,还有依据各国文化传统、政治体制而制定的比较独特的治理系统,这些治理系统又通过政府的权威、相关的政策来控制场域内各个公共的或私人的行动者的行为。而在我国,对高等教育这个组织场域的形成、发展、变迁起决定作用的力量始终是政府,这不仅与我国的文化传统相关,也与我国的政治体制和高校治理模式相关。因此就我国高等教育而言,首先反映的是"政府偏好",因此政府在制定留学政策时虽会以本国高等教育发展为政策前提,但是会将其与其他因素相结合进行综合考量。

从留学教育的变迁来看,不同时期政府对留学教育工作的考量是完全不同的。中华人民共和国成立初期与20世纪80年代末90年代初,受国际局势急剧动荡的影响,政府的留学政策出现了一定程度的收紧;而在国际局势相对稳定的时期,政府更多倾向于满足本国经济发展的需求以及保持自费留学渠道的通畅,并开始寻求国外高等教育资源的引入;而随着国家经济实力的进一步增强,全球化教育理念的勃兴,政府的留学政策也更为宽松,留学管理工作也朝向信息化、透明化以及规范化方向发展,中外合作办学也更为规范。政府在不同时期关注重点的变化,都会引发留学行为表征的变化,而这些变化逐步制度化并成为我国留学教育的合理内核被推广。当然这种制度化也不是一朝促成的,而是需要一个长时间的验证以及政府系列政策的出台与支持。在留学教育工作中,如何做到规范化、法制化,是政府有关部门必须认真加以思考和解决的重要问题。管理与治理并不等同于制度,制度体现了一种相对稳定的状态,某种模式一旦发展成熟,形成为一种制度,则具有相对持久且牢固的架构。留学工作的制度化,既可以长久保持留学工作不受变迁的影响,但同时也可能对留学工作产生阻碍作用,因此制度化也应该建立在科学化的基础上。本土留学的缓慢发展与尚不成熟正是印证了这一点。尽管中外合作办学机构有了政府的法规认定与约束,但是其在我国高等教育系统内得到全面认可尚

---

① 沃尔特 W. 鲍威尔,保罗 J. 迪马吉奥. 组织分析的新制度主义[M]. 姚伟,译. 上海:上海人民出版社,2008:70.

待时日,而且公共力量对其资源的配置、政策对其发展的支持也是不足的。社会学家安东尼·吉登斯认为,如果规则与规范要有效,就必须得到具有奖惩权力的支持。"得不到各种资源的支持而再生的图式,最终会被放弃和忘记"。① 因此近年来,虽然大学本土留学受到社会公众和部分学者的关注,但是,其成为与境外留学并列的主流留学形式之一仍任重而道远。

2. 全球化理念下"个人偏好"对留学教育变迁的影响

南开大学教授李喜所提出,20世纪中国留学生基本有两类,一类是在中国政治变革的召唤下,以寻求救国救民的真理为宗旨,服务于革命需要的"政治留学";一类是受中国经济建设和文化的现代转换所驱动,旨在移植西方文化,为我所用,在现代学术陶冶下的相对规范的"学问留学"。② 随着我国社会主义市场经济体制的确立,我国高等教育组织场域内"消费者"的主体身份日益明确,留学教育工作也从国家主义的"政治留学"走向对个人价值关注的"学问留学"。"政治留学"和"学问留学"的目的和缘起虽然不同,但归根结底是为了服务于中国的现代化建设。"学问留学"的兴起,不仅使得留学渠道多样化,也推进了我国高等教育场域内部结构的变化,加剧了对优质高等教育资源的需求,这为中外合作办学机构的出现提供了一个突破口,也成为本土留学形成的重要成因。

对于留学主体的个人和家庭而言,在留学行为选择中,首先考虑的是经济成本与留学行为结果所能带来的收益情况。"经济成本是指不同的投入主体在留学过程中所投入的货币的数量"③,从这一概念出发,国家、单位、家庭、个人的经济投入都构成了留学形式变迁的影响因素。随着自费留学成为主流,个人的留学支付能力成为个人在进行留学选择时必须予以考量的因素。"在非物质生产领域,对收益的最一般的界定是指一项计划、政策或活动的预期的或实际的结果,亦可指预设目标的实现程度。"④ 根据这一概念,收益也可以分为个人、家庭、社会、国家等部分。而留学的个人收益是个人在劳动力市场上竞争力的直接体现。成本和收益的变化成为影响留学行为主体的变迁进而导致留学教育变迁的关键因素。在我国经济状况落后于其他国家的情况下,西

---

① W. 理查德·斯科特.制度与组织——思想观念与物质利益(第3版)[M].姚伟,王黎芳,译.北京:中国人民大学出版社,2010:57-58.
② 李喜所.中国留学史论稿[M].北京:中华书局,2007:24.
③ 陈学飞,等.留学教育的成本与收益:我国改革开放以来公派留学效益研究[M].北京:教育科学出版社,2003:20.
④ 陈学飞,等.留学教育的成本与收益:我国改革开放以来公派留学效益研究[M].北京:教育科学出版社,2003:28.

方发达国家的高等教育整体优于我国的高等教育,因此,境外留学成为我国个人留学的首选。一旦境外高等教育机构颁发的文凭所带来的个人收益远远超过成本,就会在一定程度上推动境外留学人员的增长。

随着我国经济实力的提高、我国高等教育质量的整体提升以及我国就业市场的完善,对境外教育不再"不问出身",境外教育机构的文凭效应大大降低。在全球化理念下,高等教育市场以及相关联的就业市场寻求的是优质高等教育资源,因此,外国政府和教育机构在开始注重用优质的教育服务吸引我国留学生的同时,也开始注重与我国政府层面的合作,如学历学位互认制度;注重与我国高校层面的合作,如中外合作办学机构的兴起。

在全球化理念的影响下,作为对留学教育影响最大的两大主体,政府和个人都受到多方面因素的影响,在不同的时期,对影响因素的关注点的不同,造成了其选择上的"偏好",而这种"偏好"进一步影响了留学教育的发展,形成了留学教育在不同时期的不同表征与特质。

第四节　讨论与展望

纵观留学教育的发展历程可以发现,我国留学教育呈现出以下几个演变轨迹——从强调国家计划的政府行为到个人作为留学主体作用日益凸显的非政府行为;留学市场从限制开放到完全开放;留学工作从无序到制度化;留学群体从精英到大众;留学渠道从单一走向多元;留学目的从集体主义的政治目的走向对个人学术的强调。伴随着留学教育的变迁,我国留学工作的形式也发生了重大变化,在国人"向外"学习的过程中,中外合作办学悄然兴起,我国的留学教育形式因此变得更为丰富,从单纯的境外留学转向为境外留学与本土留学并行。在这个过程中,人才逐渐回流,国外优质教育资源被引进,留学教育的思想观念和管理体制都逐渐与国际接轨。

我国的留学教育之所以呈现出上述重大变化,是多种因素综合作用的结果。

其一,我国实施改革开放政策后,政府的角色不断地转变,权力不断下放。与此同时,经济也飞速发展,因此对高质量的教育资源的需求也相应提高,这些都为中外合作办学形式的出现提供了契机,而社会的开放也使得国外教育资源可以比较自由地进入中国市场。在这种情况下,不仅境外留学持续火热,本土留学也有了生存空间。

其二,家庭支付能力的提高,不仅改变了很多家庭传统的观念,也使得留学门槛降低,自费留学逐渐成为主流,而中国庞大的人口市场也成为吸引国外教育资源的重要因素。

其三,自 20 世纪 90 年代以来,我国高等教育彻底改变过去"统包统分"的制度,很多学生开始选择放弃高考,以留学的形式完成自我成才的道路。

目前,我国留学教育进入比较有序发展的阶段,留学教育的宏观管理机制、留学教育中介机构的运作模式、留学市场的开拓与建设等等都在不断地完善并渐趋成熟。在这个过程中,留学教育的渠道与形式也日益多样化与多元化,尤其是在全球化理念下,我国大学层面的本土留学不仅在实践层面上有了较大的发展,而且在理论建设层面上也取得了一定的成绩。但是,作为留学教育的新兴事物,其市场发育还不够完善,承担本土留学的中外合作办学机构在我国高等教育学校系统中所占份额有限,其中还有许多问题需要进一步思考并讨论,如中外合作办学机构的定位问题、中外合作办学机构与高等教育系统的融入度问题、大学本土留学的价值践行问题等,都有待采取有效措施,从根本上加以解决。

从境外留学到本土留学,不仅是留学形式的变迁,更体现了经济的发展、社会的进步。从目前留学教育的整体来看,境外留学仍然是主流,本土留学能否成为留学教育中的一种重要的形式并发挥其应有的价值,还有待实践的检验。在这个过程中,中外合作办学机构能否真正崛起于我国高等教育学校系统,成为高等教育力量的重要补充,并丰富我国高等教育结构,提供高等教育管理体制的改革经验,也有待时间的验证。

第三章 本土留学的教育价值

本土留学是高等教育外部提供的重要形式，高等教育外部提供风潮的兴起催生了本土留学在中国大地萌芽、开花与结果。无论是本土留学，还是高等教育的外部提供，都蕴含着教育的创新价值。在当下，这两者虽然不是那么成熟发达，但是潜力巨大，充满生机。

第一节 高等教育外部提供的价值

越来越多的高等学校（高等教育组织）在无法解决自身问题的时候，寻求从外部突破，由外部力量直接提供高等教育服务，实现自身部分职能或任务的分解与外移，合力发展高等教育，满足高等教育组织自身、个人、社会、政府等的多种需求。高等教育外部提供是一种现实的严峻挑战，还是高校发展的无奈选择？高等教育外部提供是否有效？如何发生？价值与影响何在？厘清这些认识问题，是学术研究的责任，也是现实的需要。

一、高等教育外部提供的生成逻辑

高等教育外部提供主要是一个国家的高等教育服务直接由本国高等教育系统与组织以外的部门、机构提供，以及高校向本系统外的非正规教育提供，这里既包括高等教育的国外（境外）提供，也包括高等教育的高校外提供，还包括高等教育的校园-课堂外提供。可见，高等教育外部提供是分层次的，即由外部提供、在外部提供、向外部提供三个层面。其一，由国外高校、本国高校之外的社会组织提供实施高等教育，是高等教育外部提供的主要形式，如中外合作办学，它涉及高等教育外部提供的主体。其二，在高校校园与课堂外提供与实施高等教育，这既包括传统的实训、实习，也包括实践中应用较为广泛的订单教育，还包括融入现代信息技术的大规模网络视频公开课（MOOC），它涉及高等教育教学实施的空间平台。其三，高校利用社会资源（设施设备和部分人力等）向社会未就业或未充分就业人员、在岗工作人员等定向教育消费者提供高等教育，包括在职、开放教育，MOOC也可以部分纳入本层次类型。就高等教育外部提供的三个层面相比较而言，第一层面的高等教育外部提供在发展

第三章　本土留学的教育价值

中国家逐渐占主导,第二、第三层面的高等教育外部提供在发达国家占据的份额越来越大。

有别于高等教育的外部支持,高等教育的外部提供主要是直接以外部提供高等教育服务的形式存在,与高等教育系统内的高等教育服务是并列的部分,从这个意义上可以说,对高等教育类型的传统划分——普通高等教育、成人高等教育,或者全日制高等教育、非全日制高等教育,正规高等教育与非正规高等教育,已经不合时宜,现在的高等教育应该分为高等教育的内部提供与外部提供这两种新的形式。高等教育的外部支持意味着高等教育内部的活动与发展得到高等教育系统外的人力、物力、财力、制度与政策等各方面的帮助和支撑,如政府支持公立高校办学、社会捐助私立高校发展等,是高等教育内部活动得以开展,服务与事业得以发展壮大的物质基础和保障。高等教育的外部提供与外部支持在高等教育系统中的地位不同,而且对高等教育系统内的外部支持越多,就越可能削弱高等教育外部提供的能量与空间,降低高等教育系统内外竞争的程度和局部质量,并影响高等教育体系服务社会的范围和深度。

高等教育外部提供是高等教育不断发展和竞争的产物,其最初出现的形式是,高等教育组织的教育教学活动与服务内容等延伸到企业,高等学校人才培养、科学研究与开发的职能逐渐演化成企业发展的重要内容,企业按照自身发展确定所需人才的规模、规格,并作为重要的教育主体参与编制和定制教学计划,以直接的人才需求订单形式影响对专门人才的应用技能和职业素养的培养,高等学校的人才培养职能部分移植到外部的企业组织活动中。在基础研究转换和科技开发过程中,企业以高校科技成果转化为产品和服务或其他生产力等形式形成了与高等学校竞争的重要力量,也与高等学校形成了合作伙伴关系。这种人才培养和科学研究及开发的能量在高校以外的组织不断增强,无疑会改变高等学校的内部结构,高校一方面在校内大量增设实训场所、实践技能培养基地,加强科技成果的开发与转化和跨学科平台建设;另一方面,更加固守高等教育自身的服务范围,以不断强化专业性的方式提升高校自身与企业的识别度,设置精细化的专业,有意识地在高等学校与企业之间保持比较优势差异,保证高等学校作为现代高等教育实施的唯一组织系统。但是,这也只能是高等学校对于外部挑战的"保守疗法",无法阻挡高等学校外部提供高等教育服务之力量的发展。

高等教育的大众化进程加剧了区域高等教育市场的瓦解,高等教育服务开始在区域间相互渗透,高等教育的国内提供与国外(含"境外",下文中省略)提供并存成为高等教育外部提供发展新阶段的特点。经济的全球化不仅改变着世界经济的发展模式、市场格局与经济体能,也促进了贸易层面的高等教育服务的发展。高等教育的国外提供突出反映在国际合作办学等领域,与其类似的英语表达方式有 external providers of tertiary education(高等教育的外部提供),foreign providers of tertiary education(高等教育的国外提供),cross-border providers of tertiary education(高等教育的跨国界提供)等。在这里,外部提供既是一个区域空间概念,也是一个组织结构术语,外国与本国相对,外部是针对内部而言。高等教育的国外提供的形式既有较为原始的出国留学与培训、学分和学历的外部认可,更有国际合作办学的本土留学、本土国外课程与培训等,从单向度的外部提供向双向度的外部提供发展。国际合作办学层面的高等教育外部提供一般是基于本国优质高等教育的内部提供的综合竞争优势,其成本价格也反映出市场经济规律的作用,优质优价。跨国的高等教育发展突破了高等教育边界,高等教育服务突破内外疆土的障碍,高等教育的主权与治权逐渐分离,人们选择高等教育有了更广阔的市场空间,越来越多的人可以不出国门实现本土留学,享受世界意义的优质高等教育。

MOOC 是在校园与课堂之外提供高等教育的典型方式,是信息技术高度发展的时代产物。MOOC 是由著名高校和网络技术开发商、运营商,利用先进的网络平台,合作开发一流高等教育层次的视频课程,为社会提供开放的高等教育服务。这种课程服务借鉴课堂授课的人人对话、集体学习氛围、共同参与和互动等优点,克服传统辅助教学的课堂气氛不足等弊端,不受空间和时间限制,灵活地为社会成员提供各类专业课程的内容。这种形式的高等教育明显置身于高等学校校园与课堂之外,在外部提供的网络平台上传播和提供高等教育服务,市场空间更加广阔。这种形式的高等教育外部提供,强调外部提供的系统性和全方位,覆盖高等教育服务内容与课程介质、高等教育服务技术(服务器、网络与信号传输等)、高等教育服务对象等,这一切仅凭高等学校的内部提供是无法完成的,必须与高等学校校园与课堂的外部主体(网络技术开发商与运营商等)共同合作实施。社会成员如果打算不通过传统的校园课堂而能接受类似校园课堂的高等教育服务,接受 MOOC 形式的高等教育外部提供是必然的选择,它是社会成员在高等教育消费观念上发生改变的一个重要趋势,也再次说明了高等教育空间的穿越与无边界的魅力。

作为两种不同的高等教育提供系统,它们有着各自的内在诉求和价值。高等教育的内部提供更多是直接受到教育内部关系的约束,理性办学的色彩较为浓厚,虽然也会回应与适应社会需求,但是较为间接,因为高等学校拥有自己的办学理念和准则,他们会谨遵高等教育组织的操守。与此相对应的是,高等教育的外部提供意味着高等教育以外的力量的直接介入,办学的功利色彩较为浓厚,充分释放着高等教育的外部因素对高校发展的直接制约作用,最突出的表现是外部力量按照自身的逻辑或利益直接向社会成员提供高等教育,国家与国际的力量强制高等教育向他国与世界开放,市场经济的力量吸引着企业组织创办盈利性高等学校,高新技术的力量全方位介入与推动高等教育服务超越校园与课堂,使高等教育外部提供更加系统化和充满活力。这些高等教育的外部力量对高等教育的直接影响比任何时代都大得多,也更加毫不掩饰。在高等教育系统中,高等教育的内部提供和外部提供扮演着各自不同的角色,或为实现高等教育的价值,或为公共利益,或为经济利益,同时又相互牵制和模仿,借鉴对方的高等教育服务优势,遵循高等教育的系统规律,努力改变自己,超越对方。这也是研究高等教育外部提供的主要价值和目标所在。

二、外部提供与高等教育之变

高等教育外部提供所带来的影响不亚于一场深刻的高等教育变革,它颠覆了传统的高等教育与社会组织的藩篱和边界,使得高等教育不仅仅是培养专门人才的社会实践活动,而且也是一种有效的社会资源和利器,吸引无数的社会和市场组织为之投入资本,触发了高校和社会之间、国家之间的相互争夺、相互交叉和深度介入。这是一场席卷全球的浪潮,一场驱使一国高等学校融入新思想、新技术、新机制、新组织(或共同体)并走向社会与时代的潮流中心的浪潮。高等教育的存在和分布是立体式的,价值是多元的。实践证明,任何一个国家的高等教育若想提高质量,不能仅仅依靠内部的一流大学的群体崛起,而必须依靠高等教育的国际开放,这恰恰与其高等教育的广泛流动性和世界影响力密不可分。招纳他国的学生到本国留学是一种吸引,在他国的国土上提供本土留学更是一种新的机制,是更强大的磁场,其吸附力不可小觑,甚至可能演变为高等教育的寄生模式,对他国本土高等教育产生巨大的冲击力,在竞争中形成跨国的高等教育垄断。

高等教育的外部提供将改变或正在改变高等教育的社会地位和高等学校的社会形象,它让人们生活在一个高等教育服务便捷的时代,高等教育不再高不可攀,接受高等教育成为人们生活中的一个重要环节。由此,我们可以发现,如果说高校为社会提供服务是无法回避的历史责任,那么,社会直接介入高等学校和高等学校直接服务社会的"双直接"关系是信息化、全球化时代高等教育发展的产物。高校与社会的联系不仅仅是产学研层面,而是在教育服务、科学研究等领域的全面共同参与。一方面,高等学校以多维立体的方式提供高等教育；另一方面，高等教育供给主体的唯一性和宗主性被打破，高等教育变得更加开放。

  校园与教室是实施和提供高等教育的物理场所，很显然，高等教育的外部提供拓展了这种物理空间，将高等教育从本国拓展到他国与全世界，从课堂内拓展到课堂外，从在校提升为多维在线，从本校到外校。高等教育的空间既无限大，也无限小，大小无恒、两极分化的物理场所，成就了高等教育发展的新模式——无固定边界和场景的高等教育。就心理空间而言，高等教育层面的本土留学者拥有与各国学生进行学习和学术交流的机会，多元文化的氛围为这些本土留学者提供了形成国际化视野和思维的土壤；MOOC的学习场景更加个性化和多样化，高水平信息技术的充分利用使得MOOC课堂更加充满魅力。高等教育的空间范围发生变化后，人们选择高等教育的方式更加多元，在时间上更富有弹性，本土留学者可以不必受到本国高等教育学制的约束，而是遵从高等教育外部提供者的学期时限；参与MOOC的学生可以自主确定学习时段，可以充分利用业余时间接受高等教育，缩短修业年限，提高学习效率；在校外实习实训场所的技能培养，采用工作时间模式代理学习时间模式，强化了专业学习与未来工作的零距离接触，提高专业人才对职业工作的适应性。在很大程度上可以说，高等教育的外部提供是一种高效率的高等教育服务模式，从一开始它就是一种社会需求导向的专业教育，无论是时间成本、人力资源成本，还是财力物力资源投入，都是低幅度的、节约型的，无论高等教育的外部提供者还是接受者都是以低代价获取高回报的，这些方面的确是高等教育的内部提供者及其接受者难以企及的。

  在高等教育外部提供的背景下，师生关系发生了深刻的变化，从一元走向多元。

  第一，实行高额收费的本土留学教育决定了师生关系是国际教育服务者与消费者的关系。虽然作为消费者的学生也是受教育者，需要遵循所在高校的基本规范和修业要求，但是缴纳的高额学费迫使这些学生对于所获得的教育服务提出了更高的要求，希望从本土留学教育中获取相应的巨大回报，作为缴费的成本补偿与投资收益。在这种情形下，有关教师唯有技高一筹，提供高水平的教育服务，满足学生的消费和教育需求，才能维系师生关系的融洽和平衡。教师的作用，不只在于充分实现传道、授业、解惑的教育性，而且还在于提供物有所值的教育服务的有效性，对教师的衡量标准可能更强调教师所提供的教育服务对市场和对作为消费者的学生的适应性。学生作为消费者，其在本土留学教育中拥有越来越多的话语权和选择权，在学习专业知识、培养能力的同时、享受（而非被动接受）教育服务。

第三章　本土留学的教育价值

第二，MOOC 的诞生和发展，造就了崭新的授课方式。MOOC 的课堂是学习与讲授相结合的综合式课堂（1×1 课堂），而非单一的讲授式课堂，它解决了传统课堂讲授中忽视学生自主学习的缺憾。由于现代信息技术的充分利用，"慕粉"（MOOC fan，即偏好 MOOC 的学习消费者）作为"新教育"网民的出现，改写了师生关系的固定模式（传统课堂中的老师和学生是固定的），教师与学生变成网络嘉宾与粉丝的关系，即"慕师"与"慕粉"的关系。这既是师生关系的一次前所未有的变化，又是对教师角色的重大挑战，教师所要面对的是"慕粉"们百般挑剔的眼光、口无遮拦的随意性评论、关乎教师个人收入的商业化运作。在师生关系中教师的角色由曾经的主导者变为"辅"导者，在一定程度上学生主宰着教育的内容，即由"教什么学什么"向"选什么教什么"转变，注册人数和点击率等指标成为对教师教学质量评价的重要标准，教师的市场价值大小成为教师教学成功与否的风向标。

第三，随着高等学校外部提供的实习、实训等应用性、实践性课程在幅度和强度上大大提升，学生成为企业等部门的实习生的机会和比例越来越高，他们在校内是学生，在校外是实习生——初级劳动者或见习劳动者，而"双生型"学生需要"双师型"教师，师生关系、师徒关系甚至雇主（教师作为企业股东或业主）与雇工的劳动关系同时存在，那么，教师所要面对的挑战是，准确地定位和把握自己的角色，遵守不同角色的规则和充分履行相应的职责，在课堂内外圆满地完成专业课程的教学目标。

教师和学生是高等学校最基本和最重要的元素与结构因子，师生关系的上述变化反映了高等教育外部提供的诉求，因此也必然呼唤高等学校的职能发生变革，高等学校的使命和任务要因时而变。长期以来，高等学校始终竭尽所能地履行教学、科研和社会服务的职责，但是随着职业高度分工的要求和高等教育竞争的加剧，高等学校在职能上开始分化，高校办学的主要目标在培养人才、科学研究和社会服务上需要做出明确的选择和定位。

高等教育外部提供对高等学校职能的影响集中在两个方面，一是高校的教学职能出现类分化（二次分化），内容更加丰富，除了一直存在的知识传授和对学生能力的培养与心性的培育之外，将会更加重视教学的设计、开发和推介，教学被赋予了工程层面的内涵；二是伴随新的高校类型或教学形式的出现（如跨国办学、盈利性大学、MOOC 等），高校增加了新的职能——盈利，通过提供高等教育服务和市场化运作获得利润。① 用传统的标准，我们的确无法认同高校盈利的职能，但事实上它已经发生，而且影响和覆盖面越来越大。为什

---

① 柯佑祥.适度盈利与民办高等教育的发展[M].南京:南京师范大学出版社,2003:216.

么在日益商业化的社会,我们崇尚传统大学的理想和理念,但在实践中却愈发感到当今的大学如果按传统大学的模式去兴办,将可能是死路一条?因为大学的外部环境发生了巨大的变化,办大学需要巨额的资金投入,要求大学领导者会经营和理财,寻求与行政当局维系良好的关系,只要对大学的独立性没有本质的伤害,这又何乐而不为呢?在经济全球化的今天,占领经济市场与占领高等教育市场可以说同时相伴,通过高等教育的外部提供获取经济利润,虽然有失大学的"尊严",但是,获得的则是广阔的高等教育市场和有益的经济发展空间,孰轻孰重,一目了然。

面对职能的新变化,高等学校的组织结构、教学制度、教学文化等等方面都可能发生相应的裂变。这中间,既有积极的变化,也有消极的变化,趋利避害,遵循高等教育发展的基本规律始终是高等学校发展必须坚持的一条基本准则。值得注意的是,新职能的增加并不意味着所有的高校都必须去充分履行,对于大量的非盈利性大学,应在教学、科研、直接为社会提供服务三者之间做出明智的选择,充分履行相应的职能;对于新兴的盈利性大学,在履行教学、科研职能的同时,盈利也是其重要的职能,满足自身发展的需要和满足社会发展的需要同等重要。高等教育的外部提供在一定程度上强化了新兴高校的盈利职能。因此,也可以这么认为,高校的职能并不完全取决于高校内部,外部因素的影响有时至关重要。

第二节 大学本土留学文凭的教育价值

相对境外留学而言,大学本土留学是一种历史短暂却发展迅猛的新兴留学形式。大学本土留学兴起于21世纪初,它通过外国高等教育机构与中国高等教育机构的合作,交换教育资源,提升教育质量,以培养国际化的优质人才为主要办学目标。当前,这种新兴的留学形式在我国日益升温,引起学界和舆论的密切关注。

第一,大学本土留学是我国高等教育国际化步入新阶段的产物。相对于西方的高等教育先发国家,我国属于高等教育后发国家。出国留学不仅仅是后发国家的学生接受先发国家的优质高等教育,亦伴随后发国家对先发国家的经济输出。新兴的大学本土留学形式不同于传统的境外留学,一方面,国外高校参与国内高校办学的举动给我国高等教育带来资源整合和质量优化的机会;另一方面,国外高校在中国本土兴办国际化性质的学校或教育项目,留学资本亦有部分从输出转为截留。大学本土留学的出现是我国高等教育在国际化进程中掌握主动权的表现。

第三章 本土留学的教育价值

第二，大学本土留学在高等教育多元化结构下寻求特色发展战略。量的扩张达到一定程度，必然引起结构的变化。当前，我国高等教育规模持续扩张，接受高等教育的学生类型亦趋多元化。传统的、单一的办学定位和教育模式必然难以适应当前和未来的发展。大学本土留学机构或项目基本以国际化、实用性、服务型为定位，区别于传统的国内大学，其出现正是对当前的变化与挑战做出回应，以特色求发展。

第三，大学本土留学是需求与供给互动的结果。实践上，高等教育供给应当以满足受教育者的需求为导向。目前，我国高等教育供给量充足，但其有效性却不足。我国高等教育系统正处于变革期，社会和个体对高等教育的需求皆发生了变化。高等教育不能以"有什么给什么"的思路来回应社会与个体的需求，而因转换成"要什么给什么"的办学思路。本土留学作为一种新型的高等教育形式，回应高等教育国际化与规模扩张下的社会对人才的需求和学生立足社会的需求，围绕此来办学和开展教育活动。

大学本土留学作为一种新的办学形式，大学本土留学机构作为一种新的办学机构，有其求生存发展的需求，亦应该担负起教化育人的责任。选择大学本土留学的学生需缴纳高于国内大学数倍的学费，结业时可以获得受我国教育部认可的国外合作高校的文凭。这为大学本土留学机构带来了丰厚的办学资本，亦为本土留学毕业生带来了优渥的就业资本。但是，高质量、高标准的办学带来的教育价值才是学校、学生实现发展的根本。这种教育价值也许难以货币化，不易测量，但却不能被忽视。它在接受教育的过程中生成，在教育活动结束后长期影响受教育者；它从受教育者扩散到不直接投入教育的其他人和整个社会，影响到就业收入、生产效率、技术创新和社会秩序多个方面。因此，大学本土留学机构必须保证在文凭的教育价值上的投入，探索每个学生身上的教育价值的实现，否则其特色的国际化办学将成为空头承诺。

一、文凭与教育价值

文凭是个体受教育经历的一种物质化表征，亦在一定程度上赋予个体社会准入（主要表现为职业准入）的资格。[①] 文凭具有多重价值：教育价值、实用价值和符号价值。三种价值的主体渐次地由个体过渡到社会，由内部价值转为外部价值。文凭代表的个体的受教经历本身蕴含着教育价值，而个体的

---

① 陈振中.文凭生产的"逻辑"——"学历社会"动因的一种解读[J].现代大学教育,2005(6):6-10.

社会准入资格则体现文凭的符号价值。在教育价值向符号价值的转化过程中,文凭将带来经济或非经济的收益,则产生实用价值。其中,文凭的教育价值与学校教育质量、受教育者的内心感受密切相关。文凭的教育价值有赖于通过学校的教育活动、学生的学习投入来实现。同时,文凭的教育价值亦需要保障机制。保障既需要外部的监管,也需要内部的自律。

大学本土留学作为一种跨国高等教育形式,颁发中外两校文凭。在获得我国教育部认可的大学本土留学项目或机构中,合作的国外高校主要来自美国、英国、澳大利亚、德国、法国、日本等发达国家,多为具有一定国际声誉的大学。毋庸置疑,外国名校文凭在我国劳动力市场有较强的竞争力。因此,大学本土留学的学费虽然高昂,却受到学生和家长的关注、追捧。但另一方面,大学本土留学文凭所蕴含的教育价值也受到怀疑,甚至被指"花钱买文凭"。那么大学本土留学文凭的教育价值有多大,是否能使个人获得应有的能力素养,学有所长?本章节通过对大学本土留学文凭的教育价值现状、实现路径、保障机制诸方面的探究来回答这个问题。

二、大学本土留学文凭的教育价值的现实考察

为了进一步了解大学本土留学文凭的教育价值,本课题组抽样调查了两所大学本土留学机构(N大学、X大学)和两所国内高校(H大学、S大学)的本科生毕业生情况(表3-1)。调查结果显示,本土留学机构的本科毕业生具有较高的升学率,约为80%。其中,选择境外深造的本科毕业生超过90%。国内高校的本科毕业生就业率则大于升学率。其中,就业率约为40%,升学率约为40%到60%。国内高校的本科毕业生更多选择本土高校为升学对象,尤其是本校。比如S大学的本科毕业生出国深造的比率为46%,未过半。在就业行业分布上,本土留学机构的本科毕业生主要在金融、市场营销、批发和零售、供应链管理等行业就业;国内高校的本科生则主要在制造、信息传输、软件和信息技术服务、卫生和社会工作、建筑、房地产等行业就业。在就业单位分布上,本土留学机构的本科毕业生主要以私营企业、合资企业为主;国内高校的本科毕业生也集中在企业就业,但是国有企业的比例更高。

由就业情况来看,大学本土留学的本科毕业生与国内高校相比,呈现出一些独特的特征:高升学率,低就业率;升学对象以国外名校为主,就业以外资企业、合资企业、私营企业为主,集中在金融行业。学生的就业特征从某个侧面反映了大学本土留学文凭的教育价值特征。其独特的文凭教育价值实现,则与大学本土留学项目或机构的培养策略、大学本土留学生的投入与体

第三章 本土留学的教育价值

验相关。

表3-1 2015届本科毕业生升学率与就业率统计

类别	大学	就业率	升学率
本土留学机构	N大学	18.15%	79.21%
	X大学	15.25%	83.28%
国内高校	H大学	40.09%	40.72%
	S大学	35.68%	61.38%

1. 大学本土留学机构的主要培养经验

考察表明，大学本土留学教育更强调对国外优质教育经验的借鉴和践行。这是其办学特色，亦是本土留学文凭的独特教育价值所在。大学本土留学机构在课程、教学、师资、学生指导、学业评价等方面采用国际化、精细化、服务专业化等多种培养标准，这些培养策略造成了大学本土留学文凭的独特教育价值。

（1）国际化的培养标准。大学本土留学机构采用国外高校的原版课程与教材，实行全英语教学，教师以外籍人士和具有海外留学经验的高级人才为主。这些举措并不只是为了实现对学生的英语能力、专业知识能力的培养，更指向国际化的思维方式的传递与养成。在本课题组对一所Ⅱ类本土留学机构的访谈中，有学生表示主要的收获是"接受外国思维"，但学生同时表示该机构在应试层面不如大学的其他本土院系。这种国际化的培养策略不仅仅是为了获得国外高校的认可，实现学分互换，或者学位互认。其国际化的思维培养是学生获得国外高校录取或外资企业录用的内在支撑，亦是文凭的教育价值的核心所在。

（2）精细化的专业教育。在学科专业上，不同于国内大学的门类齐全，大学本土留学项目和机构是有选择性地设置专业，主要集中在工科、商科。一方面，这些专业容易就业，贴合地方经济和劳动力市场的需求；另一方面，大学本土留学，尤其是本土留学项目或者大学下属学院形式的本土留学机构，在专业设置上会优先考虑国外高校的强势专业。这种精细化的专业培养保证了办学方的集中投入，充分发挥自身优势，同时也带给学生优质的专业教育体验。

（3）服务的专业化。相对于国内大学，大学本土留学机构更强调为学生服务的精神，积极地探索多种措施来支持学生学习。大学生在入学的第一年需要面临适应问题，大学本土留学的大学生尤其要面临语言的适应问题。N大学和X大学都设有语言中心，为学生提供语言学习方面的支持。X大学还设有学术提升中心，为本校学习、教学和研究上的学术实践提供支持。其亦受到合作的英国高校的影响,借鉴其独有的导师制,为学生提供校友导师、个人导师、校外导师,对学生的生活、学习、未来就业提供支持和服务。ZS 本土留学学院引进记忆引擎研究项目,帮助优化学生的学习方法和效果。① 这些举措体现了大学本土留学机构对学生学习和成长的关注。

2. 大学本土留学生的投入与体验

学生是文凭的获得者,亦是教育价值的活载体。本课题组对大学本土留学机构的在读学生进行调研时发现,在合作能力、外语水平、学术水平、跨文化交流水平四个维度上,高年级(含三年级和四年级)学生的水平显著高于低年级(含一年级和二年级)的学生。② 这表明大学本土留学生在学业上不断持续投入,实现了能力的增长。这一方面与学校的国际化、精细化、服务专业化的特色培养策略带来的良好体验密切相关,另一方面亦受到教学评价的影响。大学本土留学机构的评价具有过程性和综合性的特点。平时测验、课堂表现、小组报告、课程论文也被纳入评价体系,并按一定比重被纳入最终的学业成绩之中。有的本土留学机构的平时检测侧重于衡量学生形成的情感与态度,与注重专业知识、理论的考试互为补充。③ 在这种情况下,学生的学习投入较高,具有良好的学习体验。本土留学生个体的努力与体验从另一个侧面体现了文凭的教育价值。

三、大学本土留学文凭教育价值的实现条件

有学者指出外国大学在跨国教育上追逐利益重于教育培养,与其合作办学具有一定的风险性。在另外一层意义上讲,大学本土留学文凭教育价值的实现必须基于追求教育的本真目标,遵守教育规律和规范。要充分达到这些条件,需要从外部和内部采取有效措施予以保障。

1. 外部保障

大学本土留学机构在文凭教育价值的外部保障上涉及国外和国内两个主体。在跨国教育的保障上,部分教育资源输出国建立了相关标准,比如澳大利

---

① 马陆亭.大众化本科教育的有效模式——对郑州大学西亚斯国际学院教育模式的剖析[J].中国高教研究,2014(5).

② 柯佑祥,张紫薇.大学本土留学非经济收益与风险的调查分析[J].高等教育研究,2015(5):55-62.

③ 沈伟其,喻立森.多途并进,着力培养大学生的创新素质——宁波诺丁汉大学的理性选择[J].教育研究,2011(9):105-108.

第三章 本土留学的教育价值

亚制定了高校在境外向留学生提供教育和教育服务的从业道德准则。但是,大多数输出国则依赖于本国的高等教育质量保障体系与制度,并没有针对跨国高等教育制定专门的保障举措。

相对而言,输入国对于本土留学的监管显得更为重要。我国作为输入国,依照两级管理体制,通过中央政府和地方政府,对大学本土留学的教育资质做出要求,实行许可、备案、年审等保障制度。相关法规有《中华人民共和国中外合作办学条例实施办法》《教育部关于做好中外合作办学机构和项目复核工作的通知》等。同时,我国还建立了中外合作办学监管工作信息平台。该平台对在我国境内开设的中外合作办学机构进行学历认证和质量评估,自2008年入学就读中外合作办学机构或项目的学生的学历学位证书受其监管。在质量评估方面,它采用自我评估和抽查评估相结合的方式,对办学、课程、教学、师资等方面进行考察,帮助规范和改进大学本土留学机构的办学。①

目前,本土留学的外部保障初具规范,但是亦存在一些问题。国内监管体系、地方配套法规、社会公证、国际合作监管机制等方面的建设并不完善,有些甚至处于较为空白的状态。② 总体而言,大学本土留学文凭的教育价值的外部保障具备一定的规范性,在系统性、操作性、合作性上还有欠缺,未来还需要长期探索与建设。

2. 内部保障

英国、爱尔兰、澳大利亚及中国香港等地的高校在保障教育质量与学术水平方面有丰富的经验,表现为校内相关条例的制定和机构的设置。与其合作办学的大学本土留学机构往往受到影响,对自身办学的教育价值有较强的内部保障意识,并采取一定的具体措施。X大学设有专业管理与质量保障办公室,N大学出台了对大学自身进行内部评估的质量手册(quality manual),其质量标准包括基本学术标准和具体保障措施③,本科生毕业需经英国母校评估专家组检查验收。④ 机构本身对自身教育质量的关注和改进是文凭的教育价值的根本保证。但是,采取内部保障的大学本土留学机构并不多,更多的机构

---

① 中华人民共和国教育部中外合作办学监管工作信息平台[EB/OL].[2016-08-26].http://www.crs.jsj.edu.cn/index.php/default/index.
② 张民选,李亚东,等.中外合作办学认证体系的构建与运作[M].北京:高等教育出版社,2010:79-81.
③ 赵风波.中外合作大学的教学质量保障机制探析——基于宁波诺丁汉大学的分析[J].中国高教研究,2014(6):79-84.
④ 沈伟其,喻立森.多途并进,着力培养大学生的创新素质——宁波诺丁汉大学的理性选择[J].教育研究,2011(9):105-108.

和项目主要依靠外部保障。

在生源质量上,作为大学本土留学机构的 N 大学、X 大学、SM 学院近三年录取成绩基本超出本科一批线,其社会认可度不断提升。大学本土留学项目颁发的中方文凭依托母体高校,其母体高校不乏国内"985 工程""211 工程"精英高校,具有较高的声誉。同时,大多数大学本土留学机构能颁发获教育部认可的国外高校文凭。因此,大学本土留学的文凭具有吸引高质量生源的优势。学生在就读期间的学习投入和体验则真正反映了大学本土留学文凭的价值,即教育价值。学校与受教育者积极互动、共同努力,有目的、有规划地提高学生自身的人力资本储备是文凭的教育价值的理性实现。[①] 我国对于大学本土留学的认证、评估制度建设,大学本土留学机构自身的质量保障行为亦为文凭的教育价值实现提供支持。

第三节 大学本土留学文凭的教育价值指标体系构建

大学本土留学要保持持久的发展力,就要防止过度追求办学利益而走到教育的反面。文凭的教育价值是对大学本土留学机构教育含金量的最好检验。因此,识别其文凭中的教育价值并诊断其状况是保证大学本土留学继续科学、合理发展的一个重要方面。基于此,本课题试图构建大学本土留学文凭的教育价值指标体系。

一、大学本土留学文凭的教育价值指标体系构建的原则、方法与过程

在构建大学本土留学文凭的教育价值指标体系之前,我们需要对大学本土留学文凭的教育价值有一个清晰的认识。文凭的教育价值是指学生通过在学校接受全部教育活动而获得的知识、能力、情感、态度各方面的变化。文凭的教育价值首先使学生受益,体现为毕业后其获得的经济收益和非经济收益;同时亦辐射周边,对社会产生直接和间接的多重效益。受限于问卷调查对象,本课题主要从受教育者个体的角度来构建大学本土留学文凭的教育价值指标体系。

1. 指标体系构建的基本原则

评价大学本土留学的文凭是否具有教育价值,需遵循一定的原则。这些

---

① 张青根,沈红."一纸文凭"究竟价值几许?——基于中国家庭追踪调查数据的实证分析[J].教育发展研究,2016(3):26-35.

第三章 本土留学的教育价值

原则反映了大学本土留学机构培养人的基本要求,也影响到指标体系的合理性和正确性,亦影响到评价过程和评价结果。

1) 全面原则

对大学本土留学文凭的教育价值进行评价的目的是为了引导大学本土留学回归教育本身,培养真正有益于社会的优秀人才。因此,评价标准的设计需要全面地反映大学本土留学文凭的教育价值是否存在和其具有的特征。设计的指标必须具有广泛性、代表性、主流性,能充分反映大学本土留学的教育优势和独特价值。在实施这条原则时,要开展广泛的座谈访问,进行充分的调研,征集意见,仔细分析,防止以偏概全。

2) 客观原则

大学本土留学有别于国内传统的高等教育形式,亦不同于境外留学的高等教育形式,其文凭的教育价值指标体系构建有一定的特殊性。同时,大学本土留学亦是高等教育的一种形式,其文凭的教育价值与其他大学也有共同之处。在设计评价标准和进行评价时,不能主观武断,抱着完全否认或者盲目肯定大学本土留学文凭的教育价值的态度,而应该参考相关量表和具体实践,客观设计评价标准和指标,客观地衡量大学本土留学文凭的教育价值。

3) 科学原则

在指标体系的构建中,应当遵守研究的科学规范。指标之间要有区分度,边界不能过宽或模糊;同时指标及其观测点表述应当简明,不具歧义;指标要有层次性,递进延伸;还应设计侧面验证和支持的指标、题项。科学的指标体系应该使评价对象便于评定,评价结论容易识别且具有信效度。

2. 指标体系的构建方法与过程

本指标体系的构建参考了全美大学生学习投入性调查(NSSE)问卷、清华大学汉化版大学生学习投入性调查(NSSE-China)、留学归国学者调查问卷。在调查问卷的基础上,本课题通过德尔菲法确立了本土留学的教育价值内涵与测量标准。本课题组邀请5位高等教育专家、1名中外合作办学管理者、若干教育经济管理在读博士生及本土留学生个人对本问卷的内容效度进行评议,并请他们从问卷指标体系设计的合理性、题目与指标的相关性、问卷实施的可操作性等方面给予指导建议。

评议意见集中在四个方面。第一,问卷中对个人收入的调查可信度不够,题目主体不清,调查结果数据会缺乏准确性与代表性;第二,题型变化较大,前后不统一,尤其是教育风险的评估部分,题目设计过于复杂;第三,问卷中部分题目选项设计不合理,不利于统计分析;第四,题目数量过大,易引起调查对象的反感,不利于调查的顺利实施,从而影响调查数据的质量。在多轮征询专家小组及课题相关成员的相关意见进行修改完善后,本课题最终构建出大学本土留学文凭的教育价值指标体系,并在此基础上形成本土留学生个人收益与风险调查问卷、普通高校学生个人收益与风险调查问卷、本土留学/普通高校毕业生个人收益与风险调查问卷。第一份问卷中的14道题目组成大学本土留学文凭的教育价值指标体系,包括"学业挑战度""人际情感""学习体验的丰富程度""学校满意度""学校支持度""预期经济收益""教育收益自评"7个评价指标。

二、大学本土留学文凭的教育价值指标体系的结构框架及具体方案

依据上述指标体系构建的全面、客观、科学的基本原则,本课题组在征求专家学者、本土留学教育机构管理者和学生等的意见并修改完善的基础上,参考国内外相关问卷,结合本土留学教育机构发展实践,编制出相关调查问卷,提出大学本土留学文凭的教育价值指标体系的评价标准。问卷共有16道题目,但"题项2"是填空选项,所获得的数据无法参与后续统计处理;"题项11"是教育风险调查,和本章节的主题不相关。因此在筛掉了这两个题目后,由问卷中剩下的14道题目组成大学本土留学文凭的教育价值指标体系。

1. 大学本土留学文凭的教育价值指标体系

大学本土留学文凭的教育价值指标体系如表3-2所示。

表3-2 大学本土留学文凭的教育价值指标

评价指标	主要评价观测点	参考权重	构成题项
学业挑战度	中文阅读量、外语阅读量、中文写作量、外文写作量、努力程度、课外时间安排	0.2	3、4、5、6
人际情感	师生互动、本土学生之间的互动、与国际留学生的互动、与家人互动	0.1	1、8
学习体验的丰富程度	实习实践、志愿服务、社团活动、实习研究、语言学习、竞赛活动、技能证书	0.1	7
学校满意度	教学、教师、设施、指导、课程、文凭、环境、文化、人际	0.1	10

续表

评价指标	主要评价观测点	参考权重	构成题项
学校支持度	学校影响、学校忠诚度	0.1	13、15
预期经济收益	毕业后的薪酬水平	0.2	14
教育收益自评	专业素养、组织领导能力、合作能力、外语水平、学术水平、跨文化交流能力、人际交往能力、就业能力	0.2	9、12、16

2. 大学本土留学文凭的教育价值评价标准与等级说明

对评价标准分等级的目的是对评价指标下的评测观点进行分解。本课题的评价标准等级以五级为主,少部分为四级。五级评级标准从 A 到 E,四级评价标准是从 A 到 D;选项既有递增排序,也有递减排序。

(1) 学业挑战度。学业直接承载教育价值。学生在学业上的投入将影响其知识、技能的习得和未来的就业收入。本课题将学业挑战度分为阅读量、写作量、努力程度和课外时间安排四个方面。在描述统计上,本课题从院校类型、学生年级和专业对学生的学业挑战度进行对比。阅读的书目包含了中文书籍与外文书籍,既有专门指定的,也有非指定的。

阅读量的考察主要从书本的数量着手,选项包含"1～4""5～10""11～15""16～20""20 以上"五个递增排列的选项,单位为本。写作量主要考察学生每学年需要完成的中文报告和外文报告的数量,选项包含"0～2""3～4""5～7""8～10""10 以上"五个递增排列的选项,单位为篇。努力程度是指在学习期间写作论文的过程中,学生提出观点并论证、和他人反复讨论、引证文献和数据、用外语论述的程度,选项包含"从不""很少""有时""经常""很经常"五个递增排列的级别。课外时间是指学生在每周学习时间之外的活动安排,包括课外学习、课外活动、游戏视频、健身锻炼四个方面的安排,选项包含"1～4""5～10""11～15""16～20""20 以上"五个递增排列的选项,单位为小时。

(2) 人际感情。学生与他人的交流也对其成长产生重要作用。课堂教育偏重知识、技能的传授,而人际交流则对学生的情感、态度甚至价值观产生重要影响。人际互动与情感交流中亦蕴含着不同于课堂教学活动产生的教育价值。人际情感主要包括师生互动、与家人互动、生生互动三种形式。其中学生间的互动又包含两种情况:一种是本土留学生之间的沟通与交流,一种是本土留学生和外国留学生之间的沟通和交流。其题目选项包含"从不""很少""有时""经常""很经常"五个递增排列的等级标准。

(3)学习体验的丰富程度。本土留学教育除了培养专业技能外,还强调学生的全面发展和综合素质。受教育者愈有丰富的学习体验机会,愈有实现全面发展与完善综合素质的可能。本评价指标从以下几个方面来测量学生是否有相关体验及体验的程度:实习实践、志愿服务、社团活动、实习研究、语言学习、竞赛活动、技能证书。这些体验以课外的学习、活动为主,与课堂学习形成补充。虽然文凭不直接、不必然包含这些体验,但是这些学习体验在学生接受大学本土留学的过程中发生,应当属于本土留学的教育经历。其题目选项包含"不打算做""还没决定""打算做""已做"四个递增排列的等级标准。

(4)学校满意程度。学生对学校的满意程度是从另外一个方面衡量本土留学文凭所蕴含的教育价值,其评价内容与前面的学业挑战、人际交往、学习体验相互呼应和相互验证。对学校的满意程度主要涉及教材、教学、教师、设施、指导、课程、文凭、环境、文化、人际十个方面,其选项包含"非常不满意""不满意""基本满意""比较满意""非常满意"五个递增排列的等级标准。

(5)学校支持度。相比学校满意度,学校支持度更为直接地体现本土留学在育人工作上的成功程度。学校支持有两重含义,首先是学校的社会声誉对学生产生的就业助力,即所在学校对受教育者未来发展(顺利就业或升学)的帮助程度,其题目选项包含"非常有帮助""比较有帮助""一般""较少有帮助""没有任何帮助"五个递减排列的等级标准;其次是指学生对学校的认可度,即推荐就读学校的意愿,其题目选项包含"会选择且推荐给别人""会选择不推荐""不确定""不会选择且不推荐"四个递减排列的等级标准。无论是其社会声誉,还是学生的认可程度,都反映了学校在人才培养上是否有所作为,是否培养出真正的优秀人才。

(6)预期经济收益。预期经济收益主要指学生对毕业后月薪酬收入的预期估计。教育价值会产生一定的经济价值。学生的预期经济收益在一定程度上表明其对自身能力的评估,也从侧面反映了文凭的教育价值。本题目共设置了四个选项和一个自填项,四个选项分别是"3000元以下""3001～5000元""5001～8000元""8001元以上"。

(7)教育收益自评。学生自身的能力素养是先天条件和教育培养的混合产物。学生对自己的各个方面进行评价,是对大学本土留学文凭的教育价值的一种间接测量。教育收益自评从本专业素养、组织领导能力、合作能力、外语水平、学术水平、跨文化交流能力、人际交往能力、就业能力八个方面对个人现状进行评估和打分,其选项包含"没有提高""较少提高""一般""较大提高""极大提高"五个递增排列的等级标准。

第三章 本土留学的教育价值

第四节 大学本土留学文凭的教育价值的评价案例分析

本课题选择了四所获得国家教育部认可的大学本土留学机构：X大学、N大学、SM学院、ZS学院。这四所大学本土留学机构因在办学的独立性上存在一些差异，故分为Ⅰ型大学本土留学机构和Ⅱ型大学本土留学机构。另外本课题还选择了三所国内大学作为对比：H大学、S大学、Z大学。这七所案例机构是大学本土留学文凭的教育价值的评价案例。出于对这七所机构初步了解的需要，下文将从成立背景、办学愿景、学校规模、师资队伍、专业设置、人才培养等数个方面逐一简要地介绍。

一、Ⅰ型大学本土留学案例机构介绍

经教育部批准，具有独立法人地位的中外合作办学机构，我们称为Ⅰ型大学本土留学机构。这类机构独立实施教学与管理，外方院系对课程设置、招生标准、师资队伍建设、培养标准等教学管理活动全面负责。本章中属于Ⅰ型中外合作办学的案例机构有N大学与X大学。这两所大学都位于经济发达的江浙地区。其中，参与合作的中方办学力量主要为具有一定办学历史或经验的公立、私立院校。而西方办学力量主要为英国的城市大学，具有上百年为地方经济服务，培养实用人才的历史传统。英国高校还具有注重本科教育，严格监控教育质量的优良特色。一方面，中、西两方合作高校背景为Ⅰ型大学本土留学机构的培养目标、办学基础、教育质量等方面提供了保障；另一方面，除了引进西方优秀的高等教育资源，双方的合作亦为未出国门的本土学子提供了国际化视野和出国交流的潜在机会。

【案例1】 N大学是一所具有独立法人资格和独立校区的中外合作大学。它位于宁波市，在2004年经中国教育部批准由一所英国大学与一所中国民办高校合作创办。合作的中方具有一定的民间办学经验，国外合作高校则是国际顶尖研究型大学团体U21和英国罗素大学集团成员，在这之前已具有丰富的跨国合作办学的经验。N大学以国际化为核心发展战略，其培养目标为具有双语能力、独立思考能力、创新能力、团队精神、国际化思维与视野和专业水平的人才。学校在校生8000余人，包含本、硕、博三个层面。该大学建有人文与社会科学学院、商学院和理工学院三大学院，其中有28个本科专业。该大学引进英方学位课程，实行全英文授课。其本科阶段学习学制为四年，第一年学习通过小班化学习，主要学习学术英语课程（EAP）和专业入门课程。之后

三年的课程设置与国外合作大学一致。同时,学校实行与外方一致的教学评估体系,并设英语语言教学中心以培养学生的学术英语能力。该学校颁发英国大学学位证书,并有等级区别。学生在校期间学术成绩的加权平均分决定了学位等级。

【案例2】 X大学位于苏州,创办于2006年,是中外教育机构合作创办的具有独立法人地位的大学。合作办学的中方为我国部属"985工程"高校,外方为英国罗素大学集团的成员,是具有世界声誉的公立大学。该大学整合中英两国优秀教育资源,其使命为培养具有国际视野和竞争力的高级技术和管理人才,积极为经济和社会发展提供科技和管理服务,在人类面临严重生存挑战的领域有特色地开展研究,探索高等教育新模式,影响中国甚至世界的教育发展。其办学愿景为研究导向、独具特色、世界认可的中国大学和中国土地上的国际大学。X大学开设理、工、管、商、文等16个教学院系,包含37个本科专业,除公共基础课外均采用全英文授课。X大学借鉴英国高等教育质量保证体系,多个学科获得国际专业组织认证。X大学拥有我国学位授予权,毕业生同时获得该校与外方大学双文凭。

二、Ⅱ型大学本土留学案例机构介绍

Ⅱ型大学本土留学机构由国内大学下属的二级学院与国外高校合作办学。这类机构没有独立的人事权、财务管理权等行政管理权限,虽有相对独立的教学管理权,但对中方院校具有较强的依附性。SM学院、ZS学院便属于这类中外合作办学机构。这两所Ⅱ型大学本土留学机构的母体高校是国内的"985工程""211工程"类精英高校,而合作对象为美国的公立高校。中外两方高校在正式合作创办学院之前都有过项目合作的经验。

【案例3】 SM学院兴建于2006年,是我国S大学和美国M大学在上海共同建设的工学院。该学院隶属于我国部属"985工程"高校S大学,其合作的外方高校是美国优秀的公立大学。在这之前,双方有5年的试合作期。该学院希望借鉴M大学的部分经验,在中国的教育土壤上探索建设世界一流的教学研究型学院。其办学目标为"全球视野、交叉学科、创新为道、质量为本",除了向学生传授专业知识,还着重挖掘学生的创新能力、合作能力、沟通能力、领导能力等多方面的素养,强调学生的全面人格培养。该学院培养本科、硕士、博士三个层面的学生,开设了17个双学位专业,其中有机械工程和电子与计算机工程2个强势专业。在教学中,70%以上的课程直接由包括合作的国外大学在内的国际一流大学老师执教。另外,SM学院还设有本科双学位项目、

第三章 本土留学的教育价值

本硕连读项目和短期交换等大量的国际化联合培养项目。

【案例4】 ZS学院位于河南省,于2000年获批设置,由美国S集团公司投资,省属"211工程"高校Z大学与美国FHSU大学合作兴建。FHSU大学为美国州立大学。在创办ZS学院之前,Z大学与美国FHSU大学有过合作办学的项目经验。当前,该学院对学生的培养定位为"国际化全人"。在教师队伍建设上,主要招聘美方具有学术造诣和专业背景的教师和国内具有海外留学和培训经历的教师。学院还设立国际导师项目(Global Mentoring Program),为学生寻找国际导师,为其提供更广阔的对外交流平台。这些导师经验丰富,指导范围涉及各个行业和领域,旨在为学生取得学术上的成功和实现事业上的目标。同时,学院按照国际标准及惯例确立教学内容和教学模式,开展实践教学,各专业中有1/3以上的课程采用FHSU大学英文原版教材和全英语教学,其余2/3课程由ZS学院自行教学。2007年,该学院开设工商管理学士、理学士、文学士三个学位项目,设置工商管理、金融学、国际经济与贸易、英语(商务英语方向)四个专业。该学院实施本科层次的双学位项目,颁发获教育部认可的FHSU大学学士学位证书。

三、国内案例高校介绍

本课题还选取了三所中国本土创办的重点大学,与大学本土留学案例机构进行比较。这些大学在办学定位或院校使命中有国际化的倾向,亦有一些国际交流的举措,但总体上与本土留学存在很大差异。

【案例5】 H大学位于湖北省武汉市,是国家首批"985工程""211工程"重点建设高校之一,"卓越工程师教育培养计划""卓越医生教育培养计划""111计划""2011计划""千人计划"入选高校,是21世纪学术联盟、中俄工科大学联盟、中欧工程教育平台、七校联合办学、国家海外高层次人才创新创业基地等成员。该校以创建世界一流大学为目标,注重本科教学改革,建设科技创新体系,服务区域经济建设。H大学拥有哲学、经济学、法学、教育学、文学、理学、工学、医学、管理学、艺术学等10大学科门类,设有99个本科专业。学校亦有一定程度的国际交流与合作,目前与世界上35个国家和地区的100多所大学建立了良好的校际交流关系。

【案例6】 S大学由教育部与上海市共建。它是首批"211工程"、"985工程"重点建设高校之一,入选"珠峰计划""111计划""2011计划""卓越医生教育培养计划""卓越法律人才教育培养计划""卓越工程师教育培养计划""卓越农林人才教育培养计划",是九校联盟、21世纪学术联盟的重要成员。该校的办学目标为综合性、研究型、国际化的世界一流大学。学校现共有28个学院或直属系、62个本科专业,涵盖经济学、法学、文学、理学、工学、农学、医学、管理学和艺术等9个学科门类。在课程与教学方面,S大学获47项高等教育国家教学成果奖,拥有10个上海实验教学示范中心,有国家精品课程46门、双语示范课程7门和上海示范性全英语课程11门。

【案例7】 Z大学由河南省人民政府与教育部共建,是国家"211工程"重点建设高校之一,"中西部高校综合实力提升工程"入选高校,也是"卓越工程师教育培养计划""卓越法律人才教育培养计划""卓越医生教育培养计划"入选高校。该校的发展愿景为着力打造全国一流大学,努力建成中部地区的人才高地、科研基地和交流合作中心。学校设有哲学、经济学、法学、教育学、文学、历史学、理学、工学、农学、医学、管理学、艺术学12大学科门类,108个本科专业。该大学与美国、英国等40多个国家和地区的180余所知名高校建立校际合作关系,学校每年接待国(境)外来访1000余人次,每年有数百名师生出国(境)访问交流。

四、案例机构的办学机理分析

1. 选址与规模

大学本土留学案例机构主要以江浙沪地区和河南省郑州市为选址对象。这些地方具有共同点,即对优质高等教育具有强烈需求。江苏省、浙江省、上海市的高等教育毛入学率都已突破50%,由此可见长江三角洲地区的高等教育潜力。河南作为人口大省,只有一所"211工程"高校,优质高等教育供给有限。因此,案例高校获得了很大的发展空间。在学生规模上,两类大学本土留学案例机构的在校学生数基本不超过一万人。对照组的国内高校则规模庞大,在校学生人数均在五万人以上。在学科规模上,本土留学案例机构的专业主要集中在工科、经济、管理、应用英语几类上,有的只设其中一类。而对照组中的国内案例高校则学科门类齐全,院系、专业的数量也是前者的数倍。由此可见,N大学、X大学、SM学院、ZS学院在规模上呈现"专、精、小"的特征。大学本土留学案例机构几乎都创办于2000年前后,当时正值我国高等教育步入大众化进程的阶段。在此背景下,大学本土留学的种种特征表明其选择的是差异发展路线,与国内大学的风格形成鲜明对照,而这种差异不仅体现在规模上,更体现在办学定位上。

2. 办学定位

在高等教育规模扩张的背景下,更多的生源涌入高等教育系统,同时高校

第三章 本土留学的教育价值

之间也面临着更为激烈的竞争。办学定位是帮助高校在竞争中立足的一种重要的软实力。N大学以"一流学术成就一流国际化人才"为办学宗旨;X大学以"研究导向、独具特色、世界认可的中国大学和中国土地上的国际大学"为愿景;SM学院秉持"全球视野、交叉学科、创新为道、质量为本"的办学目标;ZS学院强调培养"英语精、知识新、技能强、视野广"的国际复合型人才。H大学当前的建设目标为"一流教学一流本科";S大学则提出建设"综合性、研究型、国际化的世界一流大学"目标;Z大学以"着力打造全国一流大学,努力建成中部地区的人才高地、科研基地和交流合作中心"为发展导向。由此可见,大学本土留学案例机构与国内案例高校在办学定位上确实存在一定差异。前者更强调国际化。除此之外,与地方经济需求和学生需求紧密结合亦是大学本土留学案例机构强调的办学特色。而国内案例高校中只有一所强调"国际化"和"世界一流",其他高校定位虽然频频出现"一流"的字眼,但并无特别的国际化含义。

大学本土留学定位于国际化的优质教育,是新时代下的新高等教育需求所致。大学本土留学案例机构依托外方学校的国际声誉和办学经验,将其转化为独特的办学优势,而有别于同级别的公立高校或民办高校。因此,它们在短时间内获得学生和家长认可,走上了快速发展的道路。

3. 机构设置

在机构设置上,大学本土留学案例机构受到国外高校的影响,注重与其的联系,同时亦保留了一些本土特色,呈现出混合的特征。X大学和N大学设有理事会或者董事会,以其为领导核心。其理事会和董事会由中方和外方学者共同组成,党委书记是中方常设成员。SM学院的领导机构是理事会,中外高校人员各占一半,每年召开两次会议,负责商讨办学中遇到的问题和两校的下一步合作计划。其学术委员会由两校的教授代表组成,他们协助院长对学院的教授聘用及晋升、合作项目发展、课程改进等重要事务做出决策,每两周召开一次远程会议。在职能部门设置上,X大学将学术事务与行政事务分为两个中心。SM学院和ZS学院都会设置与外方高校联络的办公室。相对而言,国内案例高校的核心领导为校长、党委书记,职能部门没有学术、行政的区分,管理人员基本没有外籍人士。

4. 人员队伍

三类案例机构在中、外人员比例上存在差异,这在一定程度上反映了国际化程度的差异。Ⅰ型大学本土留学案例机构和Ⅱ型大学本土留学案例机构在学校管理人员的构成上存在差异:在Ⅰ型大学本土留学案例机构中,N大学的国外高层管理人员占比约57%，X大学的国外高层管理人员占比约29%；在Ⅱ型大学本土留学案例机构中，SM学院的国外高层管理人员占比约17%，ZS学院则无国外高层管理人员（表3-3）。

表3-3 大学本土留学案例机构的领导构成

学　校	职　务	所属校方
N大学	校长	外方
	董事长	中方
	党委书记	中方
	执行校长	外方
	副校长	中方
	副校长	外方
	副校长	外方
X大学	董事长	中方
	副董事长	外方
	校长	中方
	执行校长	中方
	副校长	中方
	副校长	外方
	副校长	中方
SM学院	院长	中方
	荣誉院长	外方
	科研副院长	中方
	研究生教育副院长	中方
	基建副院长	中方
	本科生教育副院长	中方
ZS学院	党总支书记	中方
	党总支委员、办公室主任	中方
	教学秘书主管	中方
	党总支组织委员、学生办主管	中方

第三章 本土留学的教育价值

大学本土留学案例机构和国内案例高校在师资上存在中、外人员比例的差异。国内案例高校的外方教师主要承担公共英语课的教学,专业课程由中方教师承担;而大学本土留学案例机构的外方教师则承担本院校各个学科专业的教学工作。其中Ⅰ型大学本土留学案例机构中,承担专业课的外方教师比例比Ⅱ型大学本土留学案例机构更高,而中方教师基本只承担公共基础课。国外人员的比例反映了国外高校力量对案例机构办学的参与或支持程度。无疑,作为有国外高校参与合作办学的4所机构在师资的国际化程度上更高一些,外方教师对教学的影响广度大于3所国内案例高校。在管理上,Ⅰ型大学本土留学案例机构比Ⅱ型大学本土留学案例机构具有更高的国际化程度。需要指出的是,部分大学本土留学机构存在外方人员流动性较大的问题。以X大学为例,其成立时间十多年,仅更换的外方校级领导就有5名,是现有外方校级领导的2.5倍。在本课题的访谈中,也有大学本土留学案例机构的学生指出外方专业课教师几年便有变动。

5. 人才培养

除了办学定位、机构设置和人员队伍,大学本土留学机构在人才培养上亦体现出浓厚的国际化特色。在课程和教材上,两类大学本土留学机构都与合作的国外高校接轨,采用由外方提供的部分或全部的原版课程和教材。除此之外,Ⅰ型大学本土留学案例机构还采用不同的措施支持和激励学生学习。访谈中,有学生提到X大学开设英语预科班,帮助接受全英文教学有困难的学生。此外,X大学还面向本科生推行校外导师项目来辅助校内学习,提升学生的综合素质和职业竞争能力。N大学采用学位等级化的措施,以区分毕业生不同的学业投入度和学业成就。四所高校都提供出国短期交流或学习的机会,但是并不是所有在案例机构就学的学生都有这种国际交流机会。学生必须要完成规定课时、达到一定的学分绩点、获得英语成绩证明;如果是去合作办学以外的国外高校,那么学生还要自己申请录取通知书。本土留学生在国际交流机会和外方名校文凭上显然占据一定的优势,而在大学本土留学机构接受的教育对学生还产生了更为实质的影响,即促成其国际化的能力和思维的形成,进而间接地影响他们的未来选择——出国深造或在国际化的企业中就业。

6. 财务经营

大学本土留学机构的财务状况与国内高校存在较大的差异。其中最大的差异便是学费收入。2016年,国内案例高校除部分工科和艺术专业外,其他各个本科专业每年学费在4000元到6000元。而在大学本土留学案例机构中,X

大学每年本科生学费约为88000元人民币，N大学每年本科生学费约为80000元人民币，SM学院每年本科生学费约为50000元人民币，ZS学院每年本科生学费约为35000元人民币。大学本土留学的学费约为国内高校的十倍多。

从经费来源上看，大学本土留学机构主要以地方政府的支持和学费为主。地方政府主要出地、出资完成基础建设①，课程、教材、教学、师资建设主要依靠学费。具有民办背景的大学本土留学机构还获得一定民办资金的支持。而由于《中外合作办学条例》对本土留学机构的界定和分类并不明确，一些非营利独立法人机构的本土留学机构无法以事业单位法人资质登记注册，其盈余要缴纳所得税。② 因此，虽然大学本土留学的学费高昂，但是其办学运作的消耗亦大，国家财政的支持力度也小于同类国内高校。因此大学本土留学机构应当依托自己的特色办学定位和外方高校的社会声誉，面向社会、企业、校友扩展财源，保障办学质量。同时在财务管理上，亦要探索如何激励外方的办学积极性和投入度。

大学本土留学表面看起来"高大上"，实际上"接地气"，它的定位更多迎合了地方经济发展的需要和学生及其家长的心理需求。其在选址、规模、办学定位、机构设置、人员队伍、人才培养和财务经营上有别于国内案例高校，呈现出国际化、精细化的发展特色。I型大学本土留学案例机构无论在校园选址、招生条件，还是教学和管理上都相对独立，它为教学改革提供了更多自由和创新的空间。同时，在管理和教学方面，它也有国外合作高校的力量参与，办学呈现了更好的连贯性和畅通性。而II型大学本土留学案例机构虽然独立性和国际化程度有限，但是共享了母体学校的优势教育资源与管理经验，各方面的风险性相对I型大学本土留学案例机构要低一些。

第五节　大学本土留学文凭的教育价值的实证研究

为了准确、直观地评价大学本土留学的教育价值，研究本土留学在教育价值方面的作用，完善本土留学的作用机制，满足本土留学的个人需求与社会需求，通过建立相应的计量指标分析模型，对本土留学的教育综合值进行测量是十分必要的。

大学本土留学的教育价值评定主要基于定量的方法，对大学本土留学的

---

　　① 熊丙奇.中外合作办学模式与学校财政独立性[EB/OL].[2012-10-20].http://blog.sina.com.cn/s/blog_46cf47710102e6y5.html.
　　② 黄蔚.西交利物浦大学执行校长席酉民教授——可持续性:中外合作办学面临最大挑战[N].中国教育报,2012-07-11(4).

第三章 本土留学的教育价值

教育综合值进行评价和测量,判定各个样本代表的不同类别本土留学生与普通高校学生的教育价值的排名,确定单个样本大学本土留学的教育综合值测度等级。我们可以通过以下两个方面对大学本土留学教育价值进行评定:一是对多个样本的本土留学生与普通高校学生的某些指标进行综合比较、评价,通过"逼近理想解排序法"(Technique for Order Preference by Similarity to Ideal Solution,简称"TOPSIS"),计算获得各个样本大学生在所有大学生群体中教育价值的位置排行;二是对单个样本的大学本土留学生的教育价值从单属性测度、综合属性测度等多项指标开展的多元测量,综合单个样本本土留学生的教育价值实测值与标准值的差异程度,判定本土留学的教育综合值的等级。①

一、大学本土留学文凭的教育价值评价指标体系、方法

对教育价值的评判涉及多目标最优化问题和多个评价指标,为了保证教育综合值的客观性,需要对评价指标进行打分。在采用德尔菲法对频率出现较高的指标进行统计综合后,我们列出了7个一级指标、37个二级/三级指标,详见表3-2。根据三个样本 N_1(Ⅰ型大学本土留学机构)、N_2(Ⅱ型大学本土留学机构)、N_3(国内普通高校)的实际情况,对它们的教育价值所需要的三级指标进行调整:由于三个样本中的学生在"学习体验丰富程度"的一级指标中,除了在技能证书的指标方面存在显著差异外,在实习研究、竞赛活动等指标方面均不存在显著性差异,因此只将技能证书指标计入这一类指标之中;同理,在满意度调查中,三个样本学生对文凭的满意度也不存在显著差异,不纳入此类指标中。另外,将课外时间安排中的课外活动和健身锻炼合并为休闲活动时间指标,将学校满意度中的教学、教师、指导、课程合并为学习方面满意度指标,将教育收益自评中的专业素养和学术水平合并为专业学术能力指标,把组织领导能力、合作能力、人际交往能力合并为合作交往指标,把外语水平和跨文化交流能力合并为外语交流能力指标。同时,对课外时间安排指标具体分为课外学习时间、休闲活动时间、游戏视频时间进行测量,从而确定了7个一级指标、17个二级指标、25个三级指标。

1. 学业挑战度 A_1

学业挑战度指学生在学校内外学习方面的表现,主要包括阅读量(中文阅读量 X_1、外语阅读量 X_2)、写作量(中文写作量 X_3、外文写作量 X_4)、努力程度 X_5、课外时间安排(课外学习时间 X_6、休闲活动时间 X_7、游戏视频时间 X_8)。在

---

① 柯佑祥.民办高校的属性识别及其调控机制研究[J].教育研究,2012(9).

计算过程中,我们发现,所有的指标中仅有指标 X_8 是低优指标(即值越低越好)。

2. 人际情感 A_2

人际情感主要包括师生互动 X_9、生生互动(本土学生之间的互动 X_{10}、与国际留学生的互动 X_{11})、家人互动 X_{12}。

3. 学习体验的丰富程度 A_3

学习体验的丰富程度主要是从社团活动、多元文化、等级证书、竞赛活动等维度分析学生在校获取学习体验的情况。然而三类学生样本数据仅在技能证书维度存在显著差异,故仅保留技能证书指标 X_{13}。

4. 学校满意度 A_4

学校满意度是指学生个人对学习或生活现状的满意度评估情况,主要包括学习方面满意度(课堂教学 X_{14}、设施服务 X_{15}),以及生活方面满意度(环境 X_{16}、文化 X_{17}、人际 X_{18})。

5. 学校支持度 A_5

学校支持度即关于所在学校对学生顺利就业或升学是否有帮助以及是否把现在的学校推荐给别人两个问题,主要包括学校影响 X_{19}、学校忠诚度 X_{20}。

6. 预期经济收益 A_6

预期经济收益主要通过学生对自己的预期收入 X_{21} 进行评定。

7. 教育收益自评 A_7

教育收益自评主要是让学生自己从专业素养、组织领导能力、合作能力、外语水平、学术水平、跨文化交流能力、人际交往能力、就业能力等方面对个人现状进行评估并打分。通过整合后,教育收益自评主要包括专业学术能力 X_{22}、合作交往 X_{23}、外语交流能力 X_{24}、就业能力 X_{25}。

二、大学本土留学文凭教育价值的位置比较

利用上述 25 个指标对三类学生进行抽样调查和数据整理,测得两类本土留学生和普通高校学生样本的实际相关数据矩阵,通过 EXCEL 表格建立数据库,将三类高校大学生的教育价值指标数据列成矩阵,并采用 TOPSIS 法对三类高校大学生的教育价值进行综合评价,其计算过程借助软件 DPS 完成。

TOPSIS 法主要通过归一化处理后的原始数据矩阵,找出有限方案中的最优方案和最劣方案(分别用最优向量和最劣向量表示),然后再分别计算各评价对象与最优方案和最劣方案的距离,获得各评价对象与最优方案的相对接近程度,用来作为评价对象优劣的依据。

第三章 本土留学的教育价值

在本课题中其具体方法为:设样本有评价对象 n 个、评价指标 m 个,原始数据可写为矩阵 $\boldsymbol{X}=(X_{ij})_{n\times m}$。对高优(越大越好)、低优(越小越好)指标分别进行归一化变换,即

$$Z_{ij} = \frac{X_{ij}}{\sqrt{\sum_{i=1}^{n} X_{ij}^2}} \quad (X_{ij} \text{ 为高优指标})$$

或

$$Z_{ij} = \frac{1/X_{ij}}{\sqrt{\sum_{i=1}^{n} (1/X_{ij})^2}} \quad (X_{ij} \text{ 为低优指标})$$

归一化得到矩阵 $\boldsymbol{Z}=(Z_{ij})_{n\times m}$,其各列最大、最小值构成的最优、最劣向量分别记为 $\boldsymbol{Z}^+=(Z_{\max1},Z_{\max2},\cdots,Z_{\max m})$, $\boldsymbol{Z}^-=(Z_{\min1},Z_{\min2},\cdots,Z_{\min m})$,详见图3-1。

$$\boldsymbol{X}=\begin{bmatrix}
10.68 & 10.31 & 1.84 & 4.52 & 247.53 & 14.90 & 13.12 & 9.36 & 43.46 & 34.73 \\
9.64 & 12.43 & 1.98 & 6.33 & 280.95 & 15.99 & 16.58 & 9.92 & 47.85 & 42.63 \\
14.01 & 7.63 & 3.20 & 1.41 & 170.60 & 12.17 & 15.92 & 10.88 & 40.58 & 24.65 \\
65.15 & 63.75 & 71.49 & 1605.61 & 416.64 & 398.70 & 399.18 & 388.80 & 67.80 & 49.58 \\
63.53 & 60.50 & 54.58 & 1770.57 & 386.11 & 359.98 & 414.47 & 402.75 & 78.03 & 58.35 \\
55.90 & 63.20 & 63.29 & 1162.12 & 284.10 & 336.60 & 310.14 & 336.31 & 68.30 & 46.08 \\
4806.00 & 117.01 & 191.98 & 119.11 & 56.33 \\
7278.50 & 142.58 & 206.32 & 144.46 & 63.89 \\
5685.00 & 99.40 & 173.04 & 89.17 & 57.89
\end{bmatrix}$$

图 3-1 矩阵图 1

经过归一化处理再进行分析,得出下述结果,排列成矩阵 $\boldsymbol{Z}$,详见图3-2。

$$\boldsymbol{Z}=\begin{bmatrix}
0.5317 & 0.5775 & 0.4389 & 0.5718 & 0.6016 & 0.5956 & 0.4958 & 0.6164 & 0.5694 \\
0.4802 & 0.6958 & 0.4721 & 0.8009 & 0.6828 & 0.6391 & 0.6264 & 0.5819 & 0.6270 \\
0.6976 & 0.4270 & 0.7645 & 0.1778 & 0.4146 & 0.4866 & 0.6015 & 0.5304 & 0.5317 \\
0.5763 & 0.6101 & 0.5889 & 0.6501 & 0.6041 & 0.6560 & 0.6289 & 0.6107 & 0.5694 \\
0.7074 & 0.5948 & 0.5589 & 0.4963 & 0.6662 & 0.6079 & 0.5679 & 0.6340 & 0.6167 \\
0.4091 & 0.5234 & 0.5838 & 0.5754 & 0.4373 & 0.4473 & 0.5310 & 0.4744 & 0.5150 \\
0.5472 & 0.5548 & 0.4616 & 0.5585 & 0.5805 & 0.5744 & 0.5470 \\
0.6298 & 0.6530 & 0.6991 & 0.6805 & 0.6239 & 0.6966 & 0.6204 \\
0.5513 & 0.5156 & 0.5460 & 0.4744 & 0.5232 & 0.4300 & 0.5621
\end{bmatrix}$$

图 3-2 矩阵图 2

最优向量 $\boldsymbol{Z}^+=(0.6976, 0.6958, 0.7645, 0.8009, 0.6828, 0.6391, 0.6264, 0.6164, 0.6270, 0.7074, 0.6101, 0.5889, 0.6501, 0.6662, 0.6560,$

0.6289,0.6340,0.6167,0.6298,0.6530,0.6991,0.6805,0.6239,0.6966, 0.6204)

最劣向量 $Z^- = $ (0.4802,0.4270,0.4389,0.1778,0.4146,0.4866, 0.4958,0.5304,0.5317,0.4091,0.5234,0.5589,0.4963,0.4373,0.4473, 0.5310,0.4744,0.5150,0.5472,0.5156,0.4616,0.4744,0.5232,0.4300, 0.5470)

第 i 个评价对象与最优方案和最劣方案的距离分别为：

$$D_j^+ = \sqrt{\sum_{j=1}^{m}(Z_{ij}^+ - Z)^2} \text{ 和 } D_j^- = \sqrt{\sum_{j=1}^{m}(Z_{ij}^- - Z)^2}$$

第 i 个评价对象与最优方案的接近程度 C_i（值越大综合效益越好）为：

$$C_i = \frac{D_i^-}{D_i^+ + D_i^-}$$

经过计量得出的结果如表 3-4 所示。

表 3-4　各个样本教育价值指标排序

样本	D_j^+	D_j^-	统计量 C_i	名次
N_1	0.6008	0.6595	0.5233	2
N_2	0.4059	1.0032	0.7119	1
N_3	0.9959	0.4228	0.2980	3

在上述指标中，样本 N_2 代表的 Ⅱ 类本土留学的教育价值与最优方案 D_j^+ 的距离最小，为 0.4059；与最劣方案 D_j^- 的距离最大，为 1.0032；其教育价值指数 C_i 为 0.7119，最接近 1，表明样本 N_2 表示的 Ⅱ 类本土留学的教育价值最高。以普通高校学生为对照组，本土留学生在外语阅读、写作、交流等方面的指标值上远大于普通高校学生，具有显著优势。同时，从结果上看，不同类型的本土留学的教育价值差异较大，Ⅱ 类本土留学的教育价值远大于 Ⅰ 类本土留学的教育价值。其原因可能是 Ⅰ 类本土留学所在的法人机构作为一个独立的机构，虽增加了教学改革的自由性与创新性，但因没有母体学校优势教育资源与管理经验的共享，增加了其招生、教学、管理等的风险性，从而影响了学生个人教育收益的实现程度。[①] 因此，大学本土留学的教育价值高低不一，而其关键在于学校的管理。

三、大学本土留学文凭教育价值的位置评价与判定

由于上述量化分析是对总样本群体中各样本大学生教育综合值的一种相

---

① 张紫薇.大学本土留学的个人收益与风险研究[D].武汉:华中科技大学,2015:123.

第三章 本土留学的教育价值

对的比较,为了克服这种样本之间相比而产生的局限性,在对本土留学生的教育综合值进行评价的同时,我们可以借助属性识别理论和方法对单个样本进行教育综合值的属性等级水平判定。① 利用教育价值综合值判定的25个指标,按照极高的教育价值C_5、较高的教育价值C_4、适度的教育价值C_3、较低的教育价值C_2、极低的教育价值C_1 5个等级确定各自标准值的矩阵图。需要指出的是,25个指标中有3个指标(技能证书、学校忠诚度、预期收入)只设置了四个维度,为了与其他的指标保持一致,在尽量将误差最小化的前提下,在接下来的运算中假定这3个指标为五个维度,并把相邻维度值之差设为均等。现选取图3-1中第二行N_2代表的Ⅱ类本土留学为样本数据,统计测算其测度值(图3-3)。

$$\begin{bmatrix} 46 & 46 & 12 & 12 & 400 & 23 & 46 & 23 & 100 & 100 & 100 \\ 36 & 36 & 9 & 9 & 300 & 18 & 36 & 18 & 75 & 75 & 75 \\ 26 & 26 & 6 & 6 & 200 & 13 & 26 & 13 & 50 & 50 & 50 \\ 15 & 15 & 3 & 3 & 100 & 7.5 & 15 & 7.5 & 25 & 25 & 25 \\ 4 & 4 & 0.5 & 0.5 & 0 & 2 & 4 & 2 & 0 & 0 & 0 \\ 9.64 & 12.43 & 1.98 & 6.33 & 280.95 & 15.99 & 16.58 & 9.92 & 47.85 & 42.63 & 63.53 \end{bmatrix}$$

100 100 400 100 100 100 100 100 100 9000 200 200
75 75 300 75 75 75 75 75 75 6500 150 150
50 50 200 50 50 50 50 50 50 4000 100 100
25 25 100 25 25 25 25 25 25 1500 50 50
0 0 0 0 0 0 0 0 0 0 0 0
60.5 54.58 264.31 67.5 59.72 68.06 69.44 78.03 58.35 7278.50 142.58 206.32

$$\begin{bmatrix} 200 & 100 \\ 150 & 75 \\ 100 & 50 \\ 50 & 25 \\ 0 & 0 \\ 144.46 & 63.89 \end{bmatrix}$$

图3-3 矩阵图3

在一级指标A_1中,分别包含8个三级指标X_1、X_2、X_3、X_4、X_5、X_6、X_7、X_8;在一级指标A_2、A_4、A_5中,分别包含三级指标$X_9 \sim X_{12}$、$X_{14} \sim X_{18}$、$X_{19} \sim X_{20}$;一级指标A_3、A_6分别用矩阵中的X_{13}、X_{21}指标表示;在一级指标A_7中,包含三级指标$X_{22} \sim X_{25}$。根据矩阵图的数据分布情况,利用函数公式$u_{ik}(x) = u(A_i \in C_k)$②(其中$u_{ik}(x)$表示第$i$个属性的评价结果属于$C_k$的测度值)可以获得该样本学生的教育价值指标实际测量等级分布值:

---

① 柯佑祥.民办高校的属性识别及其调控机制研究[J].教育研究,2012(9).
② 程乾生.属性识别理论模型及其应用[J].北京大学学报(自然科学版),1997(1).

$$(u_{ik})_{7\times 5} = \begin{bmatrix} 0 & 0.1896875 & 0.258267045 & 0.410931818 & 0.141113636 \\ 0 & 0.2403 & 0.6645 & 0.0925 & 0 \\ 0 & 0.1832 & 0.8168 & 0 & 0 \\ 0 & 0.6438 & 0.35362 & 0 & 0 \\ 0.0606 & 0.6064 & 0.333 & 0 & 0 \\ 0.3114 & 0.6886 & 0 & 0 & 0 \\ 0.25 & 0.5741 & 0.1759 & 0 & 0 \end{bmatrix}$$

为了准确反映教育价值,将 A_1、A_2、A_3、A_4、A_5、A_6、A_7 七个一级指标权重赋值为 $(0.2,0.1,0.1,0.1,0.1,0.2,0.2)$,由指标权重可以得到教育价值一级指标属性测度。根据公式

$$(w_1, w_2, \cdots, w_m), w_j \geqslant 0, \sum_{j=1}^{m} w_j = 1,$$

$$u(x_i \in C_k) = \sum_{j=1}^{m} w_j u_{ik}$$

式中,x_i 表示评价对象的指标属性,i 表示评价属性个数,k 表示各属性的分割类,引入上述数据计算,得到如下矩阵:

$$u_{ik}(x_i \in C_k) = \sum_{j=1}^{m} w_j u_{ik} = (0.2,0.1,0.1,0.1,0.1,0.2,0.2) \cdot (u_{ik})_{7\times 5}$$
$$\approx (0.12, 0.46, 0.30, 0.09, 0.03)$$

结果显示,样本 N_2 所代表的Ⅱ类本土留学的教育价值指标综合值为:较高的教育价值指标 C_4 的值最高,为 0.46,适度的教育价值指标 C_3 的值为 0.30,而较低的教育价值指标值 C_2 和极低的教育价值指标值 C_1 均不足 0.1,甚至小于极高的教育价值指标 C_5(0.12)。如果以百分制对该样本的教育价值测度值 $(0.12,0.46,0.30,0.09,0.03)$ 从 C_5 到 C_1 分别按 100 分、80 分、60 分、40 分、20 分 5 个等级分别赋分、评价,则其教育综合值为 71 分,偏高。在前面的三个样本的教育价值位置比较结果中,N_2 也是第一名,与计算结果比较吻合,说明Ⅱ类本土留学的教育综合值处于较高水平。

类似地,将样本 N_1 所代表的Ⅰ类本土留学数据进行分析,可以得出其教育价值测量值 $(0.04,0.36,0.45,0.11,0.04)$,教育综合值为 64.89,低于Ⅱ类本土留学的教育综合值,处于较低的水平。

四、大学本土留学文凭教育价值的校验

通过测量本土留学生和普通高校学生的教育价值指标综合值和位置比较,本课题有两个发现:以普通高校学生为对照组,本土留学生在外语阅读、写

第三章 本土留学的教育价值

作、交流等方面的指标值远大于普通高校学生,具有显著优势;不同类型的本土留学的教育价值差异较大,Ⅱ类本土留学的教育价值远大于Ⅰ类本土留学的教育价值。

在我国教育部中外合作办学监管工作信息平台上公布的名单中,本科中外合作办学机构共有65所,其中Ⅰ类本土留学机构7所,Ⅱ类本土留学机构58所(数据更新至2016年9月)。其分布的地域包括东部、西部、南部、北部、中部,遍布全国17个省、直辖市。本课题在初期选取了其中的4所机构发放问卷并进行计量分析,其中Ⅰ类2所,Ⅱ类2所,主要分布在东部、中部。与此同时,课题组通过对50%以上的本土留学机构的官方统计数据与资料的调研挖掘,对前面的计量研究结果进行校验。在校验部分中,本课题选取5所Ⅰ类本土留学机构(样本覆盖率70%)、29所Ⅱ类本土留学机构(样本覆盖率50%),这其中并不包括计量分析中的4所本土留学样本机构。在取样效验中,本课题尽量保证其在各省和区域上的分布状况上贴近原分布状况,详见表3-5。本课题对这34所本土留学机构的办学定位与特色、规模、课程、教学、师资、生源、资源共享等多个方面进行调研。

表3-5 本土留学机构的校验名单及地域分布

地域	Ⅰ类样本	Ⅱ类样本	样本数量	机构数量	比率
北部 (辽宁、吉林、北京、天津、河北、山西)		1. 东北财经大学萨里国际学院 2. 大连理工大学-立命馆大学国际信息与软件学院 3. 东北师范大学罗格斯大学纽瓦克学院 4. 中国传媒大学国际传媒教育学院 5. 北京航空航天大学中法工程师学院 6. 北京工业大学北京-都柏林国际学院 7. 中国民航大学中欧航空工程师学院 8. 山西财经大学中德学院 9. 河北大学-中央兰开夏传媒与创意学院	9	21	43%

续表

地　域	Ⅰ类样本	Ⅱ类样本	样本数量	机构数量	比率
东部（山东、江苏、浙江、上海）	1. 上海纽约大学 2. 昆山杜克大学 3. 温州肯恩大学	1. 山东农业大学国际交流学院 2. 鲁东大学蔚山船舶与海洋学院 3. 同济大学中德工程学院 4. 上海大学悉尼工商学院 5. 东华大学·上海国际时尚创意学院 6. 上海理工大学上海—汉堡国际工程学院 7. 上海交通大学上海交大-巴黎高科卓越工程师学院 8. 江南大学北美学院 9. 中国人民大学中法学院 10. 南京理工大学中法工程师学院 11. 浙江大学爱丁堡大学联合学院	14	26	54%
南部（广东）	1. 北京师范大学-香港浸会大学联合国际学院 2. 香港中文大学（深圳）	1. 中山大学-卡内基梅隆大学联合工程学院 2. 中山大学中法核工程与技术学院	4	4	100%
西部（陕西、四川、重庆）		1. 西安交大-香港科大可持续发展学院 2. 四川大学匹兹堡学院 3. 重庆工商大学现代国际设计艺术学院 4. 西南大学西塔学院	4	9	44%

第三章 本土留学的教育价值

续表

地　域	Ⅰ类样本	Ⅱ类样本	样本数量	机构数量	比率
中部 （河南、湖北、湖南）		1. 河南大学迈阿密学院 2. 武汉纺织大学伯明翰时尚创意学院 3. 中南林业科技大学班戈学院	3	5	60%
共计	5	29	34	65	52%

经过分析发现，首先，两类本土留学机构确实具有比较突出的国际化特征，主要体现在办学定位、课程教学和师资力量三个方面。在办学定位上，本课题调查的34个样本中，有33所本土留学机构在办学宗旨、办学愿景或培养目标中出现了"国际化""国际/世界一流""国际/全球视野""国际竞争力""跨/多元文化""文化融合"等措辞，占比高达97%。由此可见，本土留学机构在办学定位上非常明确，突出其国际化的特色。在课程和教学上，有28所校验样本机构表示会从合作的外方高校引进课程、教材或者进行外语教学，其中明确表明国际化课程占比约在50%以下的有7所，超过50%的有15所，其他校验样本机构未做明确表示。本土留学机构在基础课程和专业课程上都强调外语教学，彼此之间亦注重衔接。其基础课程中的语言课程主要集中在大学一年级，目的是辅助后续专业课程的外语教学。部分本土留学机构还设有语言中心和学业支持中心，为学生的语言适应问题提供组织上的支持和服务。在师资力量上，有30所校验样本机构明确表明专任教师队伍中包含合作的外方高校教师或外籍人员，专任外籍教师占比在15%到90%之间，其中有7所校验样本机构外籍教师占比超过50%。但是，本土留学机构存在生师比较高的问题。可以同时获得专任教师数量和在校生规模数据的本土留学校验样本机构有17所，其中生师比在20以上的有10所，在10到20之间的有6所，在10以下的只有1所。有的本土留学机构通过兼职教师或客座学者来补充其教师资源。总体上，本土留学生在外语阅读、写作、交流等方面的指标值远大于普通高校学生，这还是得益于其国际化的办学特色。这一特色从办学定位贯通到课程结构、教学设计和教师队伍。接受本土留学的大学生虽然不出国门，亦与同辈有所不同。国际化的课程、教材和教师向他们传递的不仅是语言、知识层面的教育价值，更有能力、思维层面的教育价值。大学本土留学生在毕业去向上具有独特的特点，大部分毕业生选择在国外高校升学或者在合资企业、外资企业就业。这也是本土留学文凭所蕴含的国际化教育价值的又一例证。

其次，校验发现Ⅱ类本土留学与Ⅰ类本土留学确实在学生、学科、基础设施资源共享上存在差异，进而造成其文凭的教育价值差异。两类本土留学机构在独立性上的差异造成了其在资源共享上的差异。Ⅱ类本土留学机构在中方母校的计划内招生，而其母校为"985工程""211工程"高校的有41所，占总数量的71%，这在一定程度上保障了Ⅱ类本土留学机构的优质生源。Ⅰ类本土留学机构的中方投资方也不乏"985工程""211工程"高校，但是并不能共享其优质的生源。虽然有的Ⅰ类本土留学机构近年来高考录取分数超过"一本"分数线，但是仍与"985工程""211工程"高校的生源存在一定差距。这种生源上的差异间接地反映在学生的学习能力上，进而影响文凭的教育价值。而学科和师资共享上的差异则更加直接地影响文凭的教育价值。

Ⅱ类本土留学机构的学科数量较少，往往依托中方母校和外方高校双方共同的强势学科，其中有8所Ⅱ类校验样本机构明确表示依托中方母校的优势学科或学科群、师资，与外方大学强强联合。Ⅰ类本土留学机构的学科更加宽泛，数量更多，这也是独立大学的定位所导致的。但是其在学科上并无中方共享资源，主要依托外方高校的课程体系和教材、师资。在地缘上，Ⅱ类本土留学机构中只有一所设在异地，即设在江苏省的中国人民大学中法学院。其他则因与母校距离近而享有地缘上的优势，可以共享图书馆、教学楼、运动场、食堂、宿舍等基础设施。在29个Ⅱ类校验样本机构中，有5所明确表示会共享母校的基础设施资源。而Ⅰ类校验样本机构中约有一半中方投资高校在异地，同时Ⅰ类本土留学机构属于独立办学性质，需要建造新的校园。在人才培养特色、内外部质量保障等方面，两类高校都共享了较多的外方资源，并无显著差异。

第四章　大学层面本土留学主体收益与风险的理论基础与设计

大学本土留学是一个亟待开拓的研究领域,也属于高等教育学、教育经济与管理等学科专业的研究范畴,从这些学科中可以挖掘到较为系统和专门的理论作支撑。学生个人是本土留学的主体,因而本土留学主体的收益与风险即本土留学生个人的收益及风险。明确大学本土留学个人收益的内涵与生成机制,厘清大学本土留学个人风险的内涵及来源,阐释大学本土留学个人收益及风险的理论基础,分析大学本土留学个人收益及风险的影响因素,确定大学本土留学个人收益及风险的分析逻辑和研究设计,是研究大学层面本土留学的价值识别与风险控制的重要基础。

第一节　本土留学个人收益与风险的特征

教育收益指教育通过培养和提高劳动者的知识和技能给个人和社会带来的种种有益效果。[①] 这种收益或效果包括从货币化到非货币化的收益,既有对投资教育的个人而言的,也有对整个社会而言的,即使那些不直接投入教育的个人也可能受益。[②]

一、本土留学个人收益的特征

根据教育收益的主体不同,教育收益分成个人收益和社会收益,个人收益是指教育给个人(家庭)带来的各种直接和间接的收益,社会收益是指教育发展给受教育者个人及家庭成员以外的人们及社会带来的各种收益。依据教育收益能否用货币计量,教育收益分为经济收益和非经济收益,经济收益是指教育给个人或社会带来的货币化效益,包括个人收入的增加、社会生产率的提高等;非经济收益是指教育给个人及社会带来的非货币化效益,如个人地位的改

[①] 王玉昆.教育经济学[M].北京:华文出版社,1998:86.
[②] CARNOY M.教育经济学国际百科全书(第二版)[M].闵维方,等,译.北京:高等教育出版社,2000.

善、社会文明程度的提高等,详见表4-1。

表 4-1 教育收益分类

分类维度		收益主体	
		个人	社会
能否用货币计量	经济收益	个人经济收益	社会经济收益
	非经济收益	个人非经济收益	社会非经济收益

从教育收益的定义与类型中,可以看出教育收益的三个特点:①教育收益体现在教育过程中,又存在于教育结束后,表现为消费性即时收益和生产性的投资回报;②教育收益包括经济收益和非经济收益两种形式,个人经济收益与非经济收益并非完全对立,而是密切关联,非经济收益的实现以经济收益为基础,并且在一定条件下,个人非经济收益可以转化为经济收益;③教育收益的受益者可以为受教育者本人,也可以是与教育活动有关的家庭、组织团体及整个社会,个人收益和社会收益并不矛盾,两者是部分与整体的关系,前者是后者的基础。

本土留学的个人收益是指个人因接受本土留学教育而给受教育者及家庭带来的各种好处,体现为本土留学个人经济收益和非经济收益两种形式。对于接受本土留学教育的个人来说,本土留学的经济收益是指本土留学毕业后所得到的工资高于不接受高等教育即高中毕业所得到的工资的差额部分。本土留学的非经济收益是指本土留学教育对个人职业适应性的增强和就业机会的增加,对个人意志与品格的锻造,对个人良好行为、思维习惯等方面的种种益处。

本土留学个人收益的产生可以从教育数量、教育质量两个角度进行解释:①相对于基础教育,本土留学生由于受教育年限增长,引起个人生产能力的增强,从而提高就业机会、工资水平、个人生活质量等,表现为教育数量的收益;②相对于普通高等教育,如果本土留学教育的质量较高,则本土留学生的竞争力较强,经济收入就会随之增高,非经济收益亦会更加多元化,表现为教育质量的收益。

本土留学教育作为一种培养高层次人才的高等教育形式,其投资收益具有以下特点。

1. 个人收益的间接性

教育系统并非物质生产部门,它生产的不是物质产品,而是通过培养人的学习能力、劳动能力、社交能力等,以知识技能等形态凝结在人身上的特殊产品,我们无法直接估量其价值。本土留学教育所培养的劳动力和专门人才进

第四章 大学层面本土留学主体收益与风险的理论基础与设计

入社会各个领域,使得个人的智力劳动与物质生产资料相结合,为个人及家庭发挥积极作用后,才能根据投入产出比、收益率等指标对个人收益进行评估,如图 4-1 所示。在生产之前,教育收益尤其是个人经济收益是潜在的、无形的;在生产结束之后,它物化在物质产品中,具有依附性。因此,本土留学教育的经济收益和非经济收益只有在教育过程结束后才能完全体现出来,并且对个人投资本土留学教育的个人收益评估只能是间接的。

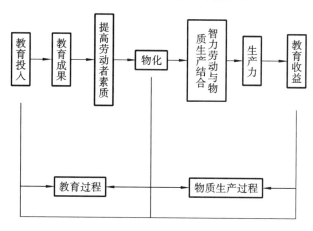

图 4-1 个人收益的间接性

2. 个人收益的迟效性与长效性

由于个人教育收益具有间接性,再加上教育过程周期较长,因此,相对物质生产部门,通过高等教育投资实现个人收益的时间可能会特别迟。个体在接受本土留学教育的过程中需要投入大量的财力成本和心理成本等,通常在求学期间或毕业结束的一两年内得到的经济补偿是有限的,我们不能因此就否定本土留学教育的个人收益。虽然教育投资的个人收益具有迟效性,但由于教育投资的成果是对个人能力和素质的培养,个人因接受本土留学教育而获得的知识和技能能够长期发挥作用,在其有效的劳动期限内,因教育带来的价值是无法准确估量的。因此,本土留学教育的个人收益不但具有迟效性,还具有长效性。

3. 个人收益的多元性

高等教育不仅能提高受教育者的劳动生产力,增加个人经济收入,还能提高个人精神生活水平,改善经济行为和消费价值观等,受教育者个人是本土留学教育收益的最直接、最全面的获得者。从经济收益和非经济收益的角度出发,本土留学教育个人收益的多元性主要体现在以下方面:①较强的职业适应性和较多的就业机会。我国当前存在较为严重的大学生就业问题，普通高等教育毕业生就业竞争异常激烈，而本土留学教育从招生录取、教师的教学，到学生成绩考核与评估等环节均以国际化人才为培养标准，本土留学生的英文技能、跨文化交流能力等较强，对国内、国际就业环境均比较熟悉，所以毕业后不拘泥于国内就业市场，可以进入国际市场获得更多的就业机会。②本土留学的投资收益具有外溢性，除受教育者本人可以增长知识和能力外，还可能影响周围的人，包括受教育者的家长、子女、亲戚等，如个人因接受本土留学教育，英语专业知识水平较高，并可以与国外教师、同学建立关系圈，这些都有利于下一代或亲戚朋友出国深造或就业等。③留学教育个人支出方面的节省。出国留学教育以美国为例，每年的学费加生活费一般在30万元人民币左右，本土留学生的学费一般为5万元至10万元人民币，生活费虽比普通大学生高，但远远低于国外昂贵的生活费用。个人或家庭选择本土留学教育而实现的支出节省，亦是一种收益。④难以衡量的情感收益。《中国留学发展报告(2013)》指出"文化差异、学习差异和感到孤独是青年留学生的三座大山"，因本土留学生的教育和生活主要在国内进行，相对不受往返距离、费用等因素限制，方便与家人、朋友等时时沟通感情，并且有利于学生家长及时了解本土留学生的学习、生活情况，减少对孩子养成不良生活方式和嗜好的担心。

4. 个人收益的不确定性

物质产品的收益可以用相关公式直接计算出来，而个人对高等教育的投入与产出之间的关系很难用数学关系表达出来，因为个人的非经济收益和经济收益均具有很大的模糊性。因此，个人收益具有较强的不确定性。本土留学个人收益的不确定性主要体现在：第一，高等教育成果的评估和计量十分复杂。接受普通高等教育和本土留学教育的实质为教育质量的不同，将教育成果中的教育质量因素进行数据化处理已是相当困难，更难以将其转换为经济收益根据公式计量出来。第二，高等教育具有多方面的功能，对教育非经济收益的评定及经济收益的计算只能求得近似值。本土留学教育对个人发展的影响，有直接的，也有间接的，我们只能近似统计直接及可比的收益部分；另外，个人的发展、经济收入、社会地位的提高等，亦与其家庭、性别、年龄、经验等因素相关，很难将教育因素从诸多影响因素中独立出来，单独评估或计量本土留学教育的作用。第三，由于本土留学教育在我国处于刚刚起步的阶段，本土留学毕业生数量稀少，个人接受本土留学教育的收益还没有充分发挥出来，我们往往根据普通高等教育毕业生的就业及发展情况反推本土留学生的个人收益，由于据此反推的计量结果的代表性具有一定的局限性，增加了我们对本土留学个人实际收益预测的不确定性。

第四章 大学层面本土留学主体收益与风险的理论基础与设计

二、本土留学个人风险的特征与来源

依据经济学、统计学等相关学科知识,可以从以下三个角度解释风险的含义。其一,风险指损失发生的可能性。损失是指非故意的、非计划的、非预期的经济价值或非经济价值的减少。损失的可能性可以用概率来衡量:概率为 0 时,表示损失事件不可能发生;概率为 1 时,表示损失事件确定发生。实际生活中,损失发生的概率通常在 0~1 之间波动,损失的概率越接近于 1,表明风险发生的可能性越大;损失的概率越接近于 0,表明风险发生的可能性越小。其二,风险指损失或收益的不确定性。风险被视为一种不确定事件,包括事件是否发生、发生的时间、发生的状况以及发生的后果等均无法确定。[①] 这种不确定性可分为客观不确定性和主观不确定性,客观不确定性是指实际结果与预期结果的偏离;主观不确定性指个人对客观风险的评估。客观不确定性表明风险的客观存在,而主观不确定性表明风险与个人的知识、经验、心理状态等有关。[②] 其三,风险指实际结果与预期结果的偏差。有学者将风险界定为实际结果偏离预期结果的客观概率。实际结果与预期结果之间的变动程度越大,或实际结果偏离预期结果的概率越高,表示风险越大;变动程度越小,或概率越小,表示风险越小。

综上所述,风险是指结果的变动程度,或者损失发生的概率。因为大多数经济决策过程涉及对未来成本和收益的预期,总可能出现预期的净收益无法实现,或者不同于期望值的情况,于是就出现了风险状况。[③]

1. 本土留学个人风险的内涵

高等教育投资作为一种人力资本投资形式,风险和收益是高等教育投资的两个基本属性。根据风险承担主体不同,高等教育投资风险可以分为个人风险和总体风险,总体风险指高等教育整个系统或社会面临的风险,它与社会经济发展、国家教育系统、宏观政策等外部因素有关,个人无法消除或转移;个人风险指投资个人或家庭投资高等教育的收益或损失的不确定性,它与个人选择、投资水平等内在因素有关,个人可以规避或转移。个人高等教育投资风险是本课题的研究重点。随着我国高等教育的市场化,高等教育的形式越来

[①] 洪锡熙.风险管理[M].广州:暨南大学出版社,1999:2.
[②] 熊福生.风险理论[M].武汉:武汉大学出版社,2005:1.
[③] 埃尔查南·科恩,特雷 G.盖斯克.教育经济学(第三版)[M].范元伟,译.上海:上海人民出版社,2009.

越丰富,个人可以选择各种层次和种类的高等教育,如国内教育、国外留学、远程教育等等,高等教育投资逐渐成为个人消费性投资活动。与物质投资活动类似,个人投资高等教育不仅可能获得巨额的收益或回报,还可能面临各种风险。

我们可以从损失和收益两个角度来阐述高等教育投资的个人风险问题:①个人风险指个人投资高等教育,因教育质量、专业、就业形式等诸多因素影响造成个人收益的不确定或易变性;②个人风险指个人因投资高等教育引起损失的可能性或损失的不确定性。① 从这两个角度出发,本课题将本土留学个人风险界定为:在一定条件和一定时期内,个人投资本土留学教育受各种不确定性因素的影响,受教育者的实际收益达不到预期收益的可能性。②

2. 本土留学个人风险的特征

本土留学教育由于不确定因素多,与一般的高等教育投资个人风险相比,具有以下特性。

1) 个人风险的客观性

个人投资本土留学教育的风险与收益是一对相对的概念,风险是收益的代价,收益是风险的报酬,本土留学的教育风险是客观存在的。本土留学教育个人风险通过实际收益与预期收益的偏差表现出来,这种偏差是由多方面的因素引起的,既包括教育政策、市场环境等外部因素,也包括本土留学教育质量等内部因素,还包括本土留学生个体主观因素等。诸多主观、客观因素普遍存在于教育活动中的每一个环节,任何一个环节都可能存在失误,从而影响个人收益的实现,因此,本土留学教育活动中的每一个环节都可能带来风险因素的产生,导致个人风险的客观存在。

2) 个人风险的隐蔽性与易变性

高等教育风险虽是客观存在的,但它非常隐蔽,早些时候人们并没有认识到它的存在,后来随着大学生失业、过度教育等问题的出现与增多,人们才开始意识到高等教育投资是具有风险性的。现在,虽然我们已经意识到本土留学教育投资个人风险的存在,但是又由于个人风险的复杂性与潜在性,很难对其作出理性的识别与精确的判断,因此,个人风险的隐蔽性依然存在。本土留学教育作为一个完整的系统,处在一定的环境之中,是一个随着时间的不断变化而存在的动态系统,个人投资本土留学教育所面临的风险种类、大小等要素也会随着外界环境、教学条件等变化而呈现动态变化的特征。由于影响个人

---

① 马晓强.教育投资收益——风险分析[M].北京:北京大学出版社,2008:39-40.
② 刘志民.教育经济学[M].北京:北京大学出版社,2007:208.

第四章　大学层面本土留学主体收益与风险的理论基础与设计

风险的外部、内部因素均处在动态变化过程中,个人风险的隐蔽性和易变性更会加剧。

3) 个人风险的可测定性与可规避性

教育投资是一种对人本身的投资,个人接受本土留学教育,不仅需要投资物质资本,还需要投资时间资本,而时间对个人生命来讲是不可逆的,所以个人投资本土留学教育面临的风险一旦出现很难挽回。从教育风险及收益的理论研究到个人教育实践的经验均表明,高等教育投资收益的变动是有规律可循的,个人面对隐蔽的教育风险并不总是被动接受的,我们可以发挥主观能动性,逐步认识、分析本土留学的个人风险类型、来源及影响因素,并采用经济学和统计学的相关方法对本土留学个人风险进行评估与测量,采取有效措施对个人风险加以防范和规避,将个人风险控制在一定水平之下,以保证个人收益的最大化。

3. 本土留学个人风险的类型及来源

本土留学个人风险依据风险存在的范围、是否可以被分散和规避、风险出现的时间、风险是否可见、风险作用时间长短等分为系统风险和非系统风险、事前风险和事后风险、有形风险和无形风险、永久性风险和暂时性风险,不同类型的个人风险来源及产生原因各有不同。

1) 系统风险和非系统风险

本土留学的系统风险指由于外部不确定因素引起的个人风险,受教育者个人无法控制或规避,它主要包括:①本土留学政策风险。目前,中外合作办学管理的法规和条例以及引进国外教育资源的有关法律法规等还不完善,国家对本土留学的教育政策和教育投资导向处在时时变动的阶段,缺乏稳定性和连贯性,给本土留学教育带来一定的政策风险。②社会风险。本土留学教育属于一种新生事物,社会文化和社会意识对本土留学教育形式的接受程度不高,本土留学教育的推广、留学机构的数量与质量等均影响本土留学教育的社会认同度,较低的社会认同度给本土留学教育带来较高的社会风险。③宏观经济风险。国民经济及全球经济发展趋势、市场利率及汇率的变动等,均可造成本土留学个人收益的不确定性。

本土留学的非系统风险指由于本土留学机构或受教育者个人所存在的不确定性因素引发的个人风险,个人可以在一定程度上克服、分散或规避,它主要包括:①教育质量风险。本土留学机构在办学条件、人才培养模式、专业设置、管理体制等方面的疏忽,造成外籍教师/双语教师数量、质量难以保证,中外课程衔接缺乏连贯性等,从而影响学生潜能的发挥,达不到国家、社会或用人单位的需要,致使个人收益具有较大不确定性。②教育成本风险。本土留学教育每年学费基本在10万元人民币左右,学生及家庭承担成本较高,导致个人可能面临不堪学费负担、教育投资资金供应不足而带来的风险,或面临个人教育成本难以回收的风险。③教育选择风险。本土留学者个人之间存在差异,不同的受教育者接受本土留学教育后的教育收益不同,甚至同一个人因选择的专业、导师等不同,获得的教育收益也不相同。以专业选择为例,本土留学机构的专业种类较少,大多为经管类、外语类,个人的专业类型往往决定职业方向,而各类职业的市场需求在未来一段时间内是不确定的,因此接受本土留学教育的个人在专业选择能否适应市场需求方面存在风险。④就业风险。一方面,本土留学生在接受教育后在国内或国际劳动力市场能否找到工作,能否找到与接受的教育相对应的工作,能否获得满意的报酬等均存在较大的未知性;另一方面,由于就业市场的波动性及就业环境的不确定性,也会造成本土留学生的实际收益有低于预期的可能性。⑤预期收益风险。个人在投资本土留学教育时对未来的经济收益、非经济收益等有一定的预期,但由于个人禀赋、教育政策、就业环境等因素的影响,个人最终获得的实际收益可能偏离预期,造成预期收益风险。⑥文化冲突风险。本土留学机构的教师以外方教师为主,以英文为主要教学语言,且国外留学生数量较多,因此,师生之间、生生之间文化差异较大,学生将面临跨国人际交流中语言交流障碍及文化冲突的风险。

2) 事前风险和事后风险

本土留学的事前风险指个人在结束本土留学教育之前,各种因素对本土留学教育个人收益的影响,如个人因无法完成本土留学教育而中途退学,或毕业后失业等。本土留学个人的事前风险来源主要有:本土留学生进入学习阶段因无法完成学习而中途退学的可能;在本土留学机构学习期间,个人因学习兴趣、就业形势等影响变换专业的可能;本土留学生面临初次就业即失业的可能。

事后风险是本土留学个人风险的研究重点,指个人在完成本土留学教育之后,由于社会变迁、就业市场波动、竞争激烈等因素造成个人投资回报具有不确定性的风险。西奥多 W. 舒尔茨在《教育的经济价值》中曾指出,个人人力投资风险来自对自身才能的不确定性、就业的不确定性和资本市场的不确定性。[1] 本土留学教育个人事后风险产生的原因更多,除了来自学生自身、就业和资本市场的不确定性外,本土留学教育这一特殊教育形式本身的教育目标、教学内容、教学形式等就具有很大的不确定性和模糊性,造成更加难以预

---

① 西奥多 W. 舒尔茨.教育的经济价值[M].长春:吉林人民出版社,1982:13-21.

第四章 大学层面本土留学主体收益与风险的理论基础与设计

测与评估的个人事后风险。

3) 有形风险和无形风险

根据风险出现的可见性,本土留学个人风险可以分为有形风险和无形风险,有形风险指个人能够感受到的风险,如对国外原版教材、双语教学不适应引起学习困难;本土留学机构师资的流动性引起个人收益实现无法保证等。无形风险指个人不容易觉察到的教育收益的变动,主要由社会发展、科技进步引起,如经济的快速发展使某些专业不适应劳动力市场的需求,造成个人知识技能的无形贬值等。

4) 永久性风险和暂时性风险

风险具有客观性,个人在不同的教育阶段、不同发展时期所面临的个人风险有所差异,有些教育风险是始终存在的,有些风险却随着时间和空间的发展变化而不断分散或转移。始终存在的教育风险为永久性风险,不断变化的教育风险为暂时性风险。[1]

第二节 大学本土留学个人收益及风险的影响因素

个人投资本土留学的教育收益主要通过高等教育的人力资本生成和筛选机制来实现。一方面,培养人才是高等教育的基本职能,通过本土留学教育可以培养人的创新能力、组织能力、人际交际能力等,进而提高个人未来的工资收入和社会收入水平。另外,由于本土留学教育以融入国际化劳动力市场为人才培养标准,本土留学生就业选择时可以相对不受国内就业市场的局限,而选择就业机会更为广泛的国际就业市场,因此,本土留学生的失业风险可能会在一定程度上有所降低,这也增加了本土留学教育的个人收益。[2] 在另一方面,高等教育不仅具有培养人才的功能,还具有筛选人才的功能。本土留学生需经过高考选拔,成绩相对优秀者才有机会进入本土留学机构接受留学教育(具有独立法人资格的本土留学机构以录取"一本"学生为主)。高等教育的筛选机制除了体现在"入口"的选拔作用外,更表现在"出口"的教育文凭信号作用。[3] 由于我国大学毕业生人数众多,用人单位为降低招聘和培训成本,提高办事效率,雇主往往将毕业文凭作为录用人才的重要依据,毕业生的文凭成为个人能力的首要信号,用人单位通常依据文凭种类和等级等信息择优

---

[1] 刘志民.教育经济学[M].北京:北京大学出版社,2007:211.
[2] 孙伟忠,肖辉.我国高等教育收益的获得机制分析[J].学术交流,2010(2).
[3] 古伯琼.个人投资高等教育的收益与风险研究[D].成都:四川大学,2007.

录用。

综上所述，个人通过接受本土留学教育，形成人力资本，在人力资本和教育筛选机制的共同作用下，进入劳动力市场，获得对应的收入与回报，从而形成本土留学个人收益。

一、教育质量影响个人收益及风险的综合水平

教育本质上是一种培养人的活动，相对其他等级层次的教育或培训，高等教育尤其重视培养受教育者从事专业工作的职业素质和知识技能等，肩负着为社会、经济发展提供高素质、创新型、专业型人才的历史使命。高等教育只有不断提高人才培养的质量，才能提高学生个人收益的实现水平，更好地履行科学研究和社会服务的职能。如果将高等教育质量分成人才培养质量、科学研究质量和社会服务质量三类，那么人才培养质量是高等教育质量的核心，只有接受高质量的教育才能保证个人收益的最大化。

1. 教育质量是实现个人收益的前提条件

高等教育为学生个人能力发展提供硬件条件和软件条件，是个人实现教育收益的前提保障。高等学校是学生接受高等教育的主要场所，不同高校因国家、地方财政支持力度不同，在办学条件、学校定位、师资结构、经费投入、图书馆藏、专业种类等方面存在差异，可能导致学生的就读经验和学习产出会随之不同。

高等教育作为一个完整有序的系统，包括投入、过程和输出三个阶段，三个阶段的质量保障均与学生个人收益息息相关：教育投入质量涉及师资队伍结构、生师比配置、教育经费投入、教育资源丰富程度、教育管理设施等维度指标，投入质量水平直接决定了学生个人的学习条件、学习经历、学习成果等方面的优劣。教育过程质量主要指高校教学质量，包括培养目标、教学模式、教学内容、课程评价等，通过影响学生的个人文化素质、知识技能、专业素养等，间接影响学生升学或就业能力的提升。教育输出质量主要指学生在校期间的德智体发展水平，毕业后学生对科学研究或社会服务的贡献程度等。学校声望已成为高等教育输出质量的重要依据，它间接反映了学生的个人专业素质水平。来自声望较高学校的毕业生就业或升学机会更多，教育成本回收期更短，个人教育收益率更高。

第四章 大学层面本土留学主体收益与风险的理论基础与设计

2. 教育质量影响学生个人的就业竞争力

教育质量指能够满足个人、群体、社会明显或隐含需求的能力的总和①,教育质量不仅需满足社会、经济发展的外在需求,还需满足消费者的内在需求。在高等教育社会需求逐渐多样化和多元化的时代,受教育者个人俨然成为高等教育的消费者,其接受高等教育的个性化需求日益增多,最实际的即是满足其就业和发展的需求。而教育质量往往决定了学生个人的就业竞争力,影响其求职方向和就业质量。只有接受高质量的教育,才能在激烈的市场竞争中处于优势,获得更好的就业机会,减少不必要的风险,实现个人收益。

高等学校的教育质量包括大学的声望等级、可得到的资助、学生成果和学生天赋的发展或增值这四层含义。② 毕业学校的社会声誉和形象已成为当下学生能否快速、有效地融入人力市场,获得就业岗位的关键因素。我国高等教育进入大众化阶段后,每年的毕业生数量大幅增加,求职者数量急剧增长。面对大量的求职简历,企业单位人力资源部门往往参考学校排名、定位或专业影响力对求职者进行初步筛选。另一方面,虽然专业技能的提高主要依赖于学生的个人努力,但也离不开高校的重视和培养。高校依据不同的特色定位和办学理念,设计个性化的专业结构和人才培养方案,提供不同的教学模式和实践实习机会,有侧重性和差异性地对学生的专业知识、实践技能等进行培养训练。以研究型和教学型大学为例,研究型大学重科研,教学型大学重教学;进入研究型大学学习更有利于发展个人的学术科研能力,而进入教学型大学更有利于培养自身的实际应用能力。接受不同类型的教育形式,个人学业成就和能力发展就有所不同,个人的不可替代性特征不同,因此个人的竞争优势和求职方向亦有所不同。

二、教育成本影响个人收益及风险预期

教育成本是指受教育者接受教育所消耗的教育资源价值总和,它既包括直接教育成本——实际消耗的资源价值,也包括间接教育成本——因投资教育活动而放弃的价值。教育成本是教育质量的关键性指标之一,它反映教育活动中的资源消耗水平,影响教育资源的优化配置和使用效益。对教育成本-收益进行计量分析是国家、社会和个人投资教育活动的重要决策依据。

---

① 顾明远.高等教育的多样化与质量的多样性[J].中国高等教育,2001(9).
② 韦洪涛.高等教育质量评价与保证体系研究[M].长春:吉林人民出版社,2006:13.

1. 高等教育成本

随着高等教育财政体制改革和高等教育的扩大招生,我国高等教育的成本由政府全面承担阶段逐步走向政府、社会、个人共同分担阶段。我国高等教育成本依据承担主体的不同可以分为社会成本和个人成本两大类,两者又可细分为社会直接成本和社会间接成本、个人直接成本和个人间接成本。

目前,我国公立高校的教育成本基本形成政府、社会和家庭共同承担机制,实现了办学经费来源多元化。从中外合作办学高校的经费来源看,其学费标准基本为公立高校的十倍甚至以上,学杂费收入是办学经费的主要来源。政府、社会和中外合作办学高校自身并没有充分发挥成本分担的主体作用,反而,学生个人或家长在本土留学教育成本分担中起主导作用。本土留学教育个人成本具体构成如图 4-2 所示。

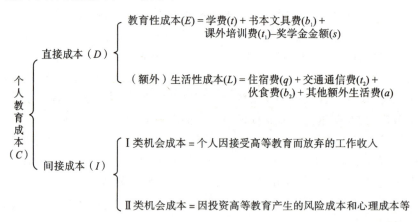

个人教育成本(C)
- 直接成本(D)
  - 教育性成本(E) = 学费(t) + 书本文具费(b_1) + 课外培训费(t_1) – 奖学金金额(s)
  - (额外)生活性成本(L) = 住宿费(q) + 交通通信费(t_2) + 伙食费(b_2) + 其他额外生活费(a)
- 间接成本(I)
  - Ⅰ类机会成本 = 个人因接受高等教育而放弃的工作收入
  - Ⅱ类机会成本 = 因投资高等教育产生的风险成本和心理成本等

图 4-2 个人教育成本

2. 高等教育个人成本——收益模型

高等教育收益依据收益主体不同可以分为个人收益和社会收益。通常情况下,高等教育的个人收益高于社会收益,如图 4-3 所示。高等教育个人、社会收益主要表现为经济收益、非经济收益两种方式,本部分重点探讨高等教育个人成本与经济收益的模型关系。高等教育的个人经济收益是指高等教育毕业生和高中毕业生的税后工资差、常用起薪差和生涯工资差等指标参数。[①] 高等教育个人成本与预期收益的对比分析是计量个人教育收益的基本出发点,目前关于成本-收益分析方法有以下三个计算模型:净现值法计算模型、成本-收益比率法计算模型、内部收益率计算模型,这里重点介绍内部收益率计算模型。

---

① 徐国兴. 高等教育经济学[M]. 北京:北京大学出版社,2013:66.

第四章 大学层面本土留学主体收益与风险的理论基础与设计

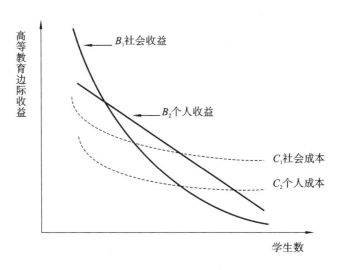

图 4-3　高等教育的收益与成本①

内部收益率计算模型将个人高等教育收益与成本进行贴现后,收益现值等于成本现值时的折现率即为高等教育的内部收益率,可用公式 4.2.1 表示,贴现率 r 越高表明教育投资的经济效益越大②,r 应至少大于市场利率才表明个人投资高等教育是有价值的。

$$\sum_{t=1}^{43}\frac{(B_1-B_2)_t}{(1+r)^t}=\sum_{t=1}^{4}\frac{(C_1+C_2)_t}{(1+r)^t} \quad (4.2.1)$$

式中 B_1 为大学毕业后的教育收益;B_2 为高中毕业后的教育收益;C_1 为大学四年个人直接成本;C_2 为大学四年个人间接成本;t 为时间。

三、社会资本影响个人收益及风险的外溢

1980 年,皮埃尔·布尔迪厄在《社会资本随笔》一文中将资本分为经济资本、文化资本和社会资本三种形态,首次正式提出了社会资本的概念。布尔迪厄把社会资本看作一种通过体制化关系网络的持久占有而获得的实际或潜在的资源集合体,并把关系网络与个体身份相联系,个体进入关系网络意味着赢得了声望,从而为其获得物质的或象征性的利益提供保障。③ 真正使社会资本引起广泛关注的是美国社会学学者普特南,普特南将社会资本定义为社会组

---

① 闵维方.高等教育运行机制研究[M].北京:人民教育出版社,2002:315.
② 柯佑祥.教育经济学[M].武汉:华中科技大学出版社,2009:63.
③ 包亚明.文化资本与社会炼金术——布尔迪厄访谈录[M].上海:上海人民出版社,1997:202.

织的特征,如信任、网络及规范等,这些特征可以通过促进合作,提高社会效率,有利于提高物质资本和人力资本的收益。

本课题把社会资本看作是存在于社会网络和组织中且能够为个体带来收益的一种潜在能力①,它具有无形性、嵌入性、增值性和社会性,包括认知社会资本、关系社会资本和结构社会资本等形式,如图4-4所示。

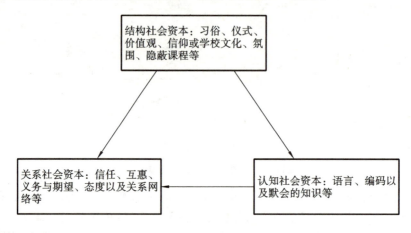

图 4-4 教育中的社会资本形式②

1. 高等教育中社会资本的形成

关于高等教育如何影响受教育者社会资本的形成,本课题认为可以从以下两个方面来阐释:第一,促进人的全面发展,培养适应社会发展的人才是高等教育人才培养的目标,高等学校不仅需要传播知识,还需培养学生与人交往、团队合作能力等,而学生社交能力的提升是学生成为社会人,获得社会资本的先决条件;第二,高等教育可以让受教育者跨越社会阶层之间的障碍,拓宽社交关系网,受教育者在接受教育过程中形成生生、师生等关系网,且在参与同学会、校友会、老乡会等团体活动的过程中,不断积累社会资本,可以促进其在不同社会阶层之间的流动,以提高获取更多社会资源的概率。

2. 社会资本对个人发展的影响

高等教育的毕业生最终都要走向劳动力市场,通过教育积累的人力资本和社会资本共同影响受教育者进入劳动力市场后的职业发展,进而影响其高等教育个人收益的实现,可以说人力资本虽是个人发展的主导因素,但社会资

---

① 张学敏,叶忠.教育经济学[M].北京:高等教育出版社,2009:33.
② 盛冰.论教育中的社会资本[J].教育科学,2005(3):2.

第四章 大学层面本土留学主体收益与风险的理论基础与设计

本对个人发展的影响和作用亦不容忽视。

首先,社会资本与人力资本是相互作用的,社会资本与人力资本之间存在正相关关系,拥有较高人力资本者更可能扩大自己的网络范围或联系到更高地位的网络成员,从而使自己获得更丰富的社会资本。个人运用社会资本摄取经济资源,可以反过来不断提高自身的人力资本,丰富的人力资本和社会资本会对个人职业发展和成就产生积极的影响,为个人带来实质性的价值和收益。

其次,社会资本主要通过信息影响、社会信用和强化等功能影响个人就业方向与就业质量等。现代社会变幻莫测,信息量大且复杂,劳动力市场中常常存在信息不对称现象,通过运用家庭、学校等社会关系建立起的信息网络,有利于个体筛选分析信息,帮助个体及时获得有效信息,以便于在第一时间获得真实有效的就业信息,降低就业成本,提高成功就业的概率。在受儒家思想影响的中国社会中,人们更重视人与人之间的关系,社会关系网络对于中国人的影响比西方人更显著,丰富的社会资本有利于促进个人的发展。

最后,社会资本属于准公共产品,其对个人预期收益的影响具有不确定性。社会资本依附于人与人之间的关系网络中,表现为一种无形的资源和力量,需要个人正确评估及运用才能发挥最大效益,如判断有误,不但发挥不了作用,还可能会引起事倍功半的效果。

四、教育收益及风险的相互作用

教育收益和风险已成为高等教育投资活动的两个基本属性。收益和风险贯穿于整个高等教育投资活动,且相互对应。风险活动的起源、过程与结果均与收益相关。

首先,受教育者投资高等教育的根源在于追求教育收益。任何人力资本投资活动都是有风险的,受教育者是否不断投资风险活动是与个人收益相关的,个人收益可从事前和事后两个方面进行评估,受教育者事前估计的收益为预期收益,接受高等教育后的收益为实际收益。受教育者之所以愿意延期消费,投入大量时间、金钱等成本,承担时间、通胀和未来支付的不确定性,是受高等教育投资的预期收益影响的。

其次,高等教育风险的运作过程本质为受教育者预期收益与实际收益发生偏离的过程。高等教育投资风险是由于未来的不确定性而引起的预期收益损失的可能性[①],即高等教育可能实现不了预期收益,具体表现为预期收益和实际收益之间的负向离差,且两者偏离程度越大,教育风险越大。

最后,收益与风险往往呈现正向相关关系,即高收益高风险,低收益低风险。

高等教育风险即教育收益的不确定性,可以用实际收益与预期收益的差额表示风险的大小,即 $R_{实} < \sum_{t=1}^{n} \frac{R_t}{(1+i)^t}$,式中 $R_{实}$ 代表高等教育实际收益值;t 代表时间;n 为投资总年限;R_t 为预期收益值;i 为贴现率。依据此基本原理,研究者提出用预期收益的方差或标准差、信息熵等指标衡量风险大小。

第三节 大学本土留学个人收益及风险的理论基础

一、人力资本理论与个人教育收益及风险的形成

西方经济学家对个人教育收益问题的探讨,是围绕人力资本理论展开的,人力资本理论的创立使得人们对教育收益的认识进入一个全新的阶段。沃尔什、西奥多 W. 舒尔茨等经济学家在人力资本理论形成与发展的过程中起到关键性作用。1935 年,美国经济学家沃尔什在《把资本的概念应用到人的身上》中使用了"人力资本"的概念,并第一次采用"费用、效益"的评估方法,计算了不同教育程度学生个人的教育费用和毕业后的收入,推测出各级教育收益率。[②] 西奥多 W. 舒尔茨作为人力资本理论的开创者,在 20 世纪 60 年代,就提出"物质资本的积蓄不足以解释美国经济的增长,以教育为中心的人的能力的提升与经济的发展存在关联"[③]、"教育资本是人力资本的主要部分"[④]等观点,并在日后的演讲和著作中详细解释了人力资本的概念与性质、人力资本投资的内容与方式、人力资本对经济发展的作用等基本原理。明瑟作为人力资本理论的又一代表人物,创造性地提出了人力资本收入函数,建立了明瑟收益模型,用计量经济学的方法阐述了人力资本投资收益率的内涵,并有效区分了学校教育与在职培训等人力资本收益。

---

① 王庆仁. 金融理财规划[M]. 上海:复旦大学出版社,2010:25.
② 靳希斌. 从滞后到超前——20 世纪人力资本学说・教育经济学[M]. 济南:山东教育出版社,1995:18.
③ 金子元久. 高等教育的社会经济学[M]. 刘文君,译. 北京:北京大学出版社,2007:74.
④ 西奥多 W. 舒尔茨. 论人力资本投资[M]. 吴珠华,等,译. 北京:北京经济学院出版社,1990.

第四章 大学层面本土留学主体收益与风险的理论基础与设计

加里·贝克尔是人力资本理论的集大成者[①],他在微观经济学理论基础之上,通过实证的方法论证了人力资本理论,揭示了人力资本形成、正规学校教育和在职培训的支出和收入、生涯收入曲线等问题,提出了不同层次学校教育的内部收益率的计算方法,并使用定量数据论证了个人通过积累人力资本提高生产能力从而得到较高的经济回报,即人力资本的收益率问题,贝克尔的研究奠定了人力资本理论的基本框架。

至此,人力资本理论已逐渐形成体系并很快被广泛接受,虽然各个人力资本论者强调的侧重点有所不同,但均持有以下观点:人力资本与物力资本同样重要,在某些方面人力资本作用远大于物力资本;教育资本是人力资本的核心,教育可以为社会经济发展培养所需人才,提高个体劳动生产效率从而促进经济增长,所以应大力增加教育投资。后来随着经济学、教育学、管理学等相关领域研究成果的逐渐增多,人力资本理论得到不断扩充与丰富,现在人力资本理论已成为教育经济学相关问题研究的重要理论之一。

依据人力资本理论的基本观点,可以从五个层面解释个人教育收益及风险的形成机理。

第一,人力资本的内涵层面。人力资本是个人投资活动所习得并积累的资本,如文化知识、技术技能、资质经验等,人力资本是个人生产能力的象征,是个人教育收益形成的前提条件。

第二,人力资本的形成途径层面。人力资本是通过对人力资本投资形成的,而教育投资活动是人力资本投资的关键形式,个人通过学校教育、在职培训等教育活动培养个人素质和应用技能,有利于获得更多更好的就业机会,增加货币或非货币收入,从而提高个人教育收益。

第三,人力资本的作用意义层面。人力资本最重要的作用就是实现自我增值,教育资本通过提高个人流动适应能力和职业选择能力等来增加未来实际收入。个人在教育投资活动中积累的人力资本越丰富,越有利于其在生产劳动中充分发挥潜在的生产能力,增加工资收入或提高个人精神生活水平等。

第四,人力资本的计量方法层面。人力资本理论认为教育既是消费活动,又是投资活动,需计量不同程度及不同种类教育投资活动的收益率。[②] 人力资本理论提出了现值计算法、余数分析法、增长核算法等比较具有代表性的教育投资收益计量方法,从定量研究的角度论证个人教育收益的存在与否及教育

---

① 徐国兴.高等教育经济学[M].北京:北京大学出版社,2013:14.
② 靳希斌.从滞后到超前——20世纪人力资本学说·教育经济学[M].济南:山东教育出版社,1995:46.

收益率的高低等。

第五，人力资本投资的层面。人力资本投资与物质资本投资一样，未来实际收益具有不确定性。个人对高等教育的每项投资均是超前的、长期的，由于个体因素、劳动力市场存在诸多不确定性因素，导致人力资本投资风险的产生。

二、筛选理论与本土留学教育个人收益的不确定性

20世纪70年代，随着世界经济危机的爆发，政府对高等教育的重视和投入并没有刺激经济复苏，人力资本理论不能解释"高投资低收益""文凭膨胀"等问题。为了合理解释当时各国比较棘手的问题，斯蒂格里茨、斯彭斯、阿罗等人提出一系列的理论观点，从本质上否定了教育提高个人能力的观点，只承认教育文凭的信号功能。这些理论观点在发展过程中形成了扫描理论、信号理论和过滤理论三大派别，因其均指出了教育的筛选性，被统称为筛选理论。

在筛选理论体系中，信号理论被认为是最为成熟的观点。信号理论以斯彭斯为代表，他将人的属性分为标识和信号两大类，前者指人天生的、不可改变的特质，如性别、种族等；后者指后天习得的、可以改变的特质，如教育水平、生活阅历等。雇主在选择劳动者时，由于不完全和非对称的信息，只能根据求职者自身的信号进行筛选，而教育文凭作为一种最好的能力信号机制，雇主依据文凭信号选择劳动者并支付对应水平的工资。

以上三种理论在探讨教育如何影响劳动供求关系时出发点和侧重点虽有所不同，但基本主张学校教育通过选拔作用、学习成绩、自我选择三种机制对个体的生产特性进行筛选，教育并不能提高个人生产力，只能反映个人的生产能力，为雇主识别、选择求职者提供信号作用。后来，萨卡洛普洛斯和布劳格等学者又根据教育文凭的不同作用将筛选理论分成了强筛选理论和弱筛选理论。强筛选理论强调教育对个人生产能力的提升完全不起作用，无论在求职之初，还是在就职之中，教育只发挥能力信号的作用；而弱筛选理论在肯定教育文凭筛选性的基础上，认为教育可以适度提高个体生产能力，并且教育文凭仅在雇用之初发挥作用。根据筛选理论的基本观点，可以从三个方面解释本土留学教育个人收益的不确定性。

第一，高校教育体系的阶梯性特征决定了其筛选功能。由于国家发展战略规划及大学自身的发展演变，我国高校竞争格局呈现出"金字塔"形阶梯结构，如图4-5所示。不同类型和不同层次的高校在教师队伍、教学资源等方面

第四章 大学层面本土留学主体收益与风险的理论基础与设计

均有较大不同,进入不同层次和种类的高校接受高等教育,学生的个人教育成本、学习经验不同,因此,对应的个人收益亦有不同。目前提供本土留学教育的主要有中外合作办学独立法人机构和中外合作办学二级学院两种形式,前者基本处在金字塔的底部,后者则依据母体院校位置分布在各个等级。由于本土留学机构的不均衡分布,导致不同类型本土留学生的学习生活体验不同,获得的文凭价值不同,因此,本土留学教育个人收益的实现程度具有不确定性和不均衡性。

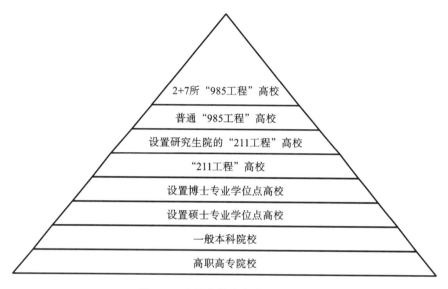

图 4-5 我国高校分类定位结构图

第二,本土留学教育在劳动力市场中存在着信息不对称。筛选理论虽然不等同于文凭主义,但依然认为学历证书是一种非常重要的信号机制,雇主主要以"学校教育——筛选(文凭)——工资"为原则来选拔和录用求职者。因雇主对普通高校的定位、模式、特色等比较了解,普通高校的文凭可以成为反映学生个人能力的信号;但本土留学教育在我国尚处在发展阶段,由于信息不完全和不对称,雇主对本土留学机构的定位、特色、培养机制、教学模式、育人目标等信息知晓甚少,尤其是部分本土留学机构只有一届或者两届毕业生,导致雇主对本土留学生个人能力的信息了解甚少,因此,本土留学教育文凭发挥能力信号的作用就相对减弱了,雇主在选择本土留学生时往往比较慎重,导致学生的个人就业机会和薪酬水平均具有较大风险性。

第三,雇佣本身就是一种具有不确定性的投资行为。筛选理论认为,能力高者教育成本较低,能力低者教育成本较高。① 目前,在竞争激烈的劳动力市场中,接受同一级别高等教育的求职者,其工资水平大致相同,但因本土留学教育的个人教育成本普遍偏高,而这往往被雇主视为低能力者的表现,因此,本土留学生可能因错误的信号而被雇主提供与个人实际能力不相匹配的就业机会和薪酬标准,这更增加了个人收益的风险性。

三、行为经济学预期理论与本土留学教育个人风险决策

20世纪40年代,冯·纽曼和摩根斯坦提出的期望效用理论是传统经济学中解决风险问题最基本的模型假设,他们依据边际效用递减和最大期望效用原理,合理解释了理性人在不确定条件下的决策行为。期望效用理论建立在个体理性的前提下,需满足消除性、传递性、占优性和不变性等一系列公式化假定,但决策者在实际决策过程中并非绝对理性,个人经验、直觉、情绪等主观因素往往影响决策者的判断,因此期望效用理论逐渐受到一系列悖论的挑战,如阿莱悖论、埃斯伯格悖论等。于是经济学家开始尝试用各种方法对期望效用理论不断修正和扩展,其中,行为经济学家对期望效用理论的修正得到最大认可。

70年代末,卡尼曼和特沃斯基在有限理性理论的基础上,将心理学研究成果应用于经济学中,提出了前景理论(又称预期理论),它能够更准确地解释不确定条件下的人为判断和决策(卡尼曼因前景理论获得了2002年诺贝尔经济学奖)。前景指各种风险的结果,前景理论认为个体进行决策实际是对前景的选择,而选择是遵循心理过程和规律的②;前景理论用价值函数 $v(x)$ 和决策权重函数 $\pi(p)$ 的联合效用描述人的决策过程,价值函数 $v(x)$ 表示收益或损失的函数呈S型,如图4-6所示,坐标原点为参照点,价值取决于偏离原点的程度,决策者依据收益或损失做判断;价值函数在收益部分是凹的,在损失部分是凸的,表明决策者面对收益和损失的态度是不同的;损失部分的函数比赢利部分更陡峭,表示人们对损失更敏感。决策权重函数 $\pi(p)$ 是概率 p 的非线性函数,如图4-7所示,π 的斜率可以表示人们对概率变化的偏好敏感性,$\pi(p)$ 具有次确定性、次比例性、次可加性等特点,即各互补概率事件的决策权重之和小于确定性事件的决策权重;决策者对小概率的评价值大于概率值,而对大概率

---

① CARNOY M. 教育经济学国际百科全书(第二版)[M]. 闵维方,等,译. 北京:高等教育出版社,2000.

② 金雪军,杨晓兰. 行为经济学[M]. 北京:首都经济贸易大学出版社,2009:148.

的评价值小于概率值。①

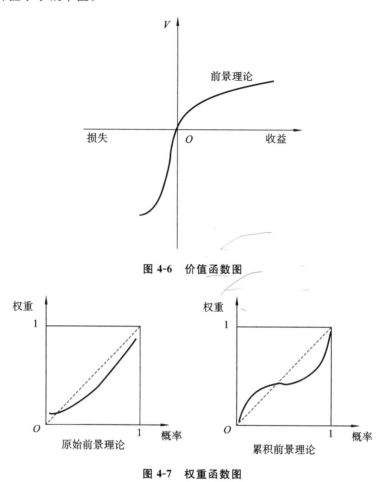

图 4-6　价值函数图

图 4-7　权重函数图

综上所述,前景理论的基本观点主要有四点②:①人们不仅看重财富的绝对量,更关注财富的变化量,即投资的盈利或亏损数量;②面临条件相当的损失前景时,人们更倾向于冒险赌博(风险偏好),而面对条件相当的盈利前景时,人们更倾向于实现确定性盈利(风险规避);③一定量的财富减少产生的痛苦与等量财富增加给人带来的快乐是不对等的,前者大于后者;④投资者从现在的赢利或损失中获得的效用依赖于前期的投资结果状况,前期赢利可以使人的风险偏好增强,反之则会提高风险厌恶程度。因原始前景理论决策权重

---

①　许评.有限理性下的税收遵从研究[M].北京:知识产权出版社,2010:80.
②　董志勇.行为经济学原理[M].北京:北京大学出版社,2006:65.

函数违背随机占优原则,卡尼曼和特沃斯基将累积泛函引入前景理论,利用累积概率代替个别概率后形成图4-7右侧的函数图像,前景理论及其扩展模型更精确地解释了人们的风险决策行为。

依据前景理论的基本观点,可以合理解释本土留学生在进行高等教育投资时的决策过程:①个人在风险条件下选择本土留学教育的过程可以分为编辑和评价两个阶段。编辑阶段主要是对本土留学教育进行初步分析,对相关的收益和概率进行编码、合并、分解、删除和简化等变换处理,使得决策更有效率;评价阶段主要是依据价值函数和权重函数评估各种高等教育形式的利弊,确定本土留学教育是否是最高价值的选择项。②个人风险态度主要有风险规避、风险偏好和风险中立三种,受教育者以普通高等教育或出国留学教育等为参照点,将因教育引起的个人能力、心理等改变视为收益或损失,个体对本土留学教育进行抉择时往往表现出风险偏好型,即在普通高等教育和出国教育收益不明确的情况下,人们对本土留学教育有一种为避免确定损失而愿意冒更大风险的倾向。

第四节 大学本土留学个人收益及风险的分析逻辑

一、个人收益及风险的指标体系:输入—过程—输出

高等教育个人投资是一个从人力资本投入到接受教育,再到获取收益回报或接受教育风险的系统过程。依据以上对高等教育个人收益及风险生成机理及影响因素的分析,本课题将这个系统分成"输入—过程—输出"三个环节,如图4-8所示,教育成本为输入变量,教育收益及风险为输出变量,教育形式为过程变量,三个环节环环相扣,相互作用。

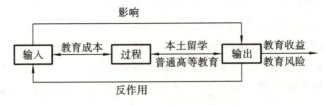

图4-8 个人收益及风险投资系统

教育成本的投入涉及个人教育性成本、(额外)生活性成本、Ⅰ类机会成本和Ⅱ类机会成本四个维度,教育成本投入水平直接决定受教育者的教育形式、

第四章 大学层面本土留学主体收益与风险的理论基础与设计

教育经验等教育过程变量,还通过与教育收益的对比贴现等影响输出环节的教育收益率。在教育收益相同的条件下,成本越高,收益率越低;成本越低,收益率越高。

不同形式的高等教育是过程变量,受教育者选择普通高等教育或本土留学教育,面临的学业挑战度、人际情感、教育经验和学校的满意度迥异,教育过程的质量除直接影响个人收益的实现水平,还反作用于个人教育成本继续投入的情况:个体接受教育过程的质量越高,个人收益越高,教育成本的继续投入水平越高;反之随着个人收益的降低,受教育者继续投入高等教育的成本会逐渐降低。

教育收益与风险作为输出变量,是受教育者决定高等教育人力资本投资的关键因素。个人教育收益体现在经济收益和非经济收益两方面,个人教育风险指标主要包括就业(升学)风险、教育质量风险及校园生活风险等。对个人收益及风险的权衡,一方面影响受教育者在教育过程环节学习状态和方向的调整,另一方面反作用于输入环节,若个人教育风险小于收益,则正向引导受教育者对高等教育的投入;若个人风险远大于收益,受教育者的投入积极性会随之降低。本课题从人力资本投资系统论的视角,构建本土留学个人收益及风险的"输入—过程—输出"指标体系,如表4-2所示,力求全面地揭示本土留学个人收益及风险现状。

表4-2 个人收益与风险的指标体系

输入指标(教育成本)	过程指标(教育过程)	输出指标	
		教育收益	教育风险
教育性成本	学业挑战度	经济收益	教学质量风险
(额外)生活性成本	人际情感	非经济收益	就业(升学)风险
Ⅰ类机会成本	教育经验的丰富程度		校园生活风险
Ⅱ类机会成本	学校满意度		

二、个人收益及风险的研究框架:预期—现状—预测

研究者对普通高等教育的收益及风险研究成果较多,存在诸多样本数据库为后续研究提供支持,但由于本土留学毕业生总体规模不大,增加了本课题对本土留学生个人收益及风险实证研究的难度。本土留学教育发展现状的特殊性,决定了对本土留学生个人收益及风险的研究不同于普通高等教育,本课题力图在理论分析和深入调研的基础上,按照"预期—现状—预测"的技术路

线展开研究。

  研究路线的起点是预期,这一过程依据普通高校毕业生教育收益及风险状况,并结合本土留学教育的特殊性,对本土留学生的教育收益及风险进行前景预期。连接起点和终点的桥梁是对本土留学教育收益及风险现状的有效计量及分析,在传统计量方法的基础上,引入倾向指数匹配法、分位数回归法、模糊综合评价法等方法对本土留学的教育收益及风险现状进行评估,并探讨社会环境、家庭背景及个体因素等对本土留学教育收益及风险的影响,全面分析本土留学教育的优势与不足、机遇与挑战。路线的终点是依据对本土留学教育收益及风险的分析,力求能正确预测本土留学的收益及风险,为个人投资本土留学教育的抉择提供参考建议。

第五章　大学层面本土留学个人收益与风险的现状调查

大学本土留学主要是一种受教育者的个人行为,其教育价值主要通过本土留学的个人收益予以反映。在很大程度上,大学本土留学的价值识别与风险控制就是大学本土留学的个人收益与风险的调查研究与政策分析。

第一节　调查设计与样本描述

任何一项课题的科学研究都离不开深入的文献研究和调查分析。在调查分析中,首先要做的工作是认真设计研究方法,选择恰当的调查工具,同时对调查的基本情况开展准确的判断和统筹。

一、研究方法

本章调查部分主要采用了文献研究和调查研究两种方法,其中调查研究运用了问卷调查与访谈两种形式。

1. 文献研究

对教育价值、个人收益及风险相关概念的解析及相关理论研究成果,为本土留学个人收益及风险的指标体系的构建提供了理论基础;对留学教育成本与收益、高等教育质量测量、高等教育效益评估等的研究资料,为大学本土留学个人收益及风险的计量分析提供了方法指导;有关个人收益及风险的相关量表或问卷,为本课题中问卷的编制及访谈提纲的设计提供了参考建议。相关问卷与量表主要有以下三类。

(1)"全美大学生学习投入性调查"(NSSE)问卷以及清华大学汉化版的"大学生学习性投入调查"(NSSE-China)问卷。美国 NSSE 问卷侧重从教育过程的视角测量高等教育质量,为本课题中教育收益与风险的测量展开新的研究思路;汉化版 NSSE 问卷主要包括院校五大可比指标(学业挑战度、主动合作学习水平、生师互动、学习体验的丰富程度、校园环境的支持度)、教育过程分析诊断指标、深度学习三个分量表。汉化版 NSSE 对本课题的思路设计、指标选择、题目筛选与编排、调查流程、调查对象的选择、调查数据统计分析等具有重要的借鉴意义,且问卷常模数据库在一定程度上为本课题提供了常模数据。

（2）北京大学与中山大学相关学者在完成"改革开放以来我国公派留学效益评估"课题中研发了调查工具——留学归国学者调查问卷。该问卷主要由留学者的基本情况、成本情况、收益情况（教学、科研、管理、国际交流、社会服务、经济效益）、归国者对留学政策的评估四个部分组成。该问卷对本课题中教育收益指标的确定提供了参考,同时该问卷及其附属问卷"高校教师教学和科研调查问卷""出国留学与回归情况调查问卷""高校出国留学情况调查问卷"为本课题问卷的编制提供了丰富的题库资源。

（3）东北财经大学跨境教育研究中心（GIME）主任赵彦志调研"收益、风险与监管:中外合作办学的经济分析"专题时使用的问卷——高等教育风险调查问卷。该问卷主要针对中外合作办学的教学风险、财务风险、内部管理风险、招生与就业风险等各类风险进行识别与评估。虽然问卷是从办学投资的角度探索中外合作办学的收益与风险,但对本课题从受教育者视角研究个人收益与风险也具有很大的启示作用,进一步扩宽了本课题的题库数据。

除了以上三份问卷,还有一些数据库资源,如中国综合社会调查（CGSS）等从指标的选择到问卷编制、题干设计等方面,亦对本调查研究的具体实施具有重要的借鉴价值,让本问卷调查有章可依,更加规范化。此外,部分中外合作办学机构为检测自身教学质量等问题,采用量身订做的调查问卷跟踪调查本校在校生或毕业生,如上海交通大学密西根学院的"ABET 校友问卷调查"等,也为本课题的进一步研究提供了经验支持。

2. 调查研究

调查研究主要运用了问卷调查法和访谈法,设立实验组调查问卷、对照组调查问卷两类问卷,分别在本土留学机构、普通高校进行随机抽样发放,以获得本土留学教育、普通高等教育个人收益与风险的大量信息资料。另外,通过对本土留学在校生、毕业生及管理者的部分访谈,弥补问卷调查的不足,以求更加多元立体地揭示本土留学个人收益与风险的现状及问题。

二、调查工具

1. 问卷的建立

1）指标体系的构建

本课题在探索了教育质量、教育成本、家庭资本及教育风险对个人收益的

第五章 大学层面本土留学个人收益与风险的现状调查

作用机理的基础上,借鉴以往相关量表、问卷的指标选择、题目设计与编排等,形成了本土留学个人收益与风险的指标体系,如表5-1所示。

表5-1 本土留学个人收益与风险的指标体系

一级指标	二级指标	三级指标
指标体系		
教育成本	教育性成本	学费、书本文具费、课外培训费、奖学金金额、兼职或"三助"收入等
	(额外)生活性成本	住宿费、交通通信费、伙食费等
	Ⅱ类机会成本	风险成本、心理成本等
教育收益	非经济收益	学业挑战度、人际情感、学习体验的丰富程度、学校满意度等
	经济收益	薪酬水平等
教育风险	成本风险	高额学费(教育成本)、文化冲突(心理成本)等
	教育质量风险	师资短缺、中外课程衔接不当、外方教材不适用、双语教学等
	就业(升学)风险	文凭局限、经济收入等

注:斜体指标为反向指标。

2)问卷的初步建立与专家评议

根据以上指标体系的具体结构,本课题组初步编制了实验组问卷——本土留学生个人收益与风险调查问卷(拟)。量表主体主要包括两大部分,第一部分是个人基本情况,主要涉及个人的人口统计学信息、个人学校及专业等学习情况、个人家庭基本信息;第二部分是个人教育成本、收益与风险的测量与评估,初步问卷的题目设计及问卷结构如表5-2所示。

表5-2 问卷初步结构

题项维度		数量
背景信息		9
教育成本	教育性成本、(额外)生活性成本、Ⅱ类机会成本	11
教育收益	经济收益、非经济收益	15
教育风险	教育质量风险、就业(升学)风险、成本风险	8

初步问卷主要包括43个题目,其中包括42个选择题和1个开放性问题。初步量表形成后,本课题组请5位高等教育专家、1名中外合作办学管理者、若干教育经济管理在读博士生及本土留学生个人对本问卷的内容效度进行评

议,并从问卷指标体系设计的合理性、题目与指标的相关性、问卷实施的可操作性等方面给予指导建议。评议意见集中在以下几方面:第一,问卷中对个人收入的调查(第 15 题)可信度不够,题目主体不清,调查结果数据会缺乏准确性与代表性;第二,题型变化较大,前后不统一,尤其是教育风险的评估部分,题目设计过于复杂;第三,问卷中两个题目(第 10、11 题)使用 5 点量表的形式,选项设计不合理,不利于统计分析;第四,题目数量过大,易引起调查对象的反感,不利于调查的顺利实施,亦影响调查数据的质量。

3) 问卷的最终确立

依据专家评议的相关意见,我们对实验组问卷进行相应调整与删减,最终形成"本土留学生个人收益与风险调查问卷"。问卷由两个部分组成,共 23 道题目。第一部分是个人情况,采用单项选择题形式,缩减为 7 个题目,侧重调查本土留学生个人情况,以及家庭经济情况,以探讨个人特质及家庭资本对个人收益的影响;第二部分是教育成本、收益与风险,采用选择题和开放式问题,共 16 个题目,重点调查本土留学个人成本—收益—风险现状,具体题目设计结构如表 5-3 所示。问卷后期处理过程中,部分题目计分采用百分制计分方式,正向题目、反向题目分别采用公式 5.1.1 和公式 5.1.2 计分统计,得分越高说明该行为发生的频率越高;得分越低,表明该行为发生的频率越低。根据本土留学个人收益与风险的最终问卷结构,我们设计了对应的对照组问卷——普通高校学生个人收益与风险调查问卷。

$$\frac{反映值-1}{反映值总数-1} \times 100 \qquad (5.1.1)$$

$$\frac{反映值总数-反映值}{反映值总数-1} \times 100 \qquad (5.1.2)$$

表 5-3 正式问卷结构

题项维度		数量
背景信息		7
教育成本	教育性成本、(额外)生活性成本、Ⅱ类机会成本	1
教育收益	经济收益、非经济收益	14
教育风险	教育质量风险、就业(升学)风险、成本风险	1

2. 访谈提纲

访谈部分分别对本土留学生个人和相关管理人员进行访谈。对本土留学生个人的访谈主要涉及学生选择本土留学的动机、本土留学经历中获得的经济及非经济方面的收益、本土留学教育相对其他高等教育形式的主要优势与

第五章 大学层面本土留学个人收益与风险的现状调查

劣势、本土留学教育过程的风险等方面;针对相关管理人员的访谈聚焦在本土留学自身教学现状、师资情况、学生毕业后的去向、薪酬情况以及本土留学生个人收益的影响因素及风险现状等问题。

三、调查的基本情况分析

1. 问卷的发放与回收

实验组问卷的调查对象是接受本土留学教育的在校学生。由于调查对象主要集中在独立的中外合作办学机构和二级学院,所以本次调查集中在中外合作办学机构展开。符合研究条件的中外合作办学机构主要分布在东部、中部地区,数量并不多,且大多机构均在2006年以后开始招生,为了本课题的调查数据能够更广泛、更真实地反映本土留学生个人的收益与风险,我们选取了比较有代表性的X大学、N大学两所法人机构,以及SM学院、ZS学院两所二级学院。

对照组问卷调查的是接受普通高等教育的在校学生,为了相对客观地比较本土留学与普通高等教育学生在教育收益与风险方面的差别,本课题选择了招生批次与以上四所院校相同的东部、中部地区大学——H大学、S大学及Z大学,因以上本土留学机构专业较少且相对集中,所以我们在普通高校选择了相关专业的学生随机取样,以提高调查结果的可信度。

本次调研采用纸质问卷的形式,随机发放问卷1000份,有效回收问卷769份,问卷有效回收率为76.9%,其中实验组问卷占72.4%,对照组问卷占27.6%。各类院校问卷发放与回收情况如表5-4所示。

表5-4 调查问卷的发放与回收统计表

问卷类型	学校类型	发放问卷数	有效问卷数	有效回收率
实验组问卷	法人机构	300	237	79%
	二级学院	400	320	80%
对照组问卷	普通高校	300	212	70.7%

2. 调查数据的信效度分析

1) 问卷调查的信度分析

本课题采用内部一致性信度检验本次调查结果的可靠性,经过SPSS21.0软件统计分析得知,实验组问卷整体的α系数为0.867,对照组问卷整体的α系数为0.899,表明本次调研使用的实验组问卷和对照组问卷均有较高水平的信度(标准 α 值为 0.6~0.7 表示工具的信度为可接受水平;0.8 为较好水平;0.9 以上为很好水平),调查问卷各指标信度如表 5-5 所示。

表 5-5 调查问卷各项指标的信度系数表

问卷类型 指标体系	实验组问卷		对照组问卷	
	α 系数	项数	α 系数	项数
教育成本	0.634	11	0.665	11
教育收益	0.888	54	0.925	53
教育风险	0.839	7	0.832	4
整体指标	0.867	72	0.899	68

2) 问卷调查的效度分析

问卷在编制过程中请相关专家对调查问卷进行了评议,在一定程度上保证了调查问卷的专家效度和内容效度。本课题还利用因子分析模型进一步对调查问卷的结构效度进行了检验。

在因子模型分析之前,本课题运用 KMO 和 Bartlett 的球形度检验方法,对调查数据进行了因子模型的适用性分析,得到结果如表 5-6 所示,调查问卷的 KMO 值为 0.708(KMO 统计量在 0.7 以上时,因子分析效果比较好),且通过了显著性水平为 0.05 的 Bartlett 球形度检验,表明调查问卷非常适合做因子分析。

表 5-6 KMO 和 Bartlett 球形的检验结果

取样足够度的 Kaiser-Meyer-Olkin 度量		.708
Bartlett 的球形度检验	近似卡方	5796.720
	df	2556
	Sig.	.000

此外,本课题利用主成分分析法对调查数据进行统计,再对初始因子和矩阵采用方差最大正交旋转法进行旋转,使因子与原始变量间的关系更容易解释,并在陡坡检验结果的基础上限定因子个数,实验组问卷各维度因子荷载值(节选)如表 5-7 所示。由表中数据可知,问卷各个题目的因子荷载值在 0.3 以上,且基本只在某一个主成分上的载荷比较大,结果证实了"本土留学生个人收益与风险调查问卷"是具有结构效度的。

第五章　大学层面本土留学个人收益与风险的现状调查

表 5-7　实验组问卷各维度的因子荷载值(节选)

教育成本	因子荷载值	教育收益	因子荷载值	教育风险	因子荷载值
学费	0.720	人际关系	0.701	师资短缺	0.820
教材文具费	0.667	外方文凭	0.689	课程衔接	0.811
培训费	0.797	预期收入	0.567	双语教学	0.639
证书费	0.820	国际学术交流水平	0.583	国外教材	0.621
住宿费	0.568	境外教育	0.332	高成本	0.873
伙食费	0.655	就业能力	0.677	就业	0.804
通信费	0.535	组织领导能力	0.665	文化冲突	0.893
交通费	0.310	合作能力	0.578		
娱乐费	0.493	外语水平	0.559		
兼职收入	0.325	学校忠诚度	0.319		
奖学金	0.585	外籍教师	0.767		

3. 调查对象的基本情况

实证调查中,对调查对象的个人特质主要涉及性别、独生子女与否、所在学校类别、专业、年级、家庭所在地及经济水平七个方面。调查前,我们没有对实验组问卷调查对象进行任何限定,但因目前本土留学专业有限,为了更好地与实验组研究对象进行匹配对比,我们在研究调查过程中依据本土留学教育专业的分布情况,对对照组调查对象的专业进行了限定,实验组与对照组调查对象的基本情况如下。

1) 调查对象的性别与独生子女比例

实验组问卷调查中男生 262 人,占调查总数的 46.3%,女生 304 人,占调查总数的 53.7%;独生子女人数 356 人,占调查总数的 62.9%;非独生子女人数 210 人,占调查总数的 37.1%。对照组问卷中男生比例为 66.5%,女生比例为 33.5%;独生子女比例为 58.5%,非独生子女比例为 41.5%,详见表 5-8 和表 5-9。实验组调查结果反映出接受本土留学教育的学生性别比例基本平衡;由于本课题中对照组调查对象的专业限制(具体分析见"调查对象的专业与年级分配"部分),造成对照组调查对象中男生人数比例约为女生的两倍;在独生子女比例方面,实验组与对照组的调查对象没有显著性差异,调查对象中独生子女比例为 60% 左右。

表 5-8　实验组调查对象性别与独生子女比例

分类			独生子女与否		合计
			是	否	
性别	男	计数	198	64	262
		比例	35.0%	11.3%	46.3%
	女	计数	158	146	304
		比例	27.9%	25.8%	53.7%
合计		计数	356	210	566
		比例	62.9%	37.1%	100.0%

表 5-9　对照组调查对象性别与独生子女比例

分类			独生子女与否		合计
			是	否	
性别	男	计数	89	52	141
		比例	42.0%	24.5%	66.5%
	女	计数	35	36	71
		比例	16.5%	17.0%	33.5%
合计		计数	124	88	212
		比例	58.5%	41.5%	100.0%

2) 调查对象的专业与年级分配

在实验组的调查对象中,一年级、二年级、三年级、四年级学生所占比例分别为 18.2%、32.7%、35.6%、13.5%;对照组的不同年级学生人数比例为 17.4%、15.1%、22.1%、45.4%;实验组调查对象的专业以工科、经管类、理科三大门类为主,所占比例分别为 30.1%、45.1%、8.3%;对应地,本课题选择了以上专业为主的对照组调研对象,具体比例分配如表 5-10 和表 5-11 所示。

表 5-10　实验组调查对象专业与年级分配

分类			年级				合计
			一年级	二年级	三年级	四年级	
专业	理科	计数	11	21	14	1	47
		比例	1.9%	3.7%	2.5%	0.2%	8.3%
	工科	计数	39	71	35	25	170
		比例	6.9%	12.6%	6.2%	4.4%	30.1%

第五章 大学层面本土留学个人收益与风险的现状调查

续表

分类			年级				合计
			一年级	二年级	三年级	四年级	
专业	经管类	计数	29	77	117	32	255
		比例	5.1%	13.6%	20.7%	5.7%	45.1%
	人文社科	计数	8	3	11	10	32
		比例	1.4%	0.5%	2.0%	1.8%	5.7%
	语言学	计数	10	9	8	5	32
		比例	1.8%	1.6%	1.4%	0.9%	5.7%
	其他	计数	6	4	16	3	29
		比例	1.1%	0.7%	2.8%	0.5%	5.1%
合计		计数	103	185	201	76	565
		比例	18.2%	32.7%	35.6%	13.5%	100.0%

表 5-11 对照组调查对象专业与年级分配

分类			年级				合计
			一年级	二年级	三年级	四年级	
专业	理科	计数	8	3	2	18	31
		比例	3.8%	1.4%	0.9%	8.5%	14.6%
	工科	计数	23	13	28	58	122
		比例	10.8%	6.1%	13.2%	27.4%	57.5%
	经管类	计数	3	14	14	11	42
		比例	1.4%	6.6%	6.6%	5.2%	19.8%
	人文社科	计数	0	1	2	8	11
		比例	0.0%	0.5%	0.9%	3.8%	5.2%
	语言学	计数	0	0	0	1	1
		比例	0.0%	0.0%	0.0%	0.5%	0.5%
	其他	计数	3	1	1	0	5
		比例	1.4%	0.5%	0.5%	0.0%	2.4%
合计		计数	37	32	47	96	212
		比例	17.4%	15.1%	22.1%	45.4%	100.0%

3) 调查对象的家庭背景

实验组调查对象中,来自城市的学生占 60% 以上,家庭经济条件处在平均水平或高于平均水平的学生占总数的 89.9%;而对照组调查对象中,城市学生所占比例仅为 36.32%,近三分之一的学生家庭条件低于或远低于平均水平,与近三分之一的学生家庭处在高于平均水平的实验组调查对象家庭背景状况形成鲜明对比,具体结果如表 5-12、表 5-13 和图 5-1 所示。研究结果反映出接受本土留学教育学生的家庭条件普遍较好。

表 5-12 实验组调查对象家庭所在地及经济水平

分类			家庭所在地				合计
			农村	城镇	县城	城市	
家庭经济水平	远低于平均水平	计数	6	0	4	8	18
		比例	1.0%	0.0%	0.7%	1.4%	3.1%
	低于平均水平	计数	17	5	6	11	39
		比例	3.0%	0.9%	1.1%	2.0%	7.0%
	平均水平	计数	65	22	71	196	354
		比例	11.5%	3.9%	12.6%	34.8%	62.8%
	高于平均水平	计数	1	4	21	117	143
		比例	0.2%	0.7%	3.7%	20.7%	25.3%
	远高于平均水平	计数	0	0	1	9	10
		比例	0.0%	0.0%	0.2%	1.6%	1.8%
合计		计数	89	31	103	341	564
		比例	15.7%	5.5%	18.3%	60.5%	100.0%

表 5-13 对照组调查对象家庭所在地及经济水平

分类			家庭所在地				合计
			农村	城镇	县城	城市	
家庭经济水平	远低于平均水平	计数	3	2	1	0	6
		比例	1.42%	0.94%	0.47%	0.0%	2.83%
	低于平均水平	计数	31	7	11	3	52
		比例	14.62%	3.3%	5.19%	1.42%	24.53%
	平均水平	计数	23	21	24	60	128
		比例	10.85%	9.91%	11.32%	28.3%	60.38%

续表

分类			家庭所在地				合计
			农村	城镇	县城	城市	
家庭经济水平	高于平均水平	计数	2	1	9	12	24
		比例	0.94%	0.47%	4.25%	5.66%	11.32%
	远高于平均水平	计数	0	0	0	2	2
		比例	0.0%	0.0%	0.0%	0.94%	0.94%
合计		计数	59	31	45	77	212
		比例	27.83%	14.62%	21.23%	36.32%	100.0%

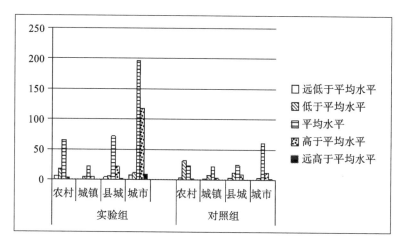

图 5-1 不同组调查对象的家庭所在地与经济水平对比图

第二节 问卷调查的数据整理与分析

一、本土留学生个人成本

本课题将本土留学生个人成本分为个人直接成本和间接成本两部分,其中个人直接成本又进一步细分为教育性成本和(额外)生活性成本两类。

1. 本土留学生个人直接成本

本问卷采用填空题的形式直接统计个人直接成本各个维度的具体数值,

采用如下统计公式对数据进行统计分析。

$$D = E + L \quad (5.2.1)$$
$$E = t + b_1 + t_1 - s \quad (5.2.2)$$
$$L = q + t_2 + b_2 + a \quad (5.2.3)$$

公式中字母的具体含义如下：D 为直接成本，E 为教育性成本，L 为（额外）生活性成本；t 为学费，b_1 为书本文具费，t_1 为课外培训费，s 为奖学金金额；q 为住宿费，t_2 为交通通信费，b_2 为伙食费，a 为其他生活费。

计算结果如表 5-14、表 5-15 所示：整体大学本土留学个人直接成本约为 27 万元，其中教育性成本约为 20 万元，（额外）生活性成本约为 7 万元；平均每年个人直接成本约为 7 万元，其中教育性成本约为 5 万元，（额外）生活性成本约为 2 万元。Ⅰ类本土留学生平均每年个人直接成本与整体样本数据基本一致，略高于整体样本数据，而Ⅱ类本土留学生个人直接成本低于整体样本数据，约为 5 万元，其中较低的教育性成本是造成差异的主要原因。

表 5-14 本土留学个人直接成本统计结果

分　　类	Ⅰ类本土留学		Ⅱ类本土留学		整　体	
	均值	标准差	均值	标准差	均值	标准差
教育性成本	208308.4	99110.4	148144.7	56795.1	195628.2	94955.0
（额外）生活性成本	79416.5	52773.1	71820.0	33324.4	77841.2	49401.8
个人直接成本	282801.7	131101.3	216464.9	61900.1	271346.6	122894.7

表 5-15 （每年）本土留学个人直接成本统计结果

分　　类	Ⅰ类本土留学		Ⅱ类本土留学		整　体	
	均值	标准差	均值	标准差	均值	标准差
教育性成本	52077.1	24777.6	37036.1	14198.7	48907.0	23738.7
（额外）生活性成本	19854.1	13193.2	17955.0	8331.1	19460.2	12350.4
个人直接成本	70700.4	32775.3	54116.2	15475.2	67248.8	30723.6

1) 不同类型学生差异性分析

本土留学生与普通高校学生、本土留学不同类型学生的个人直接成本存在显著性的差异。本土留学的个人直接成本远高于普通高校学生，且Ⅰ类本土留学的个人直接成本最高，详见表 5-16。结合表 5-17，本土留学的学费、教材文具费和伙食费显著较高，Ⅰ类本土留学的每年学费平均在 5 万元以上，Ⅱ类本土留学的学费平均在 3 万元以上，学费是普通高校收费的 5 倍以上。高额的收费是本土留学聘用外方师资，提供全面且先进的教学设施及生活服务

第五章 大学层面本土留学个人收益与风险的现状调查

等原因造成的;本土留学生的教材文具费平均超过1500元,远高于普通高校学生,这主要与本土留学机构大量引进国外原版教材相关;住宿费和伙食费也高出普通高校收费不少,由前面的调查结果可知本土留学生家庭条件普遍偏好,对住宿、饮食等生活要求相对较高,学校为其提供相对舒适的生活条件,一方面增加了个人成本承担比例,另一方面有利于本土留学生融入校园生活,积极地投入到学习中。而交通费、通信费等,其收费标准与学校自身建设关联不大,因此本土留学生与普通高校学生在这些方面无显著性差异。同时,在奖学金和兼职收入方面,亦无明显差异。

表 5-16 不同类型学生的个人直接成本差异表

分 类		均值	标准差	F 值	Sig.
教育性成本	Ⅰ类本土留学	208308.41	99110.437	246.150	.000
	Ⅱ类本土留学	148144.68	56795.052		
	普通高校学生	22657.61	15003.263		
(额外)生活性成本	Ⅰ类本土留学	79416.47	52773.081	20.066	.000
	Ⅱ类本土留学	71820.00	33324.416		
	普通高校学生	49526.31	19930.885		
个人直接成本	Ⅰ类本土留学	282801.74	131101.263	175.536	.000
	Ⅱ类本土留学	216464.88	61900.816		
	普通高校学生	71876.09	24912.224		

表 5-17 (每年)不同类型学生的个人直接成本差异表

分 类		均值	标准差	F 值	Sig.
学费	Ⅰ类本土留学	50263.20	20914.002	367.700	.000
	Ⅱ类本土留学	37053.33	10048.984		
	普通高校学生	6232.89	2034.496		
教材文具	Ⅰ类本土留学	1853.11	1756.537	21.842	.000
	Ⅱ类本土留学	1384.21	1226.463		
	普通高校学生	806.85	1088.270		
课外培训支出	Ⅰ类本土留学	1671.82	3849.964	5.696	.004
	Ⅱ类本土留学	1482.35	2166.537		
	普通高校学生	579.05	1191.729		

续表

分类		均值	标准差	F值	Sig.
证书考试支出	Ⅰ类本土留学	1615.93	5733.680	4.114	.017
	Ⅱ类本土留学	1854.18	1797.527		
	普通高校学生	401.82	745.306		
住宿费	Ⅰ类本土留学	2610.20	2827.662	18.366	.000
	Ⅱ类本土留学	1469.31	1334.888		
	普通高校学生	1306.01	730.929		
伙食费	Ⅰ类本土留学	11346.79	7120.420	14.321	.000
	Ⅱ类本土留学	9722.81	4761.941		
	普通高校学生	7757.36	5062.460		
通信费	Ⅰ类本土留学	1330.65	1966.931	6.542	.002
	Ⅱ类本土留学	933.24	702.349		
	普通高校学生	763.96	393.746		
交通费	Ⅰ类本土留学	1878.91	3799.676	3.825	.023
	Ⅱ类本土留学	2220.38	2867.914		
	普通高校学生	1108.43	1121.707		
其他	Ⅰ类本土留学	2979.83	4943.663	4.270	.015
	Ⅱ类本土留学	3319.57	3629.792		
	普通高校学生	1830.45	1750.864		
兼职收入	Ⅰ类本土留学	1027.23	2212.426	1.447	.237
	Ⅱ类本土留学	1625.00	3487.843		
	普通高校学生	1072.99	1813.978		
奖学金	Ⅰ类本土留学	1864.88	4389.329	1.315	.270
	Ⅱ类本土留学	1990.38	4996.558		
	普通高校学生	1243.17	1973.999		

2) 年级差异显著性分析

不同年级本土留学生的个人直接成本存在显著性差异,且随着年级增加基本呈不断降低趋势,一年级的个人直接成本最高,约为8万元。造成不同年级本土留学生个人直接成本存在差异的主要因素是教育性成本,如表5-18所示,不同年级学生的(额外)生活性成本并不存在显著性差异。不同年级学生

第五章 大学层面本土留学个人收益与风险的现状调查

的教育性成本差异主要体现在学费和教材文具费两个方面,而在课外培训、证书考试、奖学金收入等方面,四个年级无显著差异。

表 5-18 不同年级学生每年个人直接成本的差异表

分类		均值	标准差	F 值	Sig.
教育性成本	一年级	59050.00	19185.636	16.433	.000
	二年级	56050.70	19739.003		
	三年级	33735.86	23652.071		
	四年级	43123.23	25500.721		
(额外)生活性成本	一年级	20490.91	14969.231	3.401	.019
	二年级	22215.68	13579.263		
	三年级	16764.61	10314.779		
	四年级	16211.50	7014.748		
个人直接成本	一年级	80187.93	28950.937	14.327	.000
	二年级	77810.71	27862.477		
	三年级	50496.34	28967.137		
	四年级	55667.43	25285.592		

3)专业差异显著性分析

如表 5-19 所示:理科、工科、经管类、语言学四类专业的个人直接成本在 17 万~27 万元之间,人文社科类相对较少,约为 16 万元,但不同专业的学生的个人直接成本不存在显著性差异,这主要是因为本土留学提供的专业种类较少且相对集中,所以收费标准相对一致。

表 5-19 不同专业学生个人直接成本的差异表

分类		均值	标准差	F 值	Sig.
教育性成本	理科	166997.50	128021.370	2.864	.015
	工科	112552.73	100386.471		
	经管类	150717.09	121465.846		
	人文社科	103196.00	119265.419		
	语言学	125644.44	107313.083		
	其他	173440.00	113465.210		

续表

分类		均值	标准差	F值	Sig.
（额外）生活性成本	理科	89532.12	70819.864	2.036	.073
	工科	64963.98	39330.225		
	经管类	65712.47	37599.175		
	人文社科	63000.00	36173.243		
	语言学	64120.00	54846.212		
	其他	58780.00	25358.663		
个人直接成本	理科	262593.10	185463.893	2.790	.018
	工科	171362.64	119987.671		
	经管类	205475.76	140684.019		
	人文社科	160611.11	127045.952		
	语言学	193040.00	152283.651		
	其他	216555.56	124102.126		

2. 本土留学生个人间接成本

大学本土留学的个人间接成本主要包括Ⅰ类机会成本和Ⅱ类机会成本，前者是指个人因接受本土留学教育而放弃的收入。为了避免失业问题对机会成本计量的影响，本课题对Ⅰ类机会成本的统计主要是采用劳动力人口（而不是就业者）中所有中等教育毕业生的平均工资代表接受高等教育学生所放弃的收入。[①] 根据2012年"中国家庭追踪调查"数据，高中/中专/技校/职高学历人群的年收入（调整后）平均为23050元[②]，而大学本土留学学制一般为四年，因此，个人因接受本土留学教育所放弃的收入，即Ⅰ类机会成本约为9万元。

二、本土留学生教育收益

本课题从经济收益和非经济收益两个部分对本土留学生的教育收益进行调查研究，非经济收益部分涉及本土留学生的学业挑战度、人际情感、学习体验的丰富程度、学校满意度等维度，调查对象依据自身实际情况对教育收益进行综合评价和判断。

---

① 闵维方. 高等教育运行机制研究[M]. 北京：人民教育出版社，2002：467.
② 本课题使用数据部分来自北京大学中国社会科学调查中心执行的中国家庭追踪调查。

第五章 大学层面本土留学个人收益与风险的现状调查

（一）非经济收益

1. 学业的挑战度

问卷的3、4、5、6题分别从在校期间的阅读量、写作量、努力程度、课外时间安排四个层面探讨本土留学生的学业挑战度情况。

（1）阅读量适中，偏重外语教材或参考书。

表5-20显示了本土留学生的阅读量。对比图5-2和表5-21的相关数据，可以发现本土留学生的阅读量适中，没有明显额外负担；但因本土留学机构以外语原版教材为主要教学资料，造成本土留学生和普通高校学生的外语书籍阅读量存在明显差异：在指定外语书籍阅读量方面，每年阅读5~10本的本土留学生比例分别为31.1%、49.0%，但普通高校学生比例仅为19.2%；在非指定外语书籍阅读量方面，每年阅读5~10本的本土留学生比例分别为16.2%、28.6%，而普通高校学生比例仅为9.6%。表5-22揭示了不同年级本土留学生的阅读量情况：在指定书籍阅读方面，一年级、二年级的本土留学生对指定的外语教材或参考书的阅读量最大，二年级约47.5%的学生选择"5~10本"选项，一年级约38.8%的学生选择该项。而对非指定书籍的阅读，四个年级差别不大。

表5-20 本土留学生阅读量描述统计结果

阅读量/本	指定中文		指定外语		非指定中文		非指定外语	
	频率	百分比	频率	百分比	频率	百分比	频率	百分比
0~4	334	58.9	265	46.8	319	56.2	371	65.5
5~10	136	24.0	182	32.1	130	22.9	93	16.4
11~15	29	5.1	46	8.1	46	8.1	20	3.5
16~20	10	1.8	12	2.1	14	2.5	7	1.2
>20	12	2.1	28	4.9	23	4.1	17	3.0
缺失	46	8.1	34	6.0	35	6.2	59	10.4
总数	567	100.0	567	100.0	567	100.0	567	100.0

我们认为本土留学机构每个年级不同的学习任务和学习重点是造成这种现象的主要原因。通过与相关本土留学机构的教师的访谈，得知一年级学生的学习任务主要为语言学习，二年级开始专业课的学习，会逐渐增加学生对指定外语教材或参考书的阅读量，三年级专业课学习任务开始减轻，四年级学生侧重为就业或升学做准备。表5-23揭示了不同专业本土留学生的阅读量情

况:各专业学生的中文书籍阅读量无明显差异,工科和语言学专业的学生对指定的外语书籍阅读量较大,71.3%、61.3%的工科、语言学专业的学生每学年需要阅读5本以上(含5本)的指定外语书籍,我们认为不同专业阅读量的差异是由各个专业学习的具体内容和要求决定的。

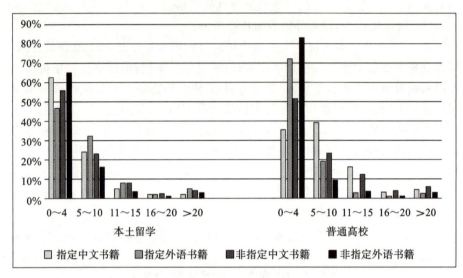

图 5-2 不同类型学生阅读量对比图

表 5-21 不同类型学生阅读量对比结果

阅读量/本		学生类别		
		Ⅰ类本土留学生	Ⅱ类本土留学生	普通高校学生
指定中文	0~4	63.7%	64.5%	36.4%
	5~10	25.5%	30.1%	39.3%
	11~15	6.0%	3.2%	17.0%
	16~20	2.3%	1.1%	2.9%
	>20	2.5%	1.1%	4.4%
指定外语	0~4	54.4%	27.1%	74.9%
	5~10	31.1%	49.0%	19.2%
	11~15	7.7%	13.5%	2.5%
	16~20	2.3%	2.1%	1.0%
	>20	4.5%	8.3%	2.4%

第五章 大学层面本土留学个人收益与风险的现状调查

续表

阅读量/本		学生类别		
		Ⅰ类本土留学生	Ⅱ类本土留学生	普通高校学生
非指定中文	0~4	58.9%	63.8%	53.7%
	5~10	24.9%	23.4%	23.7%
	11~15	9.0%	6.4%	12.8%
	16~20	2.9%	2.1%	3.4%
	>20	4.3%	4.3%	6.4%
非指定外语	0~4	74.1%	67.0%	83.2%
	5~10	16.2%	28.6%	9.6%
	11~15	4.0%	3.3%	3.7%
	16~20	1.7%	0.0%	1.0%
	>20	4.0%	1.1%	2.5%

表 5-22 本土留学不同年级学生阅读量对比结果

阅读量/本		年级			
		一年级	二年级	三年级	四年级
指定中文	0~4	61.1%	72.8%	59.8%	59.7%
	5~10	26.2%	23.0%	28.0%	27.8%
	11~15	8.4%	1.8%	6.9%	6.9%
	16~20	3.2%	1.2%	1.1%	4.2%
	>20	1.1%	1.2%	4.2%	1.4%
指定外语	0~4	40.8%	33.9%	66.4%	57.1%
	5~10	38.8%	47.5%	22.9%	24.3%
	11~15	13.3%	11.3%	3.7%	8.6%
	16~20	1.0%	2.8%	2.7%	1.4%
	>20	6.1%	4.5%	4.3%	8.6%
非指定中文	0~4	64.9%	56.9%	62.0%	56.2%
	5~10	19.6%	26.0%	24.5%	27.4%
	11~15	8.2%	7.7%	8.9%	9.6%
	16~20	2.1%	4.7%	1.0%	2.7%
	>20	5.2%	4.7%	3.6%	4.1%

续表

阅读量/本		年级			
		一年级	二年级	三年级	四年级
非指定外语	0～4	65.7%	72.2%	77.9%	72.8%
	5～10	23.2%	20.4%	13.8%	18.2%
	11～15	7.1%	1.2%	4.4%	4.5%
	16～20	1.0%	2.5%	0.0%	3.0%
	>20	3.0%	3.7%	3.9%	1.5%

表 5-23 本土留学不同专业学生阅读量对比结果

阅读量/本		专业					
		理科	工科	经管类	人文社科	语言学	其他
指定中文	0～4	67.5%	70.6%	58.9%	60.0%	64.3%	69.2%
	5～10	20.0%	23.1%	29.2%	33.3%	21.4%	23.1%
	11～15	5.0%	2.5%	8.5%	0.0%	3.6%	7.7%
	16～20	5.0%	1.3%	1.3%	0.0%	10.7%	0.0%
	>20	2.5%	2.5%	2.1%	6.7%	0.0%	0.0%
指定外语	0～4	48.9%	28.7%	65.0%	48.3%	38.7%	64.0%
	5～10	37.2%	46.7%	26.5%	27.6%	29.0%	28.0%
	11～15	9.3%	12.0%	5.1%	13.8%	16.1%	4.0%
	16～20	2.3%	3.0%	1.3%	3.4%	6.5%	0.0%
	>20	2.3%	9.6%	2.1%	6.9%	9.7%	4.0%
非指定中文	0～4	59.1%	59.1%	61.0%	48.4%	57.1%	71.4%
	5～10	22.7%	26.2%	23.7%	35.5%	21.5%	14.3%
	11～15	9.1%	5.5%	10.2%	9.7%	10.7%	10.7%
	16～20	2.3%	3.7%	2.1%	3.2%	3.6%	0.0%
	>20	6.8%	5.5%	3.0%	3.2%	7.1%	3.6%
非指定外语	0～4	70.8%	66.8%	80.3%	60.7%	57.1%	80.0%
	5～10	19.5%	24.2%	14.0%	25.0%	21.4%	8.0%
	11～15	2.4%	4.5%	2.2%	3.6%	17.9%	4.0%
	16～20	2.4%	1.3%	0.9%	3.6%	0.0%	4.0%
	>20	4.9%	3.2%	2.6%	7.1%	3.6%	4.0%

第五章 大学层面本土留学个人收益与风险的现状调查

(2) 写作量较大,重视外文论文/报告写作。

如表 5-24 所示:超过 1/5(20.3%)的本土留学生表示每学年有超过 10 篇的外文写作量;对比表 5-25 中的数据可知,Ⅱ类本土留学生外文写作量最大,超过一半的学生有 5 篇以上(含 5 篇)的外文写作量。普通高校学生的外文写作量最低,57.7%的Ⅰ类本土留学生、84.4%的Ⅱ类本土留学生有 2 篇以上(含 2 篇)的外文写作量,而普通高校学生的对应比例仅为 20.6%;21.2%的Ⅰ类本土留学生、21.9%的Ⅱ类本土留学生的外文写作量超过 10 篇,普通高校学生的相应比例仅为 2.0%,这主要是由本土留学教育以外籍教师为主的师资队伍和国外教学模式决定的。

表 5-24 本土留学生写作量描述统计结果

写作量/篇	中文		外文	
	频率	百分比	频率	百分比
0~1	353	62.3	200	35.3
2~4	112	19.8	103	18.2
5~7	32	5.6	81	14.3
8~10	7	1.2	36	6.3
>10	16	2.8	115	20.3
缺失	47	8.3	32	5.6
总数	567	100.0	567	100.0

如表 5-26 所示:四个年级的中文写作量差异不大,大多维持在 0~1 篇,一、二年级的外文写作量更大,分别占总数 55.1%和 62.4%的一、二年级学生有 5 篇以上(含 5 篇)的外文写作量,三、四年级的外文写作量有所减轻。如表 5-27 所示:语言类专业学生的中文写作量稍大,但各个专业的整体中文写作量不多。理科和工科专业学生的外文写作量最大,31.1%的理科专业学生和 43.8%的工科专业学生有超过 10 篇的外文写作量。不同于国内以考试为主的评价方式,本土留学生以考核为主的评估方式是造成本土留学生论文写作量较大的主要原因。

表 5-25　不同类型学生写作量对比结果

写作量/篇		学生类别		
		Ⅰ类本土留学生	Ⅱ类本土留学生	普通高校学生
中文论文/报告	0~1	70.0%	56.3%	46.9%
	2~4	18.6%	36.2%	25.6%
	5~7	6.5%	4.3%	16.4%
	8~10	1.6%	1.1%	3.9%
	>10	3.3%	2.1%	7.2%
外文论文/报告	0~1	42.3%	15.6%	79.4%
	2~4	19.6%	17.7%	13.6%
	5~7	11.5%	31.3%	3.0%
	8~10	5.4%	13.5%	2.0%
	>10	21.2%	21.9%	2.0%

表 5-26　不同年级学生写作量对比结果

写作量/篇		年级			
		一年级	二年级	三年级	四年级
中文论文/报告	0~1	61.5%	77.1%	61.4%	73.5%
	2~4	25.0%	15.9%	27.3%	13.9%
	5~7	5.2%	5.1%	8.2%	4.2%
	8~10	3.1%	0.0%	1.0%	2.8%
	>10	5.2%	1.9%	2.1%	5.6%
外文论文/报告	0~1	23.5%	12.2%	67.0%	43.7%
	2~4	21.4%	25.4%	11.9%	19.7%
	5~7	25.5%	16.6%	9.2%	12.7%
	8~10	16.3%	8.8%	1.6%	1.4%
	>10	13.3%	37.0%	10.3%	22.5%

第五章 大学层面本土留学个人收益与风险的现状调查

表 5-27 不同专业学生写作量对比结果

写作量/篇		专业					
		理科	工科	经管类	人文社科	语言学	其他
中文论文/报告	0~1	67.5%	70.3%	65.2%	79.4%	42.9%	89.3%
	2~4	20.0%	23.9%	22.2%	3.4%	35.7%	10.7%
	5~7	5.0%	4.5%	6.7%	13.8%	10.7%	0.0%
	8~10	2.5%	0.0%	1.7%	0.0%	7.1%	0.0%
	>10	5.0%	1.3%	4.2%	3.4%	3.6%	0.0%
外文论文/报告	0~1	13.4%	11.8%	55.7%	44.8%	41.9%	66.7%
	2~4	24.4%	11.2%	25.8%	24.3%	12.9%	7.4%
	5~7	17.8%	22.5%	8.6%	24.1%	22.6%	3.7%
	8~10	13.3%	10.7%	2.6%	3.4%	6.5%	11.1%
	>10	31.1%	43.8%	7.3%	3.4%	16.1%	11.1%

(3) 学习任务重,本土留学生努力程度较高。

如表 5-28 所示:本土留学机构对学生的学习要求较高,超过 1/3 的本土留学生表示在学习期间需要"经常"或"很经常"地提出观点并论证,和他人反复讨论,论文写作过程中需引证大量文献、数据,并用外语论述。表 5-29 揭示了三类不同类型学生的努力程度。可以发现,Ⅱ类本土留学生表现最优,四个问题均选择"很经常"选项的学生比例分别为 38.5%、26.3%、30.5%、57.3%。Ⅰ类本土留学生表现次之,普通高校学生表现最差。表 5-30 揭示了不同年级本土留学生的学习努力程度:一年级主要为语言学习阶段,二年级的阅读量和写作量相对较重,因此二年级学生的努力程度最强;学生在三年级时已经结束必修课和选修课的学习,所以三年级学生的努力程度明显下降,四年级学生面临升学或就业压力,学习努力程度回升。表 5-31 揭示了不同专业本土留学生的学习努力程度:理工学科的外文写作量相对较重,因此理科和工科专业的学生相比其他专业的学生表现更努力,四个问题均选择"经常"或"很经常"选项的理科专业学生比例累计分别为 76.1%、62.2%、84.8%、73.9%。

表 5-28 本土留学生努力程度描述统计结果

分 类		人数	百分比
提出观点并论证	从不	36	6.3
	很少	87	15.4
	有时	124	21.9
	经常	136	24.0
	很经常	173	30.6
	缺失	10	1.8
反复讨论	从不	39	6.9
	很少	109	19.3
	有时	162	28.6
	经常	123	21.7
	很经常	115	20.3
	缺失	18	3.2
引证大量文献、数据	从不	35	6.2
	很少	74	13.1
	有时	117	20.6
	经常	156	27.6
	很经常	172	30.4
	缺失	12	2.1
外语论述	从不	63	11.1
	很少	99	17.5
	有时	70	12.4
	经常	63	11.1
	很经常	256	45.2
	缺失	15	2.7

表 5-29 不同类型学生努力程度对比结果

分 类		学生类别		
		Ⅰ类本土留学生	Ⅱ类本土留学生	普通高校学生
提出观点并论证	从不	7.6%	1.1%	12.2%
	很少	15.7%	17.7%	24.6%
	有时	23.3%	16.7%	30.9%
	经常	24.1%	26.0%	22.2%
	很经常	29.3%	38.5%	10.1%

第五章 大学层面本土留学个人收益与风险的现状调查

续表

分　类		学　生　类　别		
		Ⅰ类本土留学生	Ⅱ类本土留学生	普通高校学生
和他人反复讨论	从不	8.1%	2.2%	15.9%
	很少	20.5%	18.9%	29.3%
	有时	30.0%	26.3%	36.5%
	经常	21.7%	26.3%	13.0%
	很经常	19.7%	26.3%	5.3%
引证大量 文献、数据	从不	7.2%	2.1%	12.2%
	很少	13.4%	15.8%	21.8%
	有时	20.7%	22.1%	25.7%
	经常	27.6%	29.5%	26.7%
	很经常	31.1%	30.5%	13.6%
外语论述	从不	13.3%	2.1%	25.1%
	很少	19.2%	13.5%	44.7%
	有时	13.7%	9.4%	21.4%
	经常	10.0%	17.7%	3.9%
	很经常	43.8%	57.3%	4.9%

表 5-30　不同年级学生努力程度对比结果

分　类		一年级	二年级	三年级	四年级
提出观点 并论证	从不	9.0%	2.2%	10.2%	3.9%
	很少	12.0%	9.4%	23.7%	14.5%
	有时	16.0%	14.9%	31.8%	23.7%
	经常	25.0%	25.4%	20.2%	31.6%
	很经常	38.0%	48.1%	14.1%	26.3%
和他人 反复讨论	从不	12.1%	3.4%	8.5%	5.4%
	很少	13.1%	12.5%	26.4%	28.0%
	有时	27.3%	24.4%	37.1%	25.3%
	经常	27.3%	26.7%	17.3%	20.0%
	很经常	20.2%	33.0%	10.7%	21.3%

续表

分 类		一年级	二年级	三年级	四年级
引证大量文献、数据	从不	11.1%	2.8%	8.1%	4.0%
	很少	8.1%	7.7%	22.8%	9.3%
	有时	21.2%	9.3%	32.0%	21.3%
	经常	28.3%	29.7%	25.4%	30.7%
	很经常	31.3%	50.5%	11.7%	34.7%
用外语论述	从不	13.3%	3.3%	20.0%	6.6%
	很少	7.1%	6.0%	33.3%	20.0%
	有时	7.1%	4.4%	19.5%	22.7%
	经常	14.3%	14.3%	7.7%	10.7%
	很经常	58.2%	72.0%	19.5%	40.0%

表 5-31　不同专业学生努力程度对比结果

分 类		专 业					
		理科	工科	经管类	人文社科	语言学	其他
提出观点并论证	从不	2.1%	1.8%	9.6%	18.6%	6.3%	0.0%
	很少	10.9%	11.9%	17.6%	18.8%	22.6%	17.9%
	有时	10.9%	11.9%	30.0%	25.0%	19.4%	32.1%
	经常	32.6%	26.2%	22.0%	18.8%	32.3%	21.4%
	很经常	43.5%	48.2%	20.8%	18.8%	19.4%	28.6%
和他人反复讨论	从不	0.0%	3.0%	10.2%	21.8%	3.4%	3.8%
	很少	15.6%	14.4%	25.6%	9.4%	23.3%	18.5%
	有时	22.2%	21.0%	32.1%	46.9%	33.3%	44.4%
	经常	31.1%	26.3%	19.9%	12.5%	26.7%	14.8%
	很经常	31.1%	35.3%	12.2%	9.4%	13.3%	18.5%
引证大量文献、数据	从不	0.0%	1.7%	9.2%	21.8%	3.2%	3.8%
	很少	6.5%	10.1%	16.5%	6.3%	25.8%	11.5%
	有时	8.7%	18.9%	20.9%	28.1%	32.3%	38.5%
	经常	45.7%	24.9%	28.5%	18.8%	29.0%	23.1%
	很经常	39.1%	44.4%	24.9%	25.0%	9.7%	23.1%

第五章 大学层面本土留学个人收益与风险的现状调查

续表

分类		专业					
		理科	工科	经管类	人文社科	语言学	其他
用外语论述	从不	4.3%	2.4%	18.3%	19.4%	9.6%	11.5%
	很少	10.9%	6.5%	26.4%	22.6%	9.7%	30.8%
	有时	10.9%	8.8%	13.4%	12.9%	25.8%	19.2%
	经常	17.4%	12.9%	10.2%	3.2%	22.6%	0.0%
	很经常	56.5%	69.4%	31.7%	41.9%	32.3%	38.5%

（4）课外学习时间长，课外时间安排较合理。

本土留学生课外学习时间长，如表5-32所示，37.2%的学生每周课外学习时间超过20个小时，约44.3%的学生每周健身锻炼的时间超过4小时，可见本土留学生的课外时间安排相对合理。表5-33揭示了不同类型学生的课外时间安排情况：在健身锻炼、游戏视频、其他课外活动的时间分配上，本土留学生和普通高校学生没有表现出明显差异，但在课外学习时间上，本土留学生用时更长，37.4%的Ⅰ类本土留学生和43.3%的Ⅱ类本土留学生每周课外学习时间超过20个小时，而近一半普通高校学生的每周课外学习时间不超过10小时。表5-34揭示了不同年级本土留学生的课外时间安排：二年级的课外学习时间最长，45.2%的二年级学生每周课外学习时间超过20个小时。表5-35揭示了不同专业本土留学生的课外时间安排：工科和语言学专业学生的课外学习时间最长，49.1%的工科专业学生和43.8%的语言学专业学生每周课外学习时间超过20个小时；理科专业学生在游戏视频和其他课外活动方面花费的时间较多，79.5%的理科专业学生每周用在游戏视频的时间超过4个小时。

表5-32 本土留学生课外时间安排描述统计结果

课外时间/小时	课外学习		其他课外活动		游戏视频		健身锻炼	
	人数	百分比	人数	百分比	人数	百分比	人数	百分比
0~4	61	10.7	212	37.3	156	27.5	295	52.0
5~10	120	21.2	189	33.3	170	30.0	145	25.6
11~15	82	14.5	94	16.6	118	20.8	72	12.7
16~20	75	13.2	26	4.6	57	10.1	22	3.9
>20	211	37.2	27	4.8	42	7.4	12	2.1

续表

课外时间/小时	课外学习		其他课外活动		游戏视频		健身锻炼	
	人数	百分比	人数	百分比	人数	百分比	人数	百分比
缺失	18	3.2	19	3.4	24	4.2	21	3.7

表 5-33 不同类型学生课外时间安排对比结果

课外时间/小时		学生类别		
		Ⅰ类本土留学生	Ⅱ类本土留学生	普通高校学生
课外学习	0~4	12.1%	6.7%	17.4%
	5~10	22.0%	21.1%	31.1%
	11~15	14.5%	17.8%	17.0%
	16~20	14.0%	11.1%	13.1%
	>20	37.4%	43.3%	21.4%
其他课外活动	0~4	39.9%	31.1%	28.3%
	5~10	35.1%	32.2%	36.6%
	11~15	16.2%	21.1%	22.9%
	16~20	4.5%	6.7%	3.9%
	>20	4.3%	8.9%	8.3%
游戏视频	0~4	29.3%	24.5%	22.8%
	5~10	31.1%	33.3%	28.0%
	11~15	21.4%	22.2%	24.6%
	16~20	10.5%	11.1%	10.6%
	>20	7.7%	8.9%	14.0%
健身锻炼	0~4	55.9%	42.2%	41.1%
	5~10	26.1%	28.9%	36.8%
	11~15	12.2%	18.9%	15.2%
	16~20	4.1%	4.4%	2.5%
	>20	1.7%	5.6%	4.4%

第五章 大学层面本土留学个人收益与风险的现状调查

表 5-34 不同年级学生课外时间安排对比结果

课外时间/小时		年级			
		一年级	二年级	三年级	四年级
课外学习	0~4	8.9%	8.5%	15.1%	9.8%
	5~10	22.8%	18.6%	21.7%	29.2%
	11~15	17.8%	14.7%	16.2%	8.3%
	16~20	16.8%	13.0%	10.1%	20.8%
	>20	33.7%	45.2%	36.9%	31.9%
其他课外活动	0~4	31.7%	36.0%	42.7%	43.1%
	5~10	32.7%	36.6%	34.2%	33.2%
	11~15	21.8%	15.4%	16.1%	18.1%
	16~20	5.9%	5.1%	4.5%	2.8%
	>20	7.9%	6.9%	2.5%	2.8%
游戏视频	0~4	23.7%	19.9%	38.5%	30.0%
	5~10	30.7%	36.9%	25.6%	34.3%
	11~15	21.8%	21.6%	22.1%	21.4%
	16~20	12.9%	13.1%	8.7%	5.7%
	>20	10.9%	8.5%	5.1%	8.6%
健身锻炼	0~4	45.5%	54.2%	55.9%	60.0%
	5~10	30.7%	27.7%	24.9%	22.8%
	11~15	13.9%	11.9%	15.2%	10.0%
	16~20	4.0%	5.1%	3.0%	4.3%
	>20	5.9%	1.1%	1.0%	2.9%

表 5-35 不同专业学生课外时间安排对比结果

课外时间/小时		专业					
		理科	工科	经管类	人文社科	语言学	其他
课外学习	0~4	22.2%	5.5%	12.5%	12.9%	9.3%	13.9%
	5~10	15.6%	17.8%	23.8%	29.0%	25.0%	27.6%
	11~15	17.8%	14.1%	16.9%	9.7%	9.4%	10.3%
	16~20	13.3%	13.5%	13.7%	19.4%	12.5%	10.3%
	>20	31.1%	49.1%	33.1%	29.0%	43.8%	37.9%

续表

课外时间/小时		专业					
		理科	工科	经管类	人文社科	语言学	其他
其他课外活动	0~4	28.9%	34.5%	42.8%	32.3%	40.7%	48.4%
	5~10	28.9%	35.2%	36.3%	48.4%	25.0%	17.2%
	11~15	22.2%	17.9%	13.3%	12.9%	28.1%	31.0%
	16~20	6.7%	5.6%	4.4%	3.2%	3.1%	3.4%
	>20	13.3%	6.8%	3.2%	3.2%	3.1%	0.0%
游戏视频	0~4	20.5%	25.3%	31.2%	27.7%	28.1%	42.8%
	5~10	27.3%	31.5%	32.4%	24.1%	37.5%	28.6%
	11~15	22.7%	22.8%	20.6%	24.1%	28.1%	10.7%
	16~20	15.9%	11.1%	8.9%	13.8%	6.3%	14.3%
	>20	13.6%	9.3%	6.9%	10.3%	0.0%	3.6%
健身锻炼	0~4	57.8%	47.2%	58.5%	56.7%	53.1%	48.3%
	5~10	20.0%	28.8%	24.8%	36.7%	28.1%	27.6%
	11~15	11.1%	17.2%	10.6%	3.3%	12.5%	24.1%
	16~20	2.2%	3.7%	5.7%	3.3%	0.0%	0.0%
	>20	8.9%	3.1%	0.4%	0.0%	6.3%	0.0%

2. 人际情感

问卷的第1道题目和第8道题目分别从本土留学生择校动机和与他人的交流情况探讨本土留学生的人际情感状况。

1) 师生互动不足

从表5-36中的数据可以得知,本土留学生与教师互动不足,超过40%的学生反映"从不"或"很少"与教师讨论学业或职业规划,仅有20%的学生可以经常与教师互动。表5-37和图5-3详细揭示了不同类型学生之间的师生互动情况,本土留学机构的师生互动有限,但仍稍微优于普通高校的师生互动情况,普通高校中仅17.4%的学生会经常与教师互动。在三类大学生中,Ⅱ类本土留学生的师生互动表现优于Ⅰ类本土留学生和普通高校学生。我们认为,较低的生师比是造成我国高校师生互动不足的主要原因,本土留学机构亦不例外,特别是其以外籍教师为主的师资队伍不利于学生与教师的互动。

第五章 大学层面本土留学个人收益与风险的现状调查

表 5-36 本土留学生与他人互动情况描述统计结果

分类	从不	很少	有时	经常	很经常
师生互动	8.7%	32.2%	39.1%	13.6%	6.4%
生生互动1	19.9%	37.2%	26.5%	11.1%	5.3%
生生互动2	3.8%	15.7%	21.7%	34.6%	24.2%
家人互动	1.1%	14.0%	31.7%	37.2%	16.0%

注:"生生互动1"指本土留学生与国际留学生的互动,"生生互动2"指本土留学生之间的互动。下同。

表 5-37 不同类型学生人际交流对比结果

分类	频率	学生类别		
		Ⅰ类本土留学生	Ⅱ类本土留学生	普通高校学生
师生互动	从不	8.9%	7.6%	14.5%
	很少	33.0%	27.5%	31.4%
	有时	39.3%	39.6%	36.7%
	经常	13.0%	16.5%	12.1%
	很经常	5.8%	8.8%	5.3%
生生互动1	从不	22.2%	9.8%	40.3%
	很少	37.3%	36.3%	29.6%
	有时	24.9%	34.1%	22.3%
	经常	10.6%	13.2%	6.8%
	很经常	5.0%	6.6%	1.0%
生生互动2	从不	3.9%	3.2%	7.3%
	很少	15.4%	17.6%	15.9%
	有时	21.6%	23.1%	33.3%
	经常	34.4%	34.1%	32.9%
	很经常	24.7%	22.0%	10.6%
家人互动	从不	1.1%	1.1%	1.8%
	很少	13.6%	16.4%	11.2%
	有时	30.3%	38.5%	31.1%
	经常	39.2%	27.5%	44.2%
	很经常	15.8%	16.5%	11.7%

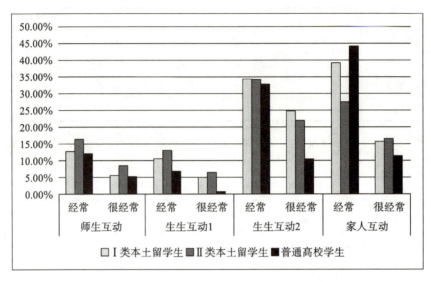

图 5-3　不同类型学生人际交流对比结果

2) 生生互动较好

生生互动主要涉及本土留学生之间以及本土留学生与国际留学生的互动。与国际留学生的互动方面，由于本土留学机构学生总数较少，而国际留学生数量比例较大，有利于本土留学生与国际留学生的接触，16.4%的本土留学生可以经常和外国留学生互动（表 5-36）；在本土留学生之间的互动方面，58.8%的学生经常与同学互动，可见本土留学生之间互动比较频繁。相比普通高校学生的互动情况，从表 5-37 中的数据可知，普通高校中仅有 7.8%的学生经常接触国际留学生，远低于本土留学生，普通高校学生之间的互动情况亦稍差于本土留学生。

3) 与家人互动频繁

本土留学生与家人的互动比较频繁，仅有 15.1%的学生表示"很少"或"从不"与家人沟通生活和学习问题，本土留学生与普通高校学生在与家人互动层面没有明显的差别。图 5-4 是关于选择动机的调查结果，从图中数据可知，11.0%的学生因为本土留学相对于出国留学，更易于和家人及朋友在一起，从而选择本土留学这种新型的教育方式。

3. 学习体验的丰富程度

问卷的第 7 题从社团活动、技能证书、竞赛活动等维度分析本土留学生在校获取学习体验的情况。从图 5-5 的调查结果可知，本土留学生在学校的学

第五章 大学层面本土留学个人收益与风险的现状调查

图 5-4 本土留学生选择动机调查结果

习体验比较丰富,70%以上的学生参加过或计划参加实习实践、志愿服务、社团活动、技能证书考试等;60%以上的学生参加过或计划参加学术研究、语言学习;近一半的学生参加过或计划参加竞赛活动。表 5-38 揭示了不同类型学生学习体验丰富程度的差异,从表中数据可知,三类学生除在技能证书维度存在显著差异外,在实习实践、竞赛活动等维度不存在显著性差异。

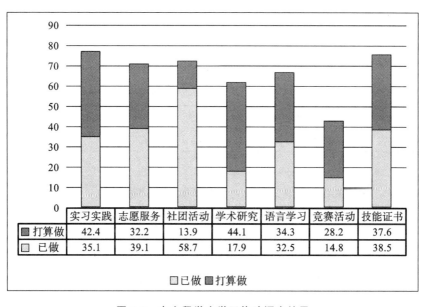

图 5-5 本土留学生学习体验调查结果

表 5-38　不同类型学生学习体验丰富程度的差异表

分　类		均值	标准差	F 值	Sig.
实习实践	Ⅰ类本土留学生	69.928	29.0498	4.471	.012
	Ⅱ类本土留学生	59.7078	32.401		
	普通高校学生	70.048	33.404		
志愿服务	Ⅰ类本土留学生	67.029	33.476	.718	.488
	Ⅱ类本土留学生	62.271	34.501		
	普通高校学生	65.701	38.571		
社团活动	Ⅰ类本土留学生	72.476	38.344	.313	.732
	Ⅱ类本土留学生	69.630	36.598		
	普通高校学生	73.463	39.608		
学术研究	Ⅰ类本土留学生	54.618	30.1298	2.322	.099
	Ⅱ类本土留学生	61.905	30.458		
	普通高校学生	57.810	35.098		
语言学习	Ⅰ类本土留学生	62.382	34.104	2.577	.077
	Ⅱ类本土留学生	57.407	36.043		
	普通高校学生	56.149	35.953		
竞赛活动	Ⅰ类本土留学生	44.420	34.444	.251	.778
	Ⅱ类本土留学生	42.857	29.932		
	普通高校学生	45.793	35.170		
技能证书	Ⅰ类本土留学生	71.490	30.755	13.000	.000
	Ⅱ类本土留学生	54.579	29.613		
	普通高校学生	63.285	34.671		

注：本课题设置"已做""打算做""不打算做""还没决定"四个维度，采用百分制计分，"已做"为100分，"打算做"为75分，其余以此类推。本表中的"均值"项即由此计算得来。

4. 学校满意度

问卷的第10题分析学生个人对本土留学学习与生活现状的满意度评估情况，评估量度从"非常不满意"到"非常满意"，共设5点，采用百分制计分。

（1）本土留学生对校园生活较满意，对教学现状存异议。

表5-39反映了本土留学生满意度评估的平均值，从表中数据可知：本土留学生在居住环境、文化适应、人际关系三方面持较为满意的态度，平均分分

第五章 大学层面本土留学个人收益与风险的现状调查

别为63.33、67.70、68.19。但是,本土留学生对本土留学机构的教学与学习现状则评价不一:本土留学生对所在学校的外语教学、外籍教师、教学设施及学业指导等方面比较满意,尤其对本土留学机构提供的教学设施满意度最高,平均分为70.75;但本土留学生对学校使用的原版教材、课程安排和授予的外方文凭不太满意,三个维度满意度的平均值均不足60分,分别为58.09、58.77、59.74。

表5-39 本土留学生满意度平均值

维度类别		教材	教学	教师	设施	指导	课程	文凭	环境	文化	人际
学生类别	Ⅰ类	57.10	61.90	66.43	71.15	60.60	57.45	58.56	64.04	67.47	67.90
	Ⅱ类	63.22	63.48	69.72	67.50	66.67	64.44	64.66	59.72	68.06	69.44
性别	男	58.64	62.20	66.46	70.22	61.23	57.93	61.16	62.96	66.70	67.61
	女	57.63	62.46	67.80	71.19	62.24	59.47	58.51	63.64	68.54	68.69
专业	理科	58.89	63.89	68.33	75.57	62.78	58.33	58.52	64.44	65.00	69.44
	工科	61.56	63.82	69.41	70.96	64.91	61.80	64.81	63.98	68.79	69.41
	经管类	56.20	61.22	65.85	71.24	61.02	58.85	58.23	63.92	67.76	68.03
	人文社科	56.67	59.17	60.34	69.17	57.50	58.33	60.71	62.50	61.67	64.17
	语言学	56.25	64.84	69.53	64.84	57.81	52.34	54.03	60.16	67.97	66.41
	其他	57.14	61.61	68.75	66.07	58.04	49.11	50.93	57.14	71.43	66.96
年级	一年级	63.00	66.75	73.00	75.25	68.25	67.42	67.11	63.00	70.25	69.25
	二年级	59.68	64.51	69.11	75.00	63.79	60.34	63.74	65.95	68.39	67.67
	三年级	54.49	58.25	63.53	66.11	58.76	53.50	53.78	60.38	66.28	67.53
	四年级	57.19	61.99	64.38	66.78	56.16	57.19	55.71	65.41	66.32	69.79
家庭所在地	农村	51.42	57.18	64.20	65.80	58.33	53.13	50.00	63.35	67.33	68.10
	城镇	58.93	64.29	62.50	65.18	60.71	55.56	50.96	62.50	67.86	68.75
	县城	54.25	55.75	63.25	66.50	59.00	52.53	52.39	58.25	64.75	65.50
	城市	61.00	65.57	69.62	73.85	63.65	62.46	65.17	64.95	68.69	69.00
家庭经济水平	远低于	48.61	45.83	48.61	56.94	44.44	45.83	43.06	56.94	58.33	59.72
	低于	48.03	50.66	55.41	56.58	51.35	46.71	46.53	52.63	55.26	56.76
	平均水平	57.72	63.06	67.68	70.70	62.35	59.40	60.09	63.98	68.84	69.58
	高于	62.32	65.63	71.51	75.92	64.71	61.58	63.53	65.07	69.12	68.57
	远高于	66.67	69.44	69.44	77.78	75.00	72.22	75.00	69.44	72.22	72.22
总计		58.09	62.34	67.19	70.75	61.78	58.77	59.74	63.33	67.70	68.19

本土留学生对教学与学习现状存异议,我们认为主要有以下几方面原因:全部或部分采用原版外文教材是本土留学机构的一大特色,通过与个别学生的进一步访谈,我们得知原版教材有大量专业词汇,对英文水平要求较高,学生学习专业知识的挑战度大,因此部分学生对原版教材持怀疑态度。外籍教师队伍是本土留学机构的又一特色,但外籍教师队伍的参差不齐及流动性增加了本土留学机构课程安排的难度,出现了课程设置不够全面和深入的问题。本土留学机构可以授予国外文凭是其宣传招生的一大噱头,但是国内外就业单位或者高校对其认可度并不高,直接影响了学生的就业或升学,所以本土留学生对国外文凭满意度较低。

(2) 不同类型学生满意度存显著差异,本土留学生满意度较高。

经百分制转换后,满意度各维度的取值虽为连续性变量,但其只有0、25、50、75、100这五种取值方式,因此本课题使用秩和检验对不同类型学生满意度的差异进行分析,结果如表5-40所示。从表中数据可以看到:不同类型学生对教学、教师、教学设施、学业指导、课程安排、文凭、文化适应、人际关系、居住环境九个维度的满意度存在显著差异,普通高校学生在上述九个维度的平均值较低,而Ⅰ类本土留学生和Ⅱ类本土留学生得分较高,表明本土留学生对校园学习生活的满意度相对较高。本土留学生和普通高校学生对文凭的满意度均不高,不存在显著差异,这主要是与当下就业或升学竞争中,个人综合素质能力占据主导地位,文凭的信号作用在逐渐降低相关。

表5-40 不同类型学生满意度秩和检验结果

满意度维度	学生类别	秩均值	卡方	Asymp. Sig.
教学	Ⅰ类本土留学生	420.59	105.065	.000
	Ⅱ类本土留学生	438.77		
	普通高校学生	252.59		
教师	Ⅰ类本土留学生	402.95	52.207	.000
	Ⅱ类本土留学生	435.53		
	普通高校学生	290.46		
设施	Ⅰ类本土留学生	416.64	59.478	.000
	Ⅱ类本土留学生	386.11		
	普通高校学生	284.10		

第五章 大学层面本土留学个人收益与风险的现状调查

续表

满意度维度	学生类别	秩均值	卡方	Asymp. Sig.
指导	Ⅰ类本土留学生	391.56	34.956	.000
	Ⅱ类本土留学生	445.91		
	普通高校学生	311.10		
课程	Ⅰ类本土留学生	390.51	37.803	.000
	Ⅱ类本土留学生	450.36		
	普通高校学生	307.97		
文凭	Ⅰ类本土留学生	358.48	5.246	.073
	Ⅱ类本土留学生	411.36		
	普通高校学生	364.62		
环境	Ⅰ类本土留学生	398.70	13.653	.001
	Ⅱ类本土留学生	359.98		
	普通高校学生	336.60		
文化	Ⅰ类本土留学生	399.18	31.187	.000
	Ⅱ类本土留学生	414.47		
	普通高校学生	310.14		
人际	Ⅰ类本土留学生	388.80	11.476	.003
	Ⅱ类本土留学生	402.75		
	普通高校学生	336.31		

（3）专业、学校、家庭等因素与本土留学生满意度相关。

学生个人对校园学习、生活的满意程度影响其学习积极性，从而影响学生个人教育收益的实现。为分析学生个人及家庭背景与本土留学满意度的相互关系，本课题计算了满意度各个维度与个人人口统计属性、家庭背景的斯皮尔曼相关系数，结果如表 5-41 所示：男、女本土留学生满意度均值差别不大，反映了本土留学生对学校的满意度与性别因素无关；本土留学机构的类型与学生对教材、课业指导、课程安排、外方文凭的满意度显著相关，其中Ⅱ类本土留学生满意度较高；学生专业与其对教学设施、课业指导、课程安排、外方文凭的满意度显著相关，其中理工科学生满意度较高；学生年级与其对外方教材、外语教学、外籍教师、教学设施、课业指导、课程安排、外方文凭的满意度显著相关,一年级学生满意度最高;学生家庭所在地与其对外方教材、外语教学、外籍教师、教学设施、课业指导、课程安排、外方文凭的满意度显著相关,且家庭在城市的学生满意度较高;学生家庭经济水平与学校满意度的每个维度指标均显著相关,家庭经济水平越高的学生满意度越高。

表 5-41 学生满意度与人口统计属性的斯皮尔曼相关系数矩阵

满意度维度	性别		学生类别		专业		年级		家庭所在地		经济水平	
	rho	Sig.	rho	Sig.	rho	Sig.	rho	Sig.	rho	Sig.	rho	Sig.
教材	−.023	.599	.101*	.019	−.062	.152	−.117**	.007	.156**	.000	.172**	.000
教学	.006	.893	.042	.325	−.026	.542	−.112**	.009	.139**	.001	.188**	.000
教师	.031	.470	.078	.071	−.028	.516	−.156**	.000	.112**	.009	.214**	.000
设施	.022	.611	−.041	.336	−.092*	.032	−.173**	.000	.153**	.000	.224**	.000
指导	.023	.585	.123**	.004	−.095*	.027	−.188**	.000	.096*	.026	.203**	.000
课程	.035	.423	.133**	.002	−.120*	.005	−.187**	.000	.170**	.000	.183**	.000
文凭	−.056	.200	.113**	.010	−.121**	.006	−.207**	.000	.263**	.000	.214**	.000
环境	.015	.733	−.067	.121	−.064	.135	−.020	.643	.039	.368	.111*	.010
文化	.045	.292	.028	.523	.017	.693	−.071	.098	.031	.466	.142**	.001
人际	.027	.534	.036	.406	−.051	.235	−.001	.990	.022	.614	.113**	.009

注:** 表示在 0.01 水平上显著相关,* 表示在 0.05 水平上显著相关。

第五章　大学层面本土留学个人收益与风险的现状调查

5. 学校支持度

从图 5-6 中的数据可知,本土留学生在评价所在学校对其顺利就业或升学是否有帮助时,66.79% 的本土留学生选择"比较有帮助"或"非常有帮助",并有近 50%(48.72%)的学生愿意把所在学校推荐给他人就读,仅有不足 4% 的学生认为所在学校对自己的升学或就业没有多少帮助,不足 8% 的学生认为自己不会再选择且不推荐所在学校。表 5-42 和表 5-43 揭示了不同类型学生在学校忠诚度方面的表现和差异(经卡方检验差异显著),从表中数据可知,普通高校学生和 I 类本土留学生在学校的支持度和忠诚度方面差异不大,而 II 类本土留学生表现出比较强的校园支持度和忠诚度,83.5% 的 II 类本土留学生认为所在学校对自己"非常有帮助"或"比较有帮助",80.0% 的 II 类本土留学生会再次选择所在学校。

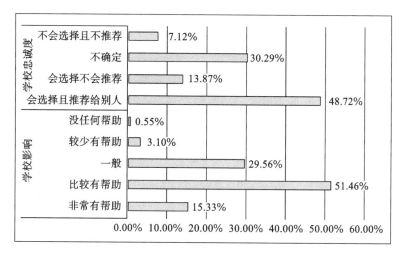

图 5-6　本土留学生忠诚度调查结果

表 5-42　不同类型学生忠诚度调查结果

分　类		学 生 类 别		
		I 类本土留学生	II 类本土留学生	普通高校学生
学校影响	非常有帮助	11.9%	33.0%	19.3%
	比较有帮助	51.6%	50.5%	44.4%
	一般	33.0%	12.1%	28.5%
	较少有帮助	2.8%	4.4%	5.9%
	没任何帮助	0.7%	0.0%	1.9%

续表

分 类		学生类别		
		Ⅰ类本土留学生	Ⅱ类本土留学生	普通高校学生
学校忠诚度	会选择且推荐给他人	47.0%	56.7%	42.2%
	会选择不会推荐	12.1%	23.3%	12.1%
	不确定	33.1%	16.7%	33.5%
	不会选择且不推荐	7.8%	3.3%	12.2%

表 5-43　不同类型学生忠诚度卡方检验结果

分 类	Pearson 卡方	df	Asymp. Sig.
学校影响	41.626	8	.000
学校忠诚度	23.505	6	.001

（二）预期经济收益

从表 5-44 可知，本土留学生的毕业意向主要为升学，60.7％的Ⅰ类本土留学生和 90％的Ⅱ类本土留学生选择继续深造，其中 42.2％的Ⅰ类本土留学生和 72.2％的Ⅱ类本土留学生选择出国深造。依据目前的就业形势，本土留学生在对毕业后的初始薪酬水平进行评估时，对预期收入的预测处于中等水平，37.45％的学生预估月薪为 3001 元～5000 元，30.23％的学生预估月薪为 5001 元～8000 元（图 5-7）。从表 5-45 可知，Ⅰ类本土留学生和Ⅱ类本土留学生的预期收入差别较大，Ⅱ类本土留学生的预期收入较高，36.0％的Ⅱ类本土留学生预估初始月薪为 5001 元～8000 元，近一半（48.8％）的Ⅱ类本土留学生认为毕业后月工资会超过 8000 元；而Ⅰ类本土留学生对预期收入持不乐观态度，18.0％的学生甚至认为毕业后月工资不足 3000 元。

表 5-44　不同类型学生毕业意向

毕业意向	学生类别		
	Ⅰ类本土留学生	Ⅱ类本土留学生	普通高校学生
出国继续深造	42.2%	72.2%	15.1%
国内继续深造	18.5%	17.8%	41.0%
国内就业	38.0%	10.0%	42.9%
国外就业	1.3%	0.0%	1.0%

第五章 大学层面本土留学个人收益与风险的现状调查

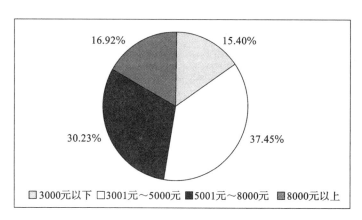

图 5-7 本土留学生预期收入调查结果

表 5-45 不同人口属性学生预期收入

分 类		预期收入（单位:元/月）			
		3000 以下	3001～5000	5001～8000	8000 以上
学生类别	Ⅰ类本土留学生	18.0%	42.4%	28.8%	10.8%
	Ⅱ类本土留学生	2.4%	12.8%	36.0%	48.8%
	普通高校学生	6.8%	40.0%	32.2%	21.0%
性别	男	12.2%	29.0%	31.5%	27.3%
	女	18.1%	44.4%	29.2%	8.3%
专业	理科	9.5%	31.0%	21.4%	38.1%
	工科	3.3%	19.5%	43.0%	34.2%
	经管类	20.8%	45.9%	27.6%	5.7%
	人文社科	17.3%	62.1%	10.3%	10.3%
	语言学	18.7%	50.0%	21.9%	9.4%
	其他	35.7%	28.6%	28.6%	7.1%
年级	一年级	6.5%	38.0%	27.2%	28.3%
	二年级	6.6%	28.5%	49.1%	15.8%
	三年级	24.7%	46.0%	18.2%	11.1%
	四年级	21.2%	33.8%	23.9%	21.1%
家庭所在地	农村	28.9%	42.3%	24.4%	4.4%
	城镇	10.4%	58.6%	17.2%	13.8%
	县城	21.4%	41.8%	23.5%	13.3%
	城市	10.0%	32.7%	35.3%	22.0%

续表

分类		预期收入（单位：元/月）			
		3000以下	3001~5000	5001~8000	8000以上
家庭经济水平	远低于平均水平	33.3%	27.8%	22.2%	16.7%
	低于平均水平	35.9%	43.6%	17.9%	2.6%
	平均水平	15.6%	43.6%	26.7%	14.1%
	高于平均水平	6.8%	23.7%	43.5%	26.0%
	远高于平均水平	11.1%	0.0%	33.3%	55.6%

（三）教育收益自评结果

本土留学生教育收益自评调查涉及问卷的第9、12、13、14、15、16题，其中第16题为开放式问题，其余各题均为单项选择题。

1. 本土留学生教育收益得分较高，优于普通高校学生

本土留学生需从专业素养、组织能力、合作能力、外语水平、学术水平、跨文化交流能力、人际交往能力、就业能力等方面对个人现状进行评估并打分，结果如图5-8所示，超过50%的本土留学生认为自身专业素养、合作能力、外语水平和人际交往能力得到较大或极大程度的提高。同样由于取值范围的问题，本课题采用秩和检验进一步比较本土留学生与普通高校学生教育收益自评的差别，结果如表5-46所示：不同类型学生在专业素养、组织能力、合作能力、外语水平、学术水平、跨文化交流能力、人际交往能力、就业能力八个维度均差异显著，结合表5-47中的数据可知，普通高校学生在教育收益自评的八个维度的得分均比较低，而Ⅱ类本土留学生得分最高。

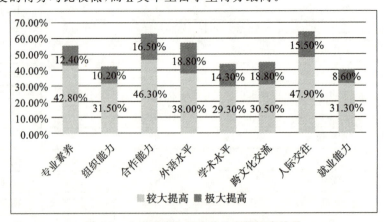

图5-8 本土留学生教育收益自评调查结果

第五章　大学层面本土留学个人收益与风险的现状调查

表 5-46　不同类型学生教育收益自评秩和检验结果

分类	学生类别	秩均值	卡方	Asymp. Sig
专业素养	Ⅰ类本土留学生	379.22	23.353	.000
	Ⅱ类本土留学生	469.23		
	普通高校学生	344.35		
组织能力	Ⅰ类本土留学生	386.32	8.825	.012
	Ⅱ类本土留学生	422.24		
	普通高校学生	349.15		
合作能力	Ⅰ类本土留学生	385.42	25.629	.000
	Ⅱ类本土留学生	457.03		
	普通高校学生	330.19		
外语水平	Ⅰ类本土留学生	412.26	112.509	.000
	Ⅱ类本土留学生	495.31		
	普通高校学生	255.04		
学术水平	Ⅰ类本土留学生	392.94	75.050	.000
	Ⅱ类本土留学生	513.49		
	普通高校学生	290.73		
跨文化交流	Ⅰ类本土留学生	385.97	56.384	.000
	Ⅱ类本土留学生	500.33		
	普通高校学生	304.60		
人际交往	Ⅰ类本土留学生	396.63	23.699	.000
	Ⅱ类本土留学生	420.12		
	普通高校学生	321.46		
就业能力	Ⅰ类本土留学生	364.99	7.367	.025
	Ⅱ类本土留学生	427.92		
	普通高校学生	383.28		

表 5-47　不同人口属性学生教育收益自评平均值

分类		专业素养	组织能力	合作能力	外语水平	学术水平	跨文化交流	人际交往	就业能力
性别	男	65.40	60.20	69.25	69.18	60.84	60.44	68.30	56.55
	女	63.80	56.77	67.56	63.38	53.78	54.98	67.76	58.45

续表

分类		专业素养	组织能力	合作能力	外语水平	学术水平	跨文化交流	人际交往	就业能力
学生类别	Ⅰ类本土留学生	62.83	57.47	67.01	64.26	54.18	54.85	67.50	56.33
	Ⅱ类本土留学生	71.98	62.09	74.18	74.18	70.60	70.28	70.05	63.89
	普通高校学生	58.94	52.90	61.04	45.39	40.46	43.78	59.10	57.89
专业	理科	61.11	58.89	67.78	67.22	58.89	53.89	65.00	52.22
	工科	70.86	63.50	75.46	74.23	70.25	68.83	69.94	59.32
	经管类	62.04	55.87	64.43	61.18	50.31	51.84	67.71	58.13
	人文社科	63.28	53.91	66.13	68.75	56.25	57.81	66.67	54.17
	语言学	58.59	57.81	70.31	68.75	49.22	57.81	69.53	61.72
	其他	63.79	55.17	62.93	53.45	45.69	46.55	64.66	50.86
年级	一年级	64.60	59.16	72.03	69.80	61.39	62.25	68.50	59.34
	二年级	67.76	62.22	72.16	72.73	66.90	65.14	70.29	57.47
	三年级	60.61	54.42	63.07	56.60	46.83	47.59	65.40	56.94
	四年级	67.12	58.22	68.06	70.21	55.21	60.07	68.84	57.29
家庭所在地	农村	57.58	53.09	64.77	56.18	41.85	44.89	67.42	58.99
	城镇	63.79	61.21	68.10	62.07	58.62	59.48	68.97	60.34
	县城	61.88	52.48	64.36	60.75	48.27	47.77	65.84	52.75
	城市	67.27	61.29	70.52	70.61	63.64	63.69	68.75	58.44
家庭经济水平	远低于平均水平	58.33	54.17	61.11	57.35	47.22	54.17	69.44	62.50
	低于平均水平	55.92	53.29	57.43	52.63	36.84	40.13	60.53	49.34
	平均水平	63.34	57.36	67.98	64.58	54.33	55.96	67.84	57.21
	高于平均水平	70.47	62.50	72.64	74.09	69.57	65.88	70.26	59.56
	远高于平均水平	69.44	63.89	75.00	72.22	75.00	72.22	69.44	66.67
总计		64.56	58.38	68.34	66.06	57.08	57.56	68.01	57.58

2. 不同人口属性影响教育收益

表 5-45 和表 5-47 分别揭示了不同人口属性学生的预期经济收益和教育收益自评（非经济收益）情况。为进一步探讨教育收益与学生个人特质、家庭背景的关系，本课题采用卡方检验等方法对调研数据进行分析，结果如表 5-48 和表 5-49 所示，结论如下：第一，在教育收益自评（非经济收益）层面，不同人

第五章 大学层面本土留学个人收益与风险的现状调查

口属性的学生差异显著,男生、工科学生、二年级学生、城市学生、家庭经济水平较高的学生非经济收益偏高,学生的专业、年级、家庭所在地、家庭经济水平与其专业素养、组织能力、合作能力、外语水平、学术水平、跨文化交流能力的提高与否有显著相关关系,其中外语水平与学生的专业、家庭所在地、家庭经济水平在 0.001 水平上显著相关,学术水平与学生的专业、年级、家庭所在地、家庭经济水平在 0.001 水平上显著相关,跨文化交流能力与学生的年级、家庭所在地、家庭经济水平在 0.001 水平上显著相关;第二,在预期经济收益层面,男生、理工科学生、低年级学生、城市学生、家庭经济水平较高的学生对毕业后初始薪酬预估较高,且经卡方检验差异显著,预期收入亦与学生的性别、专业、年级、家庭所在地、家庭经济水平呈显著相关水平;第三,相对于性别和年级因素,不同家庭背景学生的非经济收益差别更大。

表 5-48 教育收益自评与人口属性卡方检验及相关性结果

分类		专业素养	组织能力	合作能力	外语水平	学术水平	跨文化交流	人际交往	就业能力
性别	χ^2	1.298	2.730	1.030	9.285	9.164**	6.161*	.002	.550
	rho	.038	.073	.042	.124**	.126**	.100*	.013	.042
专业	χ^2	24.651***	12.549**	33.027***	41.930***	59.024***	44.019***	4.094	6.716
	rho	.089*	.090*	.117**	.152***	.214***	.139**	.021	.015
年级	χ^2	15.825**	10.182*	23.524***	60.462***	56.035***	47.968***	6.756	1.013
	rho	.037	.073	.139**	.136**	.192***	.150***	.042	.030
家庭所在地	χ^2	18.463***	14.852**	11.061**	36.948***	56.607***	47.056***	.848	4.987
	rho	.167***	.128**	.109**	.236***	.283***	.253***	.025	.004
家庭经济水平	χ^2	22.287***	6.201	20.808***	37.124***	58.046***	31.636***	7.559	8.333
	rho	.179***	.113**	.177***	.227***	.295***	.209***	.072	.065

注:*** 表示在 0.001 水平上显著相关,** 表示在 0.01 水平上显著相关,* 表示在 0.05 水平上显著相关。

表 5-49 预期收入与人口属性卡方检验及相关性结果

	性别		专业		年级		家庭所在地		家庭经济水平	
	χ^2	rho	χ^2	rho	χ^2	rho	χ^2	rho	χ^2	rho
预期收入	39.199***	.239**	125.422***	.387**	75.213	.227***	46.247***	.271**	66.528***	.308**

注:** 表示在 0.01 水平上显著相关,*** 表示在 0.001 水平上显著相关。

三、本土留学生教育风险

问卷调查针对本土留学生在校的教育风险部分,主要从师资短缺、中外课程衔接、双语教学、国外课程与教材、文化冲突、就业困难、高成本风险七个维度进行分析,涉及问卷的第 11 题,主要利用五点量表对以上七个维度进行评估。

1. 高成本、就业困难、中外课程衔接是本土留学生的三大风险

本课题采用描述统计的方法对本土留学生教育风险进行统计,结果如表 5-50 所示,通过表中数据可知:第一,本土留学教育风险发生可能性最高的三位分别是高成本风险、就业困难风险、中外课程衔接缺乏连贯性的风险,分别有 40.2%、33.0%、31.7% 的学生认为以上三种风险经常或很可能发生;第二,分别有 27.0%、26.8% 的学生认为师资短缺、国外课程与教材适用性不强的风险经常或很可能发生,因此它们也是本土留学生面临的主要风险;第三,本土留学生因文化差异等因素带来的人际关系冲突风险发生可能性较小,58.7% 的学生认为文化冲突风险很少或不可能发生。

表 5-50 本土留学生教育风险统计结果

	经常	很可能	偶然	很少	不可能
师资短缺	6.1%	20.9%	25.3%	30.9%	16.8%
中外课程衔接	5.2%	26.5%	27.6%	29.8%	10.9%
双语教学	3.9%	19.7%	29.7%	31.7%	15.0%
国外课程/教材	4.4%	22.4%	28.9%	33.4%	10.9%
文化冲突	2.1%	12.7%	26.5%	42.4%	16.3%

第五章　大学层面本土留学个人收益与风险的现状调查

续表

	经常	很可能	偶然	很少	不可能
就业困难	5.0%	28.0%	28.7%	27.6%	10.7%
高成本风险	12.8%	27.4%	27.1%	22.7%	10.0%

我们认为,三大风险产生的原因主要是:针对就业风险,就业困难是目前大学生需面对的挑战,本土留学生亦无例外;针对高成本风险,本课题对教育成本的调查结果部分已揭示了本土留学机构中学生个人承担的教育成本比例较大,高额的教育成本投入能否获得等值的教育收益,成为本土留学生投资本土留学教育的最大风险;针对中外课程衔接连贯性风险,本土留学机构对国外教材、课程体系的直接引进,在中外课程设置方面如何保持连贯性与一致性,如何保证外籍教师的数量与质量,学生能否适应国外的教育模式,直接影响个人教育收益的实现。

2. 不同类型本土留学教育风险差异显著,Ⅰ类本土留学生教育风险较高

为区别不同类型本土留学生教育风险的差异,本课题利用曼-惠特尼秩和检验(Mann-Whitney U)方法对调研数据进行分析,结果如图 5-9、表 5-51 所示:Ⅰ类本土留学和Ⅱ类本土留学的教育风险在双语教学、国外课程与教材、文化冲突、就业困难、高成本五个指标上差异显著,且两种类型的本土留学的就业困难风险在 0.001 水平上差异显著。上述五种风险在Ⅰ类本土留学机构

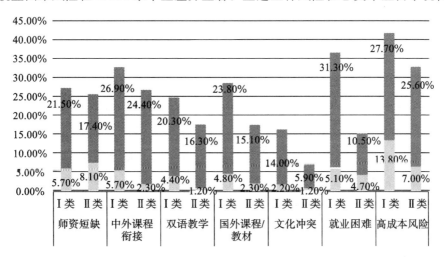

图 5-9　不同类型本土留学教育风险差异图

经常或很可能发生的概率比Ⅱ类本土留学机构高 10.0% 以上,并且在就业风险层面,两者相差 20% 以上。我们认为出现这种情况的原因是:Ⅰ类本土留学的法人机构作为一个独立的机构,其相对独立的校园、招生、教学、管理等,一方面增加了其教学改革的自由性与创新性,但另一方面因没有母体学校优势教育资源与管理经验的共享,增加了其招生、教学、管理等的风险,从而影响学生个人教育收益的实现程度,也增加了教育风险发生的可能性。

表 5-51 不同类型本土留学教育风险检验结果

		经常	很可能	偶然	很少	不可能	Mann-Whitney U	Z
师资短缺	Ⅰ类本土留学	5.8%	21.5%	23.7%	32.7%	16.3%	19001.00	-.438
	Ⅱ类本土留学	8.2%	17.4%	33.7%	20.9%	19.8%		
中外课程衔接	Ⅰ类本土留学	5.7%	26.9%	28.2%	29.1%	10.1%	17218.00	-1.798
	Ⅱ类本土留学	2.4%	24.4%	24.4%	33.7%	15.1%		
双语教学	Ⅰ类本土留学	4.4%	20.3%	30.9%	31.6%	12.8%	15574.00	-3.057**
	Ⅱ类本土留学	1.1%	16.3%	23.3%	32.6%	26.7%		
国外课程/教材	Ⅰ类本土留学	4.8%	23.8%	29.3%	33.3%	8.8%	15452.00	-3.188**
	Ⅱ类本土留学	2.4%	15.1%	26.7%	33.7%	22.1%		
文化冲突	Ⅰ类本土留学	2.2%	14.0%	26.7%	42.7%	14.4%	15811.50	-2.674**
	Ⅱ类本土留学	1.1%	5.9%	25.9%	41.2%	25.9%		
就业困难	Ⅰ类本土留学	5.1%	31.2%	30.4%	25.8%	7.5%	12118.00	-5.780***
	Ⅱ类本土留学	4.6%	10.5%	19.8%	37.2%	27.9%		
高成本风险	Ⅰ类本土留学	13.9%	27.7%	27.7%	22.6%	8.1%	16126.50	-2.661**
	Ⅱ类本土留学	7.0%	25.5%	24.4%	23.3%	19.8%		

注:** 表示在 0.01 水平上显著相关,*** 表示在 0.001 水平上显著相关。

3. 个人特质、专业种类、家庭背景等因素影响本土留学教育风险

经非参数检验及相关分析,结果如表 5-52 所示,本土留学生的个人特质、专业及家庭背景因素与留学教育风险呈现显著相关关系:第一,就业困难风险与学生的性别、专业、年级、家庭所在地与家庭经济水平均呈显著相关关系,其中就业困难风险与学生的家庭经济水平在 0.001 水平上显著相关;第二,本土留学高成本风险与学生的家庭所在地及家庭经济水平呈显著相关关系,其中家庭所在地与高成本风险在 0.001 水平上显著相关;第三,因双语教学带来的风险与学生的家庭所在地及家庭经济水平在 0.01 水平上显著相关。

第五章 大学层面本土留学个人收益与风险的现状调查

表 5-52　不同人口属性学生教育风险秩和检验及相关性结果

		师资短缺风险	课程衔接风险	双语教学风险	教材适用风险	文化冲突风险	就业困难风险	高成本风险
性别	χ²	.194	.045	.018	.530	1.099	8.615**	5.451*
	rho	.019	.009	.006	.031	.045	.123**	.100
专业	χ²	3.880	1.571	9.187	10.526	9.874	18.895**	10.097
	rho	.074	.000	.050	.064	.057	.142**	.095**
年级	χ²	21.752***	16.211**	3.310	5.703	2.708	16.220**	5.919
	rho	.090	.134**	.078	.094	.023	.124**	.086*
家庭所在地	χ²	4.844	3.621	17.270**	.627	2.580	12.421*	19.065***
	rho	.002	.034	.146**	.024	.069	.139**	.186***
家庭经济水平	χ²	6.831	5.726	14.897	6.653	8.858	21.347***	17.046***
	rho	.018	.038	.156**	.092*	.109**	.175***	.154***

注：*** 表示在 0.001 水平上显著相关，** 表示在 0.01 水平上显著相关，* 表示在 0.05 水平上显著相关。

图 5-10 至图 5-14 详细揭示了教育风险与不同人口属性学生的关系：第一，在性别层面，本土留学女生的风险系数相对男生偏大，39.4%的女生认为就业困难风险较高，43.5%的女生认为高成本风险较高，而男生的对应比例仅为 25.1%、36.0%。第二，在专业层面，工科学生的风险系数相对较小，仅 23.3%的工科学生认为就业困难风险较高，其他专业学生认为就业困难风险较高的比例大多在 35%左右。第三，在年级层面，一年级学生在评定本土留学教育风险时态度比较乐观，高年级学生风险意识更强，仅 14.29%的一年级学生认为师资短缺风险会经常发生，而二年级学生的对应比例高达 31.61%；仅 18.7%的一年级学生认为课程衔接风险会经常发生，而四年级学生的对应比例高达 37.5%。第四，在家庭所在地层面，城市家庭学生教育风险较小，在高成本风险、就业困难风险、双语教学风险方面，农村家庭学生的风险意识都比城市家庭学生高得多。第五，在家庭经济水平层面，家庭经济水平较高的学生，认为本土留学教育风险发生的概率较低，反之则较高。

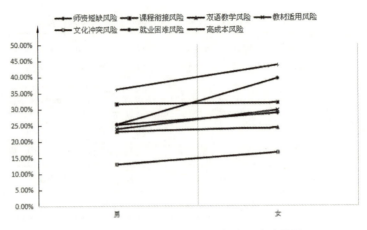

图 5-10 不同性别本土留学生教育风险差异图

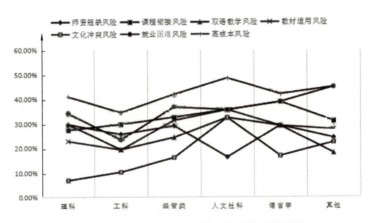

图 5-11 不同专业本土留学生教育风险差异图

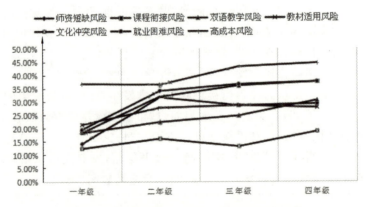

图 5-12 不同年级本土留学生教育风险差异图

第五章 大学层面本土留学个人收益与风险的现状调查

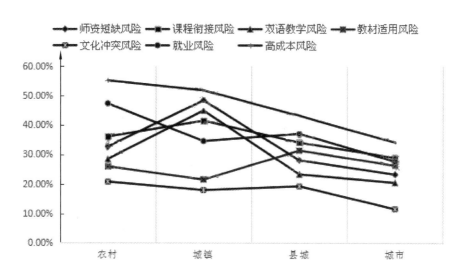

图 5-13　不同家庭所在地本土留学生教育风险差异图

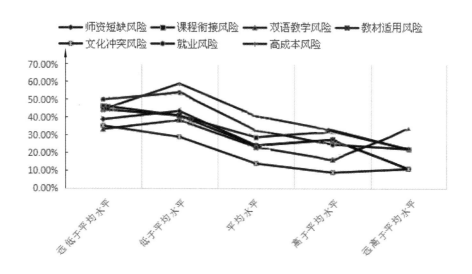

图 5-14　不同家庭经济水平本土留学生教育风险差异图

第三节　主要结论

本部分在借鉴国内外相关研究的基础上,并结合第二章和第三章中对个人教育收益及风险形成机理及影响因素的分析,构建了本土留学个人收益与风险的指标体系,并据此编制了调查本土留学生个人收益与风险的初步问卷,经过预测和专家评估后,对调查问卷的题目进行筛选和修改,进行信度和效度的检验,直到问卷具有良好的信度和效度,最终编制出了调查本土留学生个人收益与风险的正式问卷。

本部分将样本聚焦于本土留学教育和普通高等教育的在校大学生,以本土留学生为实验组,普通高校学生为对照组,利用编制的"本土留学生个人收益与风险调查问卷"和"普通高校学生个人收益与风险调查问卷"展开调查研究,同时对部分师生进行了访谈研究。对问卷调查所得数据,本课题运用SPSS21.0统计软件进行描述统计、相关分析及方差分析等。通过对问卷调查结果的统计与分析,主要得到以下几个结论。

一、本土留学生承担成本比例过高;不同类型本土留学个人成本具有差异性

本土留学生个人成本包括直接成本和间接成本两部分,直接成本过高是造成本土留学个人承担成本过高的主要原因。本土留学个人直接成本可细分为教育性成本和(额外)生活性成本两类,据调查结果显示,接受本土留学教育(4年制),个人需承担的直接成本约为27万元,其中教育性成本约为20万元,(额外)生活性成本约为7万元;本土留学生个人直接成本远远超过普通高校学生的直接成本(约为7万元)。

不同类型、年级的本土留学个人直接成本具有差异性:从不同类型的本土留学教育看,Ⅰ类本土留学生承担的直接成本约为28万元,其中教育性成本约为20万元,(额外)生活性成本约为8万元,而Ⅱ类本土留学生对应的成本数据约为22万元、15万元、7万元,可见教育性成本差异是造成两类本土留学教育个人成本产生差距的主要原因;从不同年级看,个人直接成本随着年级增加呈不断降低趋势,一年级的个人直接成本最高,约为8万元。

二、本土留学生学业挑战度偏高;学生对教学现状存有不满

从阅读量、写作量、学生需努力的程度、课外时间安排等维度分析本土留学生的学业挑战度,结果显示Ⅱ类本土留学的学业挑战度最高,Ⅰ类本土留学其次,普通高校最低。偏重阅读外语教材或参考书、重视外文论文及报告写作是造成本土留学学业挑战度偏高的主要原因。

本土留学生在学校的学习体验比较丰富,也可以与同学、家人维持良好的

第五章 大学层面本土留学个人收益与风险的现状调查

互动沟通,因此本土留学生对校园生活的满意度较高。相对较高的生活满意度,本土留学生在原版教材、课程设置及外方文凭三个维度的满意度平均分却不足60分,表明其对学校的教学现状存有不满。

三、本土留学生非经济收益优于普通高校学生

本土留学生从专业素养、组织能力、合作能力、外语水平、学术水平、跨文化交流能力、人际交往能力、就业能力等维度对自身的非经济收益进行了评价判断。超过50%的本土留学生认为通过接受本土留学教育,个人的专业素养、合作能力、外语水平和人际交往能力得到较大或极大提高。本课题采用秩和检验进一步比较了本土留学生与普通高校学生非经济收益的差别,结果显示不同类别学生在专业素养、组织能力、合作能力、外语水平、学术水平、跨文化交流能力、人际交往能力、就业能力八个维度均存在显著差异,普通高校学生在八个维度的得分偏低,Ⅱ类本土留学生得分最高。

四、本土留学生预期经济收益处于中等水平

本土留学生在校生的毕业意向主要为升学,超过60%的学生选择继续深造。在对毕业后的初始月收入水平进行预估时,37.45%的学生预估为3001元~5000元,30.23%的学生预估为5001元~8000元,预期收入处于中等水平。

五、个人特质、专业种类、家庭背景等因素影响本土留学个人收益

本课题采用卡方检验等方法对本土留学个人收益的影响因素进行统计分析,结果表明:①不同性别学生的个人收益具有差异性。无论在非经济收益层面,还是在经济收益层面,性别因素与个人收益显著相关,且男生的非经济收益得分及预期经济收入水平高于女生。②不同专业学生的个人收益具有差异性。专业因素与个人收益具有显著相关关系,理工科本土留学生的个人收益优于其他专业学生。③不同家庭背景学生的个人收益具有差异性。本课题从家庭所在地、家庭经济水平两个维度分析家庭背景对个人收益的影响,结果显示家庭资本与个人收益具有显著正相关关系,家庭经济条件越好,个人收益越高。④相比性别、专业等因素,家庭背景因素与非经济收益、预期收入的相关性更高,表明了家庭资本对本土留学个人收益的影响权重更高。

六、本土留学生个人风险种类具有多样性及差异性

本课题主要从师资短缺、中外课程衔接、双语教学、国外课程与教材、文化冲突、就业困难、高成本风险等维度对本土留学生在校生的个人风险进行调查,结果表明:①高成本风险、就业困难风险、中外课程衔接风险是本土留学生面临的三大主要风险。②不同类型本土留学生个人风险差异显著,Ⅰ类本土留学生个人风险较高。③个人特质、专业种类、家庭背景等因素影响本土留学个人风险。从不同性别看,男生风险系数较低;从不同专业看,工科学生风险系数相对较低;从不同家庭背景看,家庭条件较好的学生风险系数较低。

第六章 大学层面本土留学个人收益的计量与分析

从高等教育人力资本投资的角度看,本土留学的个人收益和个人风险,是衡量本土留学投资的两个重要指标,个人收益率及风险值是个人投资本土留学教育的重要参考,因此,本章将从经济学角度,重点探讨可以用货币衡量的本土留学个人收益。由于影响个人收益及风险的因素很多,很难完全剔除影响个人收益及风险的非教育因素,而运用目前已知的计量方法也很难对教育收益率和教育风险值进行精确的计量评估,因此本课题在前面的章节对本土留学个人收益及风险的分析过程中,选择的计量方法和评估模型以追求近似和便于应用为原则,力求对本土留学个人收益及风险进行有效评估,以便为相关学生及家长做出最优教育抉择,为相关政策的调整提供重要参考依据。

第一节 本土留学个人收益计量样本与数据说明

高等教育个人收益净值和个人收益率均反映高等教育的个人收益,高等教育个人收益净值即高等教育个人收益绝对值,指个人收益减去个人成本后的余额;高等教育个人收益率指高等教育个人收益相对值,比较常用的是内部收益率和明瑟收益率,内部收益率指教育收益的净现值等于零时的折现率,明瑟收益率指受教育者多受一年教育时增加的收入比例。如非特别指出,本章中的个人收益是对收益相对值的计量分析。

为更全面、更客观地揭示本土留学的个人收益,本课题采用传统的最小二乘法(OLS)和新近发展的倾向指数匹配法(PSM)对个人收益进行计量。其中,应用计量经济学方法,建立倾向指数模型是本课题重点探讨的个人收益模型,而传统明瑟收益模型主要起对比参考作用。由于篇幅所限,本课题对本土留学个人风险的计量方法与模型设计不作具体说明。

一、变量选取

本课题的自变量是个体接受高等教育的形式(1=本土留学教育;0=普通高等教育),因变量采用毕业生月收入水平,月收入指工资、奖金、业绩提成、现金福利补贴等所有月度现金收入,据以往文献研究显示,学校与个人工资水平的关系在前三年作用较大,对于工作三年以上的工作人员,工作经验等因素对其影响更大,因此本课题选取毕业生的初始月工资水平作为统计参数。

有专家指出倾向指数匹配法中的协变量应为处理之前就确定的变量,协变量不可以受到处理的影响[①],因此,在本课题的协变量选取中,协变量应为影响个人能否接受本土留学教育的变量,而非受到个人本土留学教育经历影响的变量(如工作地点、职业等)。根据以往国内外关于教育收益的研究经验,本课题纳入的协变量主要包括:①性别、是否为独生子女等人口属性。②所学专业。根据预调查中本土留学机构专业设置的情况,本课题将专业分为理科、工科、经管类、人文社科、语言学和其他专业六类。③家庭所在地。我国城镇和农村在教育资源、教育信息渠道等方面差异显著,考虑到不同家庭所在地的学生接触与选择本土留学教育的机会不同,本课题将家庭所在地设置为农村、乡镇、县城、城市四个大类。④家庭在当地的收入水平。本土留学教育成本偏高,家庭经济水平是受教育者能否接受本土留学教育的前提条件与保障,本课题将其作为衡量家庭资本的代理变量,共设置远低于平均水平、低于平均水平、平均水平、高于平均水平、远高于平均水平五个档次。由于协变量均为分类变量,在回归分析中需要进行虚拟变量处理,虚拟变量具体设置如表 6-1 所示。

表 6-1 本土留学个人收益变量说明

变量名称		变量说明
因变量	收入水平	平均月收入的对数
自变量	教育形式	若属本土留学教育取 1;属普通高等教育取 0
协变量	性别	若是男生取 1;是女生取 0
	独生子女与否	若是独生子女取 1;否则取 0
	专业(调查涉及六类,为避免奇异矩阵和多重共线性,设置 5 个虚拟变量)	
	理科	若属理科专业,取 1;否则取 0
	工科	若属工科专业,取 1;否则取 0
	经管类	若属经管类专业,取 1;否则取 0
	语言学	若属语言学专业,取 1;否则取 0

---

① IMBENS G W. Nonparametric Estimation of Average Treatment Effects Under Exogeneity: A Review[J]. The Review of Economics and Statistics, 2004, 86.

第六章　大学层面本土留学个人收益的计量与分析

续表

变量名称		变量说明
协变量	其他专业	若属其他专业,取1;否则取0
	人文社科专业	自然成虚拟变量最后一个值,编码形式为00000
	家庭所在地(调查涉及四类,同上原因,设置3个虚拟变量)	
	乡镇	若属乡镇,取1;否则取0
	县城	若属县城,取1;否则取0
	城市	若属城市,取1;否则取0
	农村	自然成虚拟变量最后一个值,编码形式为000
	家庭经济水平(调查涉及五类,同上原因,设置4个虚拟变量)	
	远低于平均水平	若属远低于平均水平,取1;否则取0
	低于平均水平	若属低于平均水平,取1;否则取0
	高于平均水平	若属高于平均水平,取1;否则取0
	远高于平均水平	若属远高于平均水平,取1;否则取0
	平均水平	自然成虚拟变量最后一个值,编码形式为0000

二、数据来源

本部分的数据主要来自:①本课题采用本土留学及普通高校毕业生问卷[①],对第四章中7所院校2014年毕业生及部分毕业三年内的校友进行调查,共收集到500份本土留学生答卷,650份普通高校毕业生答卷,在剔除不合理数据后,得到438份实验组有效问卷,577份对照组有效问卷。②X大学和N大学分别发布的《X大学2014届毕业生就业质量报告》《N大学2014届毕业生就业质量报告》。X大学就业指导办公室共发放问卷1484份,回收有效问卷827份;N大学就业指导办公室共发放问卷1106份,回收有效问卷1076份。③麦可思公司发布的《2014年中国大学生就业报告》。麦可思公司是相对权威的第三方教育评价与咨询机构,2014年,麦可思公司回收全国样本约26.8万份,共调查了814个专业,其中本科专业324个,调查覆盖了全国28个省、自治区和直辖市,其丰富的报告数据为本课题提供了重要参考。

---

① 因毕业生时间与精力有限,本课题在在校生收益及风险问卷的基础上进行了精简,以提高调查数据的质量。

第二节 本土留学个人收益结果与分析

本课题的基本结果描述及 OLS 回归分析计量部分使用 SPSS21.0 统计软件进行处理分析，倾向值匹配部分使用 Stata12.0 统计软件进行回归分析及匹配处理。

一、基本结果描述

本部分数据分析以《X 大学 2014 届毕业生就业质量报告》《N 大学 2014 届毕业生就业质量报告》《2014 年中国大学生就业报告》为基础。由于本土留学机构在招生模式、课程安排、教学模式等方面独具特点，因此本土留学生的毕业流向、就业数量、就业质量等方面与普通高校学生相比，表现出较大不同。

1. 本土留学生的毕业流向

本课题将毕业状况简化为就业、升学、创业、待定四大类，其中将升学细分为国内升学和国外升学。

根据 X 大学和 N 大学就业指导办公室的调查数据，结果如表 6-2 所示：本土留学生选择国内升学的人数有 2 人，占调查总数的 0.11%；选择国外升学的人数有 1479 人，占调查总数的 77.72%；选择就业的人数有 340 人，占调查总数的 17.87%；选择自主创业的人数有 22 人，占调查总数的 1.15%；另有 3.15% 的本土留学生毕业流向尚未确定。从图 6-1 可以看到，就业和升学是大学本科毕业生的两大流向，全国本科院校毕业生总体就业率和升学率分别为 79.4%、12.2%；但本土留学毕业生呈现出较大不同，出国升学是本土留学毕业生的主要选择，出国升学率高达 75.0% 以上，而全国本科院校毕业生的出国升学率仅为 1.4%，可见出国升学深造是本土留学生的主要毕业去向。本部分调查结果与第四章对于本土留学生的择校动机调查结果是一致的，受教育者多将本土留学教育视为出国留学深造的跳板，将本土留学教育视为成本较低且相对便捷的出国留学渠道。

表 6-2 本土留学生的毕业流向

	升学			就业		创业		待定	
	国内		国外						
X 大学	1	0.12%	642	77.63%	127	15.36%	13	1.57%	44	5.32%

续表

	升学			就业		创业		待定	
	国内		国外						
N大学	1	0.09%	837	77.79%	213	19.80%	9	0.83%	16	1.49%
总计	2	0.11%	1479	77.72%	340	17.87%	22	1.15%	60	3.15%

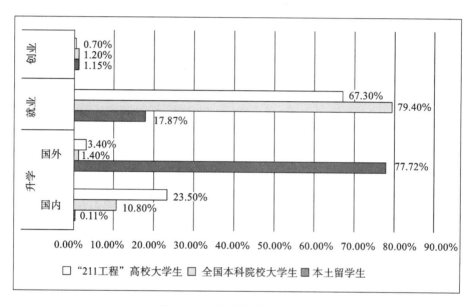

图6-1 大学生毕业流向对比图

2. 本土留学生的升学质量

本土留学生的升学质量涉及升学地区分布及升学院校在全球的排名。调查结果显示：第一，本土留学生升学地区集中分布在英国、美国、澳大利亚等全球高等教育相对较发达的地区，X大学2010届到2014届毕业生升学的国家或地区分布的统计结果如表6-3所示，从表中数据可知，X大学本土留学生去英国升学的人数最多，2013年去英国升学的人数占升学总人数的83.20%，2014年比例稍微有所下降，但依然保持在70.0%以上，远超其他国家和地区；2014年升入美国、澳大利亚高校的人数相对于2013年呈翻倍增长趋势。第二，随着本土留学机构教育质量的提高以及教育资源的丰富，本土留学生的升学质量越来越高，以N大学2013届、2014届的统计数据为例（表6-4），继续深造的毕业生大部分可以进入全球认可的高水平学府就读。2014年，41.22%的毕业生进入世界前50名高校，比2013年高出近10个百分点。

表 6-3　X 大学本土留学生升学地区分布(人数)

国家/地区	2010	2011	2012	2013	2014
英国	127	414	495	614	862
美国	—	11	38	35	83
澳大利亚	1	2	3	24	67
中国内地(大陆)	—	9	16	16	36
中国香港	1	13	3	12	22
荷兰	—	4	—	7	13
加拿大	—	1	6	13	8
新加坡	1	5	3	1	8
德国	—	—	—	2	4
日本	—	—	—	2	2
新西兰	—	—	—	2	2
爱尔兰	—	—	—	—	2
法国	—	1	—	1	1
瑞士	—	1	1	—	1
其他国家和地区	—	1	—	9	92
合计	130	462	565	738	1203

表 6-4　N 大学本土留学生进入世界著名高等学府深造人数统计

2014 年"QS排名"	2014 届			2013 届		
	人数	累计人数	累计比例	人数	累计人数	累计比例
1～10	171	171	20.43%	146	146	18.65%
11～30	62	233	27.84%	54	200	25.54%
31～50	112	345	41.22%	48	248	31.67%
51～100	262	607	72.52%	307	555	70.88%
101～200	80	687	82.08%	65	620	79.18%

注："QS排名"即"QS世界大学排名",是由英国一家国际教育市场咨询公司所发表的年度世界大学排名,是公认的"四大权威世界大学排名"之一。

3. 本土留学生的就业质量

本土留学毕业生的就业质量直接决定了个人教育收益的实现程度。本课题借鉴麦可思公司编制的调查问卷的设计指标,从本土留学生就业或自主创业人群的就业行业及性质、就业满意度、专业与就业契合度、薪酬水平等指标

第六章 大学层面本土留学个人收益的计量与分析

维度来重点分析本土留学生的就业质量。

1) 就业行业及性质

就业行业分布及性质在一定程度上反映了本土留学教育人才培养的方向与重点。从就业行业的分布情况看,本土留学毕业生就业最多的行业为商业服务业、金融业、电气与机械等工业类、计算机与互联网行业;从就业行业的单位性质看,国有企业、民营企业、外资合资企业是本土留学生就业较多的单位类型。如图6-2所示,24.18%的本土留学生进入外资及合资企业,反映了本土留学生受到跨文化的企业和机构的重用。本土留学生就业的行业及性质的分布特点表明本土留学教育以培养学生的国际化视野及应用技能素养为重点。

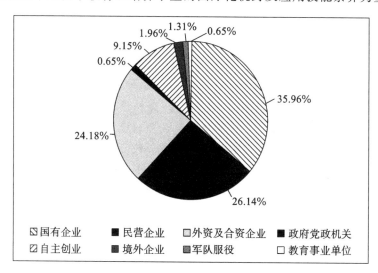

图6-2 本土留学生就业单位性质分布图

2) 就业满意度

本土留学生(已就业)对自身目前的就业现状进行主观判断,选项有"很满意""满意""不满意""很不满意""无法评估"五项,选择前两项的学生归为对就业现状满意,选择"不满意"或"很不满意"的学生归为对就业现状不满意。调查结果显示本土留学生的就业满意度相对较高,71.62%的本土留学生对就业现状满意,其比例比全国本科院校毕业生高出约14%,比"211工程"高校毕业生高出约11%(图6-3)。

3) 专业与就业的契合度

专业与就业的契合度不仅反映了专业结构的优化程度,还代表了不同院校在同类专业人才培养质量方面的竞争力。根据X、N大学就业指导办公室的调查数据显示,84.87%的本土留学生认为专业与就业"非常对口"或"基本

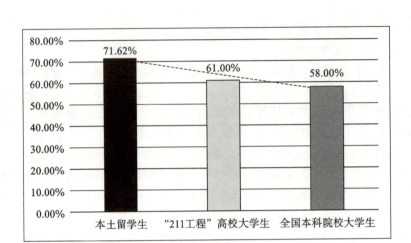

图 6-3　大学生就业满意度对比图

对口",仅有 6.23% 的本土留学生认为专业与就业"完全不对口"(图 6-4)。对比麦可思公司对全国本科院校及"211 工程"高校大学生的专业与就业契合度的调查数据(图 6-5),两个群体的专业与就业契合度分别为 69.00%、73.00%,可见本土留学生的专业与就业的契合度较高。较高的契合度与本土留学机构以应用性学科为主的专业结构设置有关,应用性学科的专业程度较高且表现出较强的不可替代性,因此在专业与就业契合度方面占有优势。

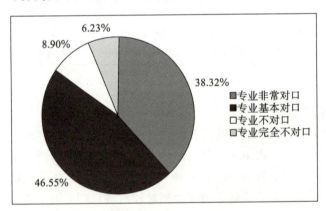

图 6-4　本土留学生专业与就业契合度对比图

4) 薪酬水平

毕业生初始薪酬水平不仅与就职者的个人能力相关,更与毕业生所在学校的声誉、毕业生文凭的价值等因素息息相关。针对毕业生初次就业薪酬信息的调查结果表明:从薪资水平看,本土留学生的起薪高于全国平均水平,本

第六章 大学层面本土留学个人收益的计量与分析

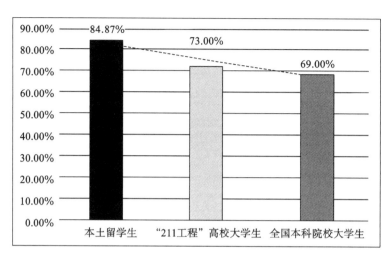

图 6-5 大学生专业与就业契合度对比图

土留学生的平均月收入约为 5405 元,而麦可思公司调查的全国本科毕业生的起薪约为 3366 元(图 6-6),"211 工程"高校毕业生的起薪约为 4123 元。表 6-5 揭示了不同人口属性的本土留学生的月收入水平,其中男生月收入平均值约为 6046 元,比女生高 1200 元左右;独生子女月收入平均值约为 5922 元,比非独生子女高 1200 元左右;理科、工科专业毕业生月收入平均值在 6000 元以上,显著高于其他专业的毕业生;家庭在城市的学生月收入水平相对较高,平均值约为 5810 元;家庭经济水平高的学生,其月收入水平较高,家庭经济水平远高于平均水平的学生,其月收入平均值为 7600 元,远高于本土留学生的平均水平。

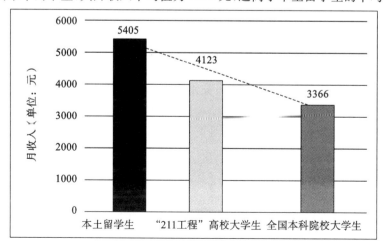

图 6-6 大学生初始就业月收入水平对比图

表 6-5 本土留学生初始就业月收入水平（单位：元）

统 计 分 类		均值	标准差
性别	男	6046.53	181.203
	女	4856.78	139.653
是否独生子女	是	5922.48	153.100
	否	4679.33	162.341
专业	理科	6264.71	473.860
	工科	6726.27	224.407
	经管类	4728.57	138.713
	人文社科	4828.00	354.989
	语言学	5054.55	429.977
家庭所在地	农村	4593.24	237.991
	城镇	4934.48	397.414
	县城	5098.85	264.138
	城市	5810.48	156.928
家庭经济水平	远低于平均水平	4916.67	627.228
	低于平均水平	3983.33	301.307
	平均水平	5156.60	141.507
	高于平均水平	6427.78	235.217
	远高于平均水平	7600.00	840.068

综上所述，本土留学毕业生的升学、就业呈现以下特点：第一，升学和就业是本土留学毕业生的两大流向，并以出国留学深造为主。第二，本土留学生出国升学深造的数量和质量均在逐步提高。第三，因本土留学教育侧重国际视野、英语水平及应用技能的培养，因此本土留学毕业生就业的行业分布广泛，跨文化企业的所占比重较高。第四，本土留学生在就业满意度、专业与就业契合度、初始薪酬水平层面均高于全国平均水平，并高于"211 工程"高校毕业生的平均水平。

二、基于 OLS 回归法教育收益率的计量

1. 基本模型估计结果

由最小二乘法（OLS）基本模型估计本土留学的教育收益率，因估计结果

第六章 大学层面本土留学个人收益的计量与分析

没有控制其他变量,只包含教育形式一个自变量,因此称为本土留学教育的毛收益率。模型 OLS 回归结果统计中的 F 值的显著性水平值小于 0.001,表示回归方程整体线性关系显著且通过了显著性水平的检验;调整后的判定系数 R-squared(R^2)值表示自变量对因变量的解释程度为 20.3%。从表 6-6 的回归结果可以看出,教育形式的回归系数是 0.335,说明相对于接受普通高等教育的学生,接受本土留学使其工资增加了 33.5%,经济收益相对可观。

表 6-6 基于 OLS 基本模型本土留学教育收益率估计结果(不含控制变量)

自变量	因变量:月收入的对数	
	回归系数	标准误
教育形式	0.335***	0.023
常数项	8.361***	0.015
F 值	34.2***	
R-squared	0.033	
样本量	1007	

注:*** 表示在 0.01 水平上显著相关,** 表示在 0.05 水平上显著相关,* 表示在 0.1 水平上显著相关。

2. 扩展模型估计结果

为了更准确地计量本土留学教育收益率,本课题引入了性别、独生子女情况、专业、家庭所在地、家庭经济水平等变量,并将这些变量处理为虚拟变量,运用最小二乘法(OLS)扩展模型进行估算,估计结果如表 6-7 所示。从表 6-7 可以看出,对比 OLS 基本模型的回归结果,调整后的 R-squared(R^2)值显著上升,自变量对因变量的解释程度提高到 20.3%,但教育形式的系数估计值大幅度下降,回归系数从 0.335 下降到 0.151,表明通过 OLS 基本模型得到的较高的本土留学教育的毛收益率并非本土留学教育带来的直接收入效应,还包括了控制变量引起的一部分收入间接效应。

表 6-7 基于 OLS 扩展模型本土留学教育收益率估计结果

自变量	因变量:月收入的对数	
	回归系数	标准误
教育形式	0.151***	0.0249
性别(1=男性)	0.110***	0.0228
独生子女与否(1=是)	0.027	0.0269

续表

	因变量:月收入的对数	
专业(人文社科为对照组)		
理科(1=是)	0.096**	0.0598
工科(1=是)	0.172***	0.0536
经管类(1=是)	0.032	0.0536
语言学(1=是)	−0.051	0.0729
其他专业(1=是)	−0.097	0.0882
家庭所在地(农村为对照组)		
乡镇(1=是)	−0.009	0.0386
县城(1=是)	0.012	0.0356
城市(1=是)	0.032	0.0355
家庭经济水平(平均水平为对照组)		
远低于平均水平(1=是)	−0.192***	0.0547
低于平均水平(1=是)	−0.081***	0.0301
高于平均水平(1=是)	0.173***	0.0313
远高于平均水平(1=是)	0.437***	0.0989
常数项	8.163***	0.0573
F 值	16.77***	
R-squared	0.203	
样本量	1003	

注:*** 表示在 0.01 水平上显著相关,** 表示在 0.05 水平上显著相关,* 表示在 0.1 水平上显著相关。

根据 OLS 扩展模型的回归结果,我们可以进一步分析各影响因素对本土留学教育收益的影响程度:性别因素对本土留学教育收益影响显著,男性的本土留学收益率比女性高出 11.0%,这与当前我国教育收益的性别差异相关研究成果是一致的[1];家庭独生子女情况对本土留学教育收益的影响不显著;专业因素对本土留学教育收益产生了重要的影响,在各个具体的专业因素中,理科、工科的回归系数分别为 0.096、0.172,表明劳动力市场上不同行业类型之间市场分割程度较高;学生家庭所在地并不影响本土留学教育收益,乡镇虚拟

---

[1] 何亦名.教育扩张下教育收益率变化的实证分析[J].中国人口科学,2009(2).

第六章 大学层面本土留学个人收益的计量与分析

变量对收入均具有负向影响,但差异并不显著,表明我国劳动力市场上存在的城乡户籍歧视已有所改善,城镇学生和农村学生的工资收入差异不再明显;家庭经济水平因素对本土留学教育收益产生了非常重要的影响,相对于平均水平收入的家庭,较高的家庭收入(包含高于和远高于两个层次)对本土留学教育收益具有正向影响;相反,较低的家庭收入(包含低于和远低于两个层次)对本土留学教育收益具有反向影响,且均在 0.001 水平上差异显著,结果证实了家庭资本等社会资本因素对个人教育收益的作用。

三、基于倾向指数匹配法教育收益率的计量

1. 估计倾向指数

在第一步预测倾向值部分,本课题将依据模型

$$P(D_i = 1 \mid X_i) = \frac{e^{\lambda h(x_i)}}{1 + e^{\lambda h(x_i)}} = \frac{1}{1 + e^{-\lambda h(x_i)}}$$

采用 logit 模型预测个体接受本土留学教育的概率,因变量为个体能否接受本土留学教育的虚拟变量(取值为 1 表示接受本土留学教育,反之取值为 0),控制变量为影响个人能否接受本土留学教育的因素,得到个体接受本土留学教育的 logit 模型回归结果以及各个变量对其接受本土留学教育的边际效应,详见表 6-8。表中数据表明 logit 回归结果拟合较好,通过了 ROC 检验,表明本课题选择的控制变量对个人能否接受本土留学教育有比较强的解释力,控制变量能比较显著地预测个体能否接受本土留学教育。

表 6-8 预测倾向指数的 logit 回归结果

解释变量	系数	标准误	边际效应	标准误
性别(1=男性)	−0.287*	0.160	−0.0528*	0.029
独生子女与否(1=是)	−0.689***	0.201	−0.117***	0.036
专业(人文社科为参照)				
理科(1=是)	−0.856**	0.402	−0.149**	0.073
工科(1=是)	−0.954**	0.356	−0.167**	0.064
经管类(1=是)	0.526	0.356	0.098	0.065
语言学(1=是)	0.616	0.486	0.111	0.089
家庭所在地(农村为参照)				
乡镇(1=是)	−0.210	0.293	−0.032	0.053

续表

解释变量	系数	标准误	边际效应	标准误
县城(1=是)	0.418*	0.253	0.082*	0.046
城市(1=是)	1.380***	0.253	0.260***	0.044
家庭经济水平(平均水平为参照)				
远低于平均水平(1=是)	0.365	0.383	0.058	0.070
低于平均水平(1=是)	−0.913***	0.235	−0.179***	0.042
高于平均水平(1=是)	1.070***	0.216	0.198***	0.037
远高于平均水平(1=是)	0.501	0.668	0.116	0.120
常数项	−0.197	0.376		
Log likelihood	−555.363			
LR chi2(13)	266.84			
Prob > chi2	0.0000			
Pseudo R^2	0.1999			

注：*** 表示在 0.01 水平上显著相关，** 表示在 0.05 水平上显著相关，* 表示在 0.1 水平上显著相关。

从表 6-8 中的数据可知：性别、所学专业、家庭独生子女情况、家庭所在地、家庭经济水平五个因素对个体能否接受本土留学教育有显著影响。相对女生，男生接受本土留学教育的概率下降了约 5 个百分点，这与本土留学机构中女生人数偏多的现状是一致的；相对于非独生子女，独生子女接受本土留学教育的概率降低了约 12 个百分点；在控制其他变量不变的情况下，相对人文社科专业，因学习语言类专业而接受本土留学教育的概率最高，经管类学科其次，因学习理科、工科而接受本土留学教育的概率却大幅度降低，这表明了本土留学教育在语言类学科、经管类学科具有优势，而在理科和工科专业方面吸引力相对较弱；家庭所在地与个体能否接受本土留学教育存在较高的相关性，相对于农村学生，来自县城和城市的学生接受本土留学教育的概率增加了不少，而来自乡镇的学生与农村籍学生不存在显著差异，我们认为城乡结果差异的主要原因是本土留学机构的招生宣传大多针对城市，以及本土留学教育成本较高；家庭经济水平对个体能否接受本土留学教育产生了重要影响，以家庭收入处在平均水平的学生个体为参照，家庭收入低于平均水平的学生个体接受本土留学教育的概率下降了 17.9%，而家庭经济水平高于平均水平的学生个体接受本土留学教育的概率提高了 19.8%。

第六章 大学层面本土留学个人收益的计量与分析

2. 基于倾向指数的匹配及匹配平衡性检验

根据 logit 模型可以对每个个体的倾向值进行打分,虽然每个个体都有对应的倾向指数,但因部分个体的倾向指数过高或高低,会存在无法匹配的现象,为提高匹配质量,无法匹配的个体会被舍弃,从而造成样本量的减少。[1] 采用不同的匹配方法,匹配的精度和匹配样本数目均有所差异,如果追求最精确的匹配会造成样本量的流失,但如果盲目扩大匹配范围,则会降低匹配精度。

PSM 模型消除样本选择性偏差的效果取决于匹配过程中是否满足条件独立性假设及共同支撑域假设两个前提假设,如果匹配能满足前提假设,则 PMS 估计的结果是可靠的,否则匹配结果是有偏差的,表示协变量或匹配方法的选择不恰当,所以在利用 PSM 分析本土留学教育收益之前,还需对模型匹配的平衡性进行检验。本课题中由于三种匹配方法结果类似,因此本课题以最近邻匹配法为例分析样本匹配效果。

1)协变量平衡性检验

本课题利用 T 检验对匹配前后各变量是否存在显著的组间差异进行了检验,结果如表 6-9 所示,可知采用三种方法匹配后,本土留学组和普通高等教育组通过了 LR 检验,协变量不存在显著差异,P 值分别为 0.649、0.733、0.112,且匹配后的伪 R^2 值均有所下降,表示三种方法的匹配质量良好。表 6-10 显示了各协变量匹配前后两组的均值差异、标准偏差、偏差削减结果以及 T 统计量,从表中数据可知:性别、专业(除语言学外)、家庭所在地(除县城外)、家庭经济水平(除远低于平均水平外)在匹配前的本土留学教育组和普通高等教育组具有显著的差异,采用最近邻匹配后,各变量均值的偏差下降了 50.0% 以上(除语言学外),这表示各协变量的均衡效果好,处理组和对照组的个体特征差异得以控制。

表 6-9 匹配效应的检验

匹配方法	样本	Pseudo R^2	LR chi2	$P>$chi2
最近邻匹配法	匹配前	0.200	267.56	0.000
	匹配后	0.014	10.55	0.649
半径匹配法(0.001)	匹配前	0.200	267.56	0.000
	匹配后	0.013	9.52	0.733
核匹配法	匹配前	0.200	267.56	0.000
	匹配后	0.018	19.39	0.112

---

[1] 陈强.高级计量经济学及 Stata 应用(第二版)[M].北京:高等教育出版社,2014:543.

表 6-10　匹配前后协变量均值偏差及组间差异检验（最近邻匹配法）

变量	样本	均值		偏差百分比/(%)	偏差下降百分比/(%)	T检验	
		本土组	普通组			T	P
性别	匹配前	0.466	0.615	−30.2	90.2	−4.68	0.000
	匹配后	0.480	0.495	−3.0		−0.34	0.733
独生子女与否	匹配前	0.607	0.566	8.3	55.2	1.28	0.200
	匹配后	0.670	0.718	−3.7		−0.47	0.638
理科	匹配前	0.083	0.155	−22.4	59.4	−3.40	0.001
	匹配后	0.084	0.055	9.1		1.35	0.179
工科	匹配前	0.284	0.559	−57.9	100.0	−8.88	0.000
	匹配后	0.315	0.315	0.0		0.00	1.000
经管类	匹配前	0.519	0.216	66.2	86.7	10.39	0.000
	匹配后	0.568	0.608	−8.8		−0.96	0.340
语言学	匹配前	0.053	0.035	8.9	19.7	1.39	0.164
	匹配后	0.018	0.004	7.1		1.64	0.101
乡镇	匹配前	0.063	0.162	−31.6	88.9	−4.73	0.000
	匹配后	0.070	0.059	3.5		0.52	0.601
县城	匹配前	0.194	0.204	−2.4	100.0	−0.37	0.708
	匹配后	0.165	0.165	0.0		0.00	1.000
城市	匹配前	0.578	0.306	56.9	90.6	8.84	0.000
	匹配后	0.615	0.590	5.4		0.61	0.541
远低于平均水平	匹配前	0.039	0.042	−1.7	100.0	−0.26	0.794
	匹配后	0.015	0.015	0.0		0.00	1.000
低于平均水平	匹配前	0.080	0.299	−58.1	96.6	−8.65	0.000
	匹配后	0.029	0.022	1.9		0.54	0.589
高于平均水平	匹配前	0.255	0.097	42.4	95.4	6.77	0.000
	匹配后	0.253	0.260	−2.0		−0.20	0.845
远高于平均水平	匹配前	0.019	0.007	10.8	70.4	1.74	0.082
	匹配后	0.007	0.004	3.2		0.58	0.563

2) 共同支撑域假设检验

对于总体样本的 logit 模型估计结果，图 6-7 显示了计算得到的两组个体倾向指数的直方图,可以看出,本土留学教育组和普通高等教育组样本的绝大多数观测值均有重叠,存在共同取值范围,故在进行倾向指数匹配时仅会损失少量样本,表示本课题的样本数据满足共同支撑域假设。

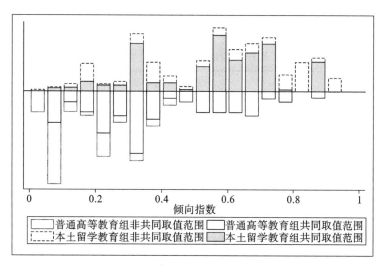

图6-7 倾向指数拟合值的分布

3. 匹配后结果分析

本课题分别采用最近邻匹配法、半径匹配法和核匹配法进行匹配,得到各类处理效应,同时为克服潜在小样本偏差对结论的影响,本课题采用自抽样法重复500次检验,估计效应的统计显著性和标准误,以保证检验结果的稳健性,以此进行统计推断。基于PSM模型本土留学教育收益率的估计结果如表6-11所示,对比基于OLS扩展模型本土留学教育收益率的估计结果,可以得到以下结论。

(1) 接受本土留学教育对个人教育收益的影响效应是显著的。采用最近邻匹配法、半径匹配法、核匹配法后,本土留学教育使得个人教育收益率分别提高了21.7%、21.2%、19.8%。由于三种匹配方法存在差异,采用的公共区间亦有所不同,计算结果存在较小差异,本课题将三种匹配方法得到的各类处理效应求平均值作为最终结果(表6-12)。结果表明相对于普通高等教育,接受本土留学教育对个人收益的影响是正向的,接受本土留学教育比接受普通高等教育可以使个人每月收入提高20.9%,这是十分可观的经济收益。

(2) 无论采用哪种匹配方法,基于PSM模型计量本土留学教育收益率比OLS估计结果均有明显提高。表6-11显示了匹配前样本的估计结果,它与前面基于OLS扩展模型的回归结果是一致的,OLS方法计量接受本土留学教育的收益率为 15.1%，但匹配后基于 PSM 模型的估计结果均比 OLS 估计结果有明显的提高。由于家庭资本等原因引起潜在收入高的学生选择本土留学教育的概率更大，造成本土留学生将比 OLS 的随机配置假设条件下具有更高的教育收益，因此，如果不考虑选择问题，盲目应用 OLS 模型计量教育收益，将造成较大的选择性偏差。

表 6-11　基于 PSM 模型本土留学教育收益率估计结果

	处理组/对照组样本数	因变量：平均月收入的对数				
		参数	系数	标准误	Z	P
最近邻匹配法	399/273	ATT	0.217	0.037	5.91	0.000
		ATU	0.151	0.048	3.14	0.002
		ATE	0.178	0.034	5.13	0.000
半径匹配法（0.001）	399/273	ATT	0.212	0.040	5.35	0.000
		ATU	0.148	0.047	3.15	0.002
		ATE	0.174	0.037	4.77	0.000
核匹配法	569/399	ATT	0.198	0.037	2.68	0.007
		ATU	0.186	0.038	4.91	0.000
		ATE	0.150	0.030	5.00	0.000

表 6-12　匹配前后本土留学教育收益率对比结果

	匹配后	匹配前
ATT	0.209	0.151
ATU	0.162	—
ATE	0.167	—

（3）接受普通高等教育个体的潜在教育收益低于接受本土留学个体的教育收益。接受普通高等教育的个体如果接受本土留学教育的潜在教育收益率为 16.2%，接受本土留学教育对所有学生提高个人收益率的平均影响效应为 16.7%。

第三节　主要结论

本部分以第五章中相关院校的毕业生为研究对象，调查收集了有关毕业

第六章 大学层面本土留学个人收益的计量与分析

生的个人收益数据,并以麦可思公司公布的常模数据为参照,分别采用传统OLS法、倾向指数匹配法,构建了本土留学个人收益及风险的OLS基本模型、OLS扩展模型、倾向值匹配模型,据此对本土留学生个人教育收益率进行了计量分析研究。本部分主要运用Stata12.0统计软件进行回归分析、倾向打分与匹配等统计处理,经过一系列的计量分析,主要得到以下结论。

一、本土留学毕业生的就业(升学)整体现状

从整体看,第一,本土留学毕业生出国升学比例较高,比重远远超过普通高校毕业生,部分本土留学机构的出国升学率在75.0%以上,进一步证实了个人投资本土留学教育的非经济收益动机——将本土留学教育视为出国留学深造的跳板。第二,因本土留学教育侧重国际视野、英语水平及应用技能的培养,所以毕业生就业分布更具国际化、多元化的特点,24.18%的本土留学生毕业进入外资或合资企业,远高于全国平均水平。

二、本土留学个人教育收益率计量结果

第一,个人性别、专业意向、家庭背景(家庭独生子女情况、家庭所在地、家庭经济水平)等因素对个体选择本土留学教育的概率有显著影响。从不同性别看,相对女生,男生接受本土留学教育的概率下降了约5%;从不同专业意向看,因学习语言类专业而接受本土留学教育的概率最高,因学习理工科专业而接受本土留学教育的概率最低,反映了本土留学教育在语言类学科方面的优势;从不同家庭背景看,相对于家庭经济水平处于中等层次的学生,家庭经济水平高的个体接受本土留学教育的概率会增加近20%,进一步证实了家庭资本对接受本土留学教育的重要影响。

第二,本土留学教育存在显著的经济收益,OLS基本模型、OLS扩展模型、PSM模型计量结果均揭示了接受本土留学教育对增加个人收入具有积极的促进作用。PSM模型估计结果表明,相对于普通高等教育,个体如果接受本土留学教育可以使其月工资平均水平提高20.9%,从数据上看,这是相当可观的经济收益。

第三,本土留学教育对不同学生群体提高个人教育收益的影响效应存在较大差异,未接受本土留学教育的大学生潜在收益明显低于本土留学生的教育收益,表明普通高校学生如果接受本土留学教育,不一定能达到本土留学生的个人收益率水平,这也反映了本土留学教育经济收益的风险性。

第四，采用 OLS 模型、PSM 模型计量本土留学个人收益率的结果不同，基于 PSM 模型的估计结果均比 OLS 估计结果有明显的提高，因 PSM 模型可以更好地控制个体特征，并根据个体倾向得分相似原则对调查对象进行匹配后，再比较本土留学生和普通高校学生的结果差异，可以有效平衡自我选择偏差，所以我们认为 PSM 估计结果比 OLS 估计结果更为合理。

第七章　大学层面本土留学个人风险的计量与评价

由于教育投资在前,个人收益在后,投资与收益之间存在较长的滞后期,再加上个人的有限理性、信息的不充分、社会和经济环境的不确定性等因素,个人的教育投资不一定能得到预期的收益,从而造成个人投资收益存在不确定性,个人教育收益的不确定性即为个人教育投资风险。教育收益的不确定性既体现在非经济收益上,也体现在经济收益上。[①] 本土留学作为一种个人(家庭)投资行为,其个人教育收益亦存在不确定性,据此可以把本土留学教育个人风险分为教育投资的非经济风险和经济风险。

第一节　本土留学个人风险的计量方法与数据说明

为全面客观地对本土留学个人风险进行评估,本课题引入计量经济学前沿研究方法——分位数回归法(quantile regression,简称"QR")和模糊综合评价法(fuzzy comprehensive evaluation,简称"FCE")两种方法对个人风险进行衡量。其中,分位数回归法用于计量不同分位数下高等教育投资收益率的离散程度及变化趋势;模糊综合评价法用于将个人的非经济风险的定性评价研究转化为定量评估分析。

一、分位数回归法(QR)

分位数回归法利用自变量和因变量间的条件位数进行建模,借以解释自变量与因变量分布的位置、刻度和形状的影响。[②] 相对于传统的最小二乘法(OLS),分位数回归法(QR)主要有四个优势:可以在一定程度上克服异方差的问题;较不容易受异常值的影响,较为稳健;在干扰项非正态分布的情况下,QR比OLS的估计量更有效;能反映出条件分布的大体特征。[③] 由于分位数回归法具

---

① 王明进,岳昌君.个人教育投资风险的计量分析[J].北京大学教育评论,2007(2).
② 李子奈,叶阿忠.高级应用计量经济学[M].北京:清华大学出版社,2012:62.
③ 叶阿忠,陈国宏,吴相波,等.计量经济学[M].福州:福建人民出版社,2010:30.

有上述优点,现在它已被广泛应用于经济学、金融学等领域中。在金融学中,研究者将分位数回归法更多地运用于风险的计量,以克服传统计量方法的不足。

本课题以本土留学个人收益的变动情况分析本土留学的个人风险问题,其基本原理就是在明瑟收入方程的基础上,应用分位数回归法探讨整个收入分布中不同收入点上教育投资收益率的差异程度,用离散程度表示个人风险。

二、模糊综合评价法(FCE)

1965年,控制论专家扎德(Zadeh)和理查德·贝尔曼(Richard Bellman)发表论文《模糊集合》,第一次运用数学方法解释了关于模糊的概念,并提出了模糊决策的基本模型,它标志着模糊数学理论的诞生,也为模糊综合评价法奠定了理论基础。模糊综合评价法以模糊数学为基础,应用模糊关系合成的原理,将一些边界不清、不易定量的定性指标定量化,从多个因素对被评价事物隶属的等级状况进行综合评价。模糊综合评价法从层次角度分析较复杂的对象,既适用于主观因素的综合评价,又可用于客观因素的综合评价,且模糊综合评价的结果向量是一个模糊子集,而非单点值,可以相对准确地反映对象本身的模糊状况。现在,模糊综合评价法是在多指标综合评价方面应用极为广泛的方法。

模糊集合与隶属函数是模糊综合评价法的两个基本概念,假设任一因素集为 U,U 到 $[0,1]$ 的任意映射为 u_A,用式子表示为[①]:

$$u_A : U \to [0,1]$$
$$u \to u_A(u)$$

其中集合 U 表示模糊性概念的集合,为模糊集合;u_A 确定 U 的一个模糊子集 A,则 u_A 为模糊子集的隶属函数,$u_A(u)$ 为 u 对 A 的隶属度。因素集 U 的模糊子集 A 由隶属函数 $u_A(u)$ 表征,$u_A(u)$ 的取值区间为 $[0,1]$,$u_A(u)$ 的大小反映了 u 对 A 的模糊从属程度,$u_A(u)$ 值越靠近 1,表示 u 从属于 A 的程度越高;$u_A(u)$ 值越靠近 0,表示 u 从属于 A 的程度越低。

三、样本与数据说明

本部分数据来源与第六章个人收益调研的数据来源相同,本部分变量设

---

① 王新华,李堂军,丁黎黎.复杂大系统评价理论与技术[M].济南:山东大学出版社,2010:149-150.

置与第六章变量设置相同。

在应用Stata12.0统计软件进行分位数回归分析过程中,为克服样本量偏小带来的误差,依然采用自抽样法获得相关统计量的标准误,据此进行统计推断。

第二节 本土留学个人风险计量结果与分析

一、基于分位数回归法的个人风险的计量

基于分位数回归法对大学本土留学个人风险进行计量的基本思路是,通过明瑟收入扩展模型计量本土留学教育各分位点的个人收益率,再根据各分位点上收益率的离散程度变动来衡量本土留学教育个人投资收益的风险。

1. 本土留学生个人收入分布

首先,本课题采用核密度估计法绘制了本土留学生个人收入分布图,以直观分析收入分布的整体形态和变化特征,如图7-1所示。从图中可知,本土留学生个人收入总体并非呈正态分布,而是呈偏正态、单峰状。因此,如果盲目采用正态分布前提下的OLS回归法进行统计推断可能有较大偏差,收入分布图进一步说明了进行分位数回归的必要性。

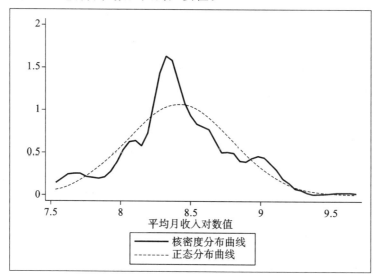

图7-1 收入概率密度函数

2. 本土留学教育收益率分位数估计

接下来,本课题利用模型对本土留学教育收益进行分位数回归,回归结果如表7-1所示,碍于篇幅限制,表7-1只呈现了第一、第五、第九分位回归结果。从表中数据可知:①不同分位点水平下,教育形式对收入水平的影响是不一样的。第五分位(即中位数)教育形式的回归系数为0.189,表示接受本土留学教育能够使工资的中位数增加18.9%;第九分位回归系数为0.320,表示接受本土留学教育能够使工资的第九分位数增加32.0%;而第一分位为-0.0120,表示接受本土留学教育使工资的第一分位数降低1.2%(影响不显著);采用F检验后进一步验证,在0.001的显著性水平上,三个分位数回归系数不完全相等($F=16.64$)。与OLS回归结果相比可知,本土留学教育对工资的第五、第九分位数的影响均大于工资平均数的影响(OLS系数估计值为0.151)。②不同分位点下,影响收入水平的因素不同。在第一分位点下,自变量是否接受本土留学教育对收入的影响并不显著,性别、专业、家庭经济水平等因素反而显著影响个人薪酬水平;在第五分位点下,教育形式、性别等因素显著影响个人薪酬水平,家庭经济水平低于平均水平的两个虚拟变量就不再显著影响个人薪酬水平;在第九分位点下,仅有教育形式、理科、工科、低于平均水平、高于平均水平、远高于平均水平六个变量显著影响个人薪酬水平,其余变量对薪酬水平的影响均不显著。③不同分位点水平下,各个协变量对收入水平的影响权重有所差异。以性别、理科两个变量为例,在第一、五、九三个分位点下,性别因素对个人收入水平的影响系数分别为0.256、0.114、0.0467,影响权重有逐渐下降的趋势;而理科因素对个人收入水平的影响系数分别为-0.298、0.183、0.223,影响权重有逐渐上升的趋势;在第一、五分位点下,家庭经济水平对收入水平的影响权重最高,而在第九分位点下,是否接受本土留学教育即自变量对收入水平影响的权重最高。综上所述,本课题通过分位数回归,在一定程度上揭示了不同分位点下,本土留学生个人收益率分布情况以及收入水平影响因素及权重。

表 7-1 本土留学生个人收益分位数回归估计结果

变量	(1) q10	(2) q50	(3) q90	(4) OLS
教育形式	-0.0120	0.189***	0.320***	0.151***
	(0.0540)	(0.0409)	(0.0712)	(0.0249)
性别	0.256***	0.114***	0.0467.	0.110***
	(0.0698)	(0.0321)	(0.0517)	(0.0228)

第七章 大学层面本土留学个人风险的计量与评价

续表

	（1）	（2）	（3）	（4）
独生子女与否	−0.0540	0.00714	0.00333	0.0268
	(0.0693)	(0.0283)	(0.0490)	(0.0269)
理科	−0.298**	0.183***	0.223**	0.0962
	(0.133)	(0.0566)	(0.103)	(0.0598)
工科	−0.0180	0.247***	0.177*	0.172***
	(0.0909)	(0.0600)	(0.0949)	(0.0536)
经管类	−0.232***	0.119**	0.147	0.0320
	(0.0831)	(0.0541)	(0.105)	(0.0536)
语言学	−0.262***	−0.0300	0.0967	−0.0507
	(0.0958)	(0.0797)	(0.178)	(0.0729)
其他专业	−0.386***	−0.106	0.180	−0.0968
	(0.114)	(0.183)	(0.223)	(0.0882)
乡镇	−0.0400	0.0143	−0.0667	−0.00947
	(0.0926)	(0.0224)	(0.0699)	(0.0386)
县城	0.0360	−0.0429	0.0433	0.0122
	(0.0745)	(0.0382)	(0.0720)	(0.0356)
城市	−0.0180	0.0371	0.103	0.0323
	(0.0700)	(0.0333)	(0.0923)	(0.0355)
远低于平均水平	−0.340***	−0.129	−0.0700	−0.192***
	(0.0965)	(0.141)	(0.142)	(0.0547)
低于平均水平	−0.154**	−0.0271	−0.110*	−0.0814***
	(0.0670)	(0.0238)	(0.0638)	(0.0301)
高于平均水平	0.202***	0.171***	0.160**	0.173***
	(0.0780)	(0.0437)	(0.0795)	(0.0313)
远高于平均水平	0.880*	0.413***	0.250**	0.437***
	(0.500)	(0.130)	(0.101)	(0.0989)

注：* 表示在 0.05 水平上显著相关，** 表示在 0.01 水平上显著相关，*** 表示在 0.001 水平上显著相关；括号内为标准误，迭代 500 次。

3. 本土留学教育个人投资风险值的计量

从九个分位点回归结果来看，随着分位数的增加，教育形式的分位数回归系数呈现上升趋势，这表明本土留学教育对高工资者的影响比较大，对中、低工资者的影响较少。通过图7-2可以看出，在条件分布的两端，95%的置信区间变得更宽了（因为系数估计值的标准误变大了）。最后，本课题采用第九分位与第一分位回归系数的差值作为教育风险的指标，求得风险值为0.332（表7-2），表明相对于普通高等教育，本土留学教育投资存在明显的收益变动性，即存在明显的教育投资风险。

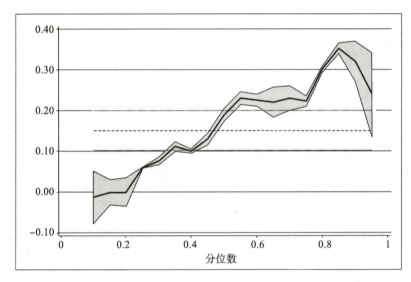

图 7-2 教育收益率的分位数回归估计

表 7-2 本土留学教育个人风险值

分位数	系数	标准误
0.1	−0.012	0.054
0.2	−0.000	0.018
0.3	0.077***	0.005
0.4	0.100***	0.003
0.5	0.189***	0.041
0.6	0.225***	0.008
0.7	0.230***	0.015
0.8	0.301***	0.004

续表

分位数	系数	标准误
0.9	0.320***	0.071
OLS	0.151***	0.025
Dif	0.332	

注：*** 表示在 0.001 水平上显著相关。

二、基于模糊综合评价法的个人风险的评估

基于模糊综合评价法对大学本土留学个人风险进行评估的基本思路是：综合考虑所有风险因素的影响程度，并设置权重以区别各因素的重要性，通过构建数学模型，计算出风险的各种可能性程度，可能性程度最高者为风险水平的最终确定值。

1. 确定本土留学个人风险的模糊综合评价因素集

根据前文对本土留学个人风险类型及来源的分析，本课题将个人风险分成了成本风险、教育质量风险、就业（升学）风险三个层次，则第一层次因素集可以表示为 $U=\{U_1,U_2,U_3\}=\{$成本风险，教育质量风险，就业（升学）风险$\}$。第一层级的三个一级指标由第二个层次的九个二级指标构成，其中 $U_1=\{U_{11},U_{12}\}=\{$高收费风险，心理成本风险$\}$；$U_2=\{U_{21},U_{22},U_{23},U_{24}\}=\{$师资短缺风险，中外课程衔接风险，双语教学风险，国外教材风险$\}$；$U_3=\{U_{31},U_{32},U_{33}\}=\{$文凭风险，专业对口性风险，收益风险$\}$。

2. 建立本土留学个人风险的模糊综合评价等级集

本课题根据本土留学生对教育风险发生可能性的五点评定，将经常发生的教育风险视为风险高，很可能发生的风险视为风险较高，偶然发生的风险视为风险适中，很少发生的风险视为风险较低，不可能发生的风险视为风险低，因此本土留学个人风险评价等级集 $V=\{V_1,V_2,V_3,V_4,V_5\}=\{$风险高，风险较高，风险适中，风险较低，风险低$\}$。

3. 确定本土留学个人风险的模糊综合评价权重向量

本课题借鉴隶属度的计算公式，并结合相关专家及本土留学机构管理工作人员的评价意见，确定本模型的最终权重向量结果如下：

$$A=(0.2,0.35,0.45) \quad A_1=(0.86,0.14)$$
$$A_2=(0.31,0.26,0.20,0.23) \quad A_3=(0.28,0.04,0.68)$$

根据以上步骤,可以得到本土留学个人风险的模糊综合评价的数据表(表7-3)。

表 7-3　本土留学个人风险的模糊综合评价数据表

第一层	权数	第二层	权数	评价等级				
				V_1	V_2	V_3	V_4	V_5
U_1	0.2	U_{11}	0.86					
		U_{12}	0.14					
U_2	0.35	U_{21}	0.31					
		U_{22}	0.26					
		U_{23}	0.20					
		U_{24}	0.23					
U_3	0.45	U_{31}	0.28					
		U_{32}	0.04					
		U_{33}	0.68					

4. 建立本土留学个人风险的模糊综合评价模糊关系矩阵

本课题因重点从受教育者角度分析本土留学教育的个人风险,所以,本土留学教育风险的评价主体为本土留学生个人。根据本土留学生的问卷调查结果,分别计算各因素的隶属度,就可以得到模糊关系矩阵。以高收费风险 U_{11} 为例,438 名本土留学生中,61 人认为风险高,117 人认为风险较高,124 人认为风险适中,98 人认为风险较低,38 人认为风险低,则 U_{11} 在"风险高"级的隶属度为 0.140,"风险较高"级的隶属度为 0.267,"风险适中"级的隶属度为 0.283,"风险较低"级的隶属度为 0.224,"风险低"级的隶属度为 0.086。以此类推,分别计算得出其余各因素的隶属度后,即可得到本土留学个人风险在 U_1, U_2, U_3 上的评价模糊关系矩阵。

$$R_1 = \begin{bmatrix} 0.140 & 0.267 & 0.283 & 0.224 & 0.086 \\ 0.023 & 0.130 & 0.272 & 0.420 & 0.155 \end{bmatrix}$$

$$R_2 = \begin{bmatrix} 0.070 & 0.229 & 0.258 & 0.303 & 0.140 \\ 0.059 & 0.288 & 0.286 & 0.268 & 0.100 \\ 0.043 & 0.205 & 0.291 & 0.320 & 0.141 \\ 0.052 & 0.229 & 0.293 & 0.327 & 0.100 \end{bmatrix}$$

$$R_3 = \begin{bmatrix} 0.052 & 0.305 & 0.296 & 0.256 & 0.090 \\ 0.007 & 0.034 & 0.313 & 0.515 & 0.132 \\ 0.125 & 0.319 & 0.208 & 0.236 & 0.111 \end{bmatrix}$$

第七章　大学层面本土留学个人风险的计量与评价

5. 合成本土留学个人风险的模糊综合评价结果向量

运用普通的矩阵乘法对权重向量与模糊矩阵进行合成,并经过归一化处理后可以求得第一层模糊评价为:

$$B = A \circ R = (0.2, 0.35, 0.45) \circ \begin{bmatrix} 0.124 & 0.248 & 0.281 & 0.251 & 0.096 \\ 0.059 & 0.243 & 0.276 & 0.295 & 0.127 \\ 0.100 & 0.304 & 0.237 & 0.253 & 0.106 \end{bmatrix}$$

$$= (0.090, 0.271, 0.260, 0.268, 0.111)$$

6. 评判本土留学个人风险的模糊综合评价结果向量

根据最终评价结果以及最大隶属度原则,对本土留学教育的个人风险综合评价为"较高"。根据第二层的评价结果向量,可以判断本土留学教育在教育成本层面的风险等级为"适中",在教育质量层面的风险等级为"较低",但在就业(升学)层面的风险等级为"较高"。

第三节　主要结论

本部分分别采用分位数回归法和模糊综合评价法,构建本土留学生个人风险的分位数回归模型、多层模糊综合评价模型,据此对本土留学生的个人风险进行了计量分析研究。其中,本课题采用分位数回归法分析了本土留学教育收益率的整体收入分布情况,并依据不同分位点下的回归结果计量了本土留学教育投资收益的变动情况及风险性;同时,本课题采用模糊综合评价法将个人的非经济风险的定性评价研究转化为定量计算分析,主要得到以下结论。

第一,在不同分位点下,本土留学教育对个人收益的影响权重不同,以第一、五、九分位点为例,分位数回归系数分别为-0.012、0.189、0.320,三个分位点的回归系数具有显著的差异性,且从九个分位点的回归结果来看,随着分位数的增加,教育形式的分位数回归系数呈现上升趋势,表明本土留学教育对高工资者的影响比较大,对中、低工资者的影响较少。

第二,根据第九分位与第一分位回归系数的差值求得风险值为0.332,表明本土留学教育投资存在明显的收益变动性和教育投资风险。

第三,根据前文对本土留学个人风险类型及来源的分析,建立了本土留学教育个人风险多层次的模糊综合评价模型,根据最大隶属度原则,由最终评价向量得出本土留学教育个人投资风险综合评定处于较高水平;由第二层的评价结果向量可知,相对教育成本风险和教育质量风险,本土留学教育在就业(升学)层面的风险等级较高。

第八章　研究结论及对策建议

大学本土留学是一种新的留学形式和教育方式,这种方式无论对于高等教育还是个人发展都具有重要影响。从出国留学到本土留学,是高等教育发展的历史必然,而本土留学文凭的教育价值在发展中被赋予了新的内涵。作为大学本土留学主体的学生个人在获得收益的同时,也承担着各种风险。本课题组围绕大学本土留学的教育价值和风险,开展了大量工作,通过文献分析、调研、论述与实证研究,取得了丰富的研究成果,形成了如下研究结论。

第一节　大学本土留学的教育价值及风险研究总结

大学本土留学反映和践行着高等教育的外部提供价值。经济全球化与高等教育国际化、中外合作办学的异军突起、人们对优质高等教育的迫切需求,这些因素都极大地推动了本土留学的蓬勃兴起。

一、大学层面留学的变迁效果及功用:留学形式多元化

我国的留学教育政策经历了一系列变化,从早期的国家计划主导、公派精英出国留学到改革开放后政策逐步开放,自费境外留学逐渐占主导,同时本土留学兴起,国家也出台了奠定中外合作办学方向与原则等方面的重大政策,高等教育的中外合作办学进入了规范化阶段。本土留学作为一种重要的留学形式,已经受到政府和社会的关注。

1. 大学本土留学的特征

大学本土留学,又称为"不出国门的留学",是指一国公民不用出国就可以在自己的国家接受来自其他国家或地区大学提供的本科专业教育,通过在本国国内使用他国大学的语言,接受他国的教育理念,按照他国大学的标准和教学管理制度等学习通用知识和专业知识,培养和提高各种能力,直至修完课目,修满学分,获得国外大学提供的学士学位。

本土留学教育的主要特征是本土异质性——中国学生在国内接受的国外高等教育。作为大学本土留学的主要机构即中外合作办学高校,根据其是否具有法人资格,可分为独立设置的法人机构(大学)和非独立设置的二级学院。

第八章 研究结论及对策建议

截至2016年3月,经教育部审批和复核的本科层次以上的中外合作办学机构数已达近百个,而本科层次及以上的中外教育合作项目数也有一千多项,除青海、西藏、宁夏以外,中国内地(大陆)各省市本科层次及以上的中外合作教育都有不同程度的发展。随着中外合作办学的发展,本土留学特别是大学层面的本土留学作为留学的一种重要形式,在我国遍地开花。

2. 变迁中大学本土留学的教育价值

大学层面的境外留学与本土留学的共同之处在于,它们都是对外交流与合作的重要形式;它们都既是教育开放结果的体现,又推进了教育开放的进程;它们都有经济利益驱动。但是,大学本土留学具有更深层次的教育价值,包括吸引优质教育资源、推进我国高等教育体制的改革、节省教育成本等。

从境外留学到本土留学,不仅体现出我国留学工作的巨大进展,也体现出我国高等教育市场的巨大吸引力,这也是高等教育由精英时代向大众化时代迈进的必然反映。因此,从这个角度来说,大学本土留学的出现和发展具有重大价值。它鼓舞了中外合作办学机构发展的信心与信念,也为吸引优质的高等教育资源提供了契机。同时,它能够在一定程度上起到吸引留学人员回归的示范作用。

3. 大学本土留学兴起的影响因素与发展问题

本土留学的兴起,是政府、个人与社会等综合因素的共同作用。我国改革开放政策的实施、权力的不断下放、社会的开放使得国外教育资源可以比较自由地进入中国市场。在这种情况下,不仅境外留学持续火热,本土留学也有了生存空间。同时,家庭支付能力的提高、中国庞大的人口市场也成为吸引国外教育资源的重要因素。

承担本土留学的中外合作办学机构在我国高等教育学校系统中所占份额有限,其中还有许多问题需要进一步思考并讨论,如中外合作办学机构的定位问题、中外合作办学机构与高等教育系统的融入度问题、大学本土留学的价值践行问题、政策调整风险等,都有待采取有效措施,从根本上加以解决。

二、大学本土留学教育价值的系统建设与识别

本土留学是高等教育外部提供的重要形式,高等教育外部提供推动了本土留学的发展。高等教育外部提供主要是一个国家的高等教育服务直接由本国高等教育系统与组织以外的部门、机构提供,以及高校向本系统外的非正规教育提供。

1. 高等教育外部提供的价值

有别于高等教育的外部支持,高等教育的外部提供主要是直接以外部提供高等教育服务的形式存在,与高等教育系统内的高等教育服务是并列的。高等教育外部提供是高等教育不断发展和竞争的产物,高等教育的大众化进程加剧了区域高等教育市场的瓦解,国际的高等教育服务开始相互渗透,高等教育的国内提供与国外(含"境外",下文中省略)提供并存成为高等教育外部提供的新的阶段与节点。

国际合作办学层面的高等教育外部提供一般是基于本国优质高等教育的内部提供的综合竞争优势,其成本价格也反映出市场经济规律的作用。高等教育的外部提供意味着高等教育以外的力量的直接介入,办学的功利色彩较为浓厚,充分释放着高等教育的外部因素对高校发展的直接制约作用,最突出的表现是国家与国际的力量强制高等教育向他国与世界开放,市场经济的力量吸引着资本和企业组织创办盈利性高等学校,高新技术的力量推动高等教育服务超越校园与课堂。

实践证明,任何一个国家的高等教育话语权不会停留在内部的一流大学群体的崛起,而必须是高等教育的国际开放,这恰恰与其高等教育的广泛流动性和世界影响力密不可分。招纳他国的学生出国留学无疑具有强大的影响力,而在他国的国土上提供本土留学同样具有强大的影响力,它甚至可能演变为高等教育的寄生模式,对他国本土的高等教育产生巨大的冲击力。

高等教育的外部提供将改变或正在改变高等教育的社会地位和高等学校的社会形象,它让人们生活在一个高等教育服务便捷的时代,高等教育供给主体的唯一性和宗主性被打破,这使得高等教育更加开放。高等教育层面的本土留学者拥有与各国学生进行学术交流的机会,多元文化的氛围为这些本土留学者提供了形成国际化视野和思维的土壤。

在高等教育外部提供的背景下,师生关系也会发生深刻的变化,从一元走向多元。实行高额收费的本土留学教育决定了师生关系也是国际教育服务者与消费者的关系——作为消费者的学生也是受教育者,其一方面需要遵循所在高校的基本规范和修业要求,另一方面对于所获得的教育服务也提出了更高的要求,希望从本土留学教育中获取相应的巨大回报,作为缴费的成本补偿与投资收益。

高等教育外部提供对高等学校的职能也会产生重要影响。它促使高校的教学职能出现类分化(二次分化),使其内容更加丰富,除了一直存在的知识的传授和对学生能力的培养与心性的培育之外,还将更加重视教学的设计、开发和推介,教学被赋予了工程层面的内涵。同时,伴随新的高校类型或教学形式

第八章 研究结论及对策建议

的出现(如跨国办学、盈利性大学、MOOC等),高校增加了新的职能——盈利,即通过提供高等教育服务和市场化运作获得利润。

2. 大学本土留学价值指标体系与识别

文凭的教育价值首先使学生受益,体现为毕业后其获得的经济收益和非经济收益。本课题针对大学本土留学文凭的教育价值,设计了"学业挑战度""人际情感""学习体验的丰富程度""学校满意度""学校支持度""预期经济收益""教育收益自评"7个评价指标,在此基础上建立了17个二级指标、25个三级指标。

通过研究分析发现,本土留学生在外语阅读、写作、交流等方面的指标值远高于普通高校学生。同时,不同类型的本土留学的教育价值差异较大,Ⅱ类本土留学(中外合作二级学院)的教育价值远大于Ⅰ类本土留学(独立设置的中外合作办学机构)的教育价值。其原因可能是Ⅰ类本土留学所在的法人机构作为一个独立的机构,其相对独立的校园、招生、教学、管理等,一方面增加了其教学改革的自由性与创新性,但另一方面因没有母体学校优势教育资源与管理经验的共享,增加了其招生、教学、管理等的风险,从而影响学生个人教育收益的实现程度。

在办学定位上,本课题调查的34个样本中,有33所本土留学机构在办学宗旨、办学愿景或培养目标中出现了"国际化""世界一流""国际视野""国际竞争力""多元文化""文化融合"等措辞。由此可见,本土留学机构在办学定位上非常明确、清晰,突出其国际化的特色。

在毕业生去向方面,大学本土留学的本科毕业生与国内高校本科毕业生相比,呈现出一些独特的特征:高升学率,低就业率;升学对象以国外名校为主,就业偏向外资企业、合资企业、私营企业,集中在金融行业。学生的就业(升学)特征从某个侧面反映了大学本土留学文凭的教育价值特征。

大学本土留学教育更强调对国外优质教育经验的借鉴和践行。这是其办学特色,亦是本土留学文凭的独特教育价值所在。大学本土留学机构在课程、教学、师资、学生指导、学业评价等方面采用国际化、精细化、服务专业化的培养标准,这些培养策略造成了大学本土留学文凭的独特教育价值。国际化的思维培养是学生获得国外高校录取或外资企业录用的内在支撑,亦是文凭的教育价值的核心所在。精细化的专业培养保证了办学方的集中投入,充分发挥自身优势,同时也带给学生优质的专业教育体验。在教师的引导下,本土留学生的学习投入较高,具有良好的学习体验。本土留学生个体的努力、体验从另一个侧面体现了文凭的教育价值。大学本土留学的文凭具有吸引高质量生源的优势。

案例研究表明，大学本土留学机构选择的是差异化发展路线，与国内大学迥然不同，而这种差异不仅体现在规模上，更体现在办学定位上，大学本土留学定位于国际化的优质教育。与地方经济需求和学生需求紧密结合亦是大学本土留学案例机构强调的办学特色。国内案例高校的外方教师主要承担公共英语课的教学，专业课程由中方教师承担；而大学本土留学案例机构的外方教师则承担本院校各个学科专业的教学工作，但流动性较大。大学本土留学机构在人才培养上亦体现出浓厚的国际化特色，如在课程、教材上，两类大学本土留学机构都与合作的国外高校接轨，采用由外方提供的部分或全部的原版课程、教材。

三、均衡性与失衡性——个人收益的多元耦合

1. 非经济收益是本土留学教育个人收益的重要组成部分

本土留学教育对个人的学业、心理情感、精神娱乐等学习、生活状况具有积极的影响，其影响程度甚至超过了本土留学教育对个人经济收益的影响。通过对本土留学在校生的调查，结果显示：本土留学教育对外文阅读量、写作量等要求较高，这增加了本土留学生的学业挑战度，对提高个人的专业素养、外语水平、学术水平等起到显著的积极作用；本土留学教育为个人提供丰富的学习和生活体验，对提高学生的合作能力、跨文化交流能力、人际交往能力等产生积极的促进作用；本土留学教育有利于学生与外方院校的交流与合作，为个人提供更多与更便捷的出国留学途径与渠道。通过对本土留学毕业生的调查，结果显示：本土留学生在就业的多元化程度、就业行业的国际化水平、就业满意度、专业与职业的一致性等层面具有较大优势，通过本土留学教育而选择出国的学生数量较多，留学国家、院校的质量较高。访谈结果进一步证实，相对于本土留学教育产生的经济收益，本土留学生个人及家长更关注其非经济收益情况，因此，在对本土留学生学习生活满意度的调查中，本土留学生对外语教学、外籍师资队伍、教学设施等方面表现出了较高的满意度。

2. 本土留学教育对增加个人经济收益有显著的促进作用

本土留学教育在提高个人收入方面具有显著的促进作用，本土留学教育的经济收益率高于普通高等教育。对在校生的调查结果表明，本土留学生对毕业后的初始薪酬水平持有积极乐观的态度，对预期收入的评定处在中等水平。本课题分别采用 OLS 模型、PSM 模型对毕业生的调查数据进行统计处理，结果显示：与传统高等教育相比，接受本土留学教育可以使其月工资平均

水平提高 15.1%、20.9%,虽然两种模型计算结果有所差异,但均在一定程度上证实了本土留学教育对提高个人收入的正向促进作用。

3. 本土留学教育个人收益具有非均衡性

本土留学个人收益的均衡性是指个人对本土留学教育投资收益的一种相对稳定的状态,但本课题研究结果表明本土留学教育对不同学生群体提高教育收益的影响效应存在较大的差异性,这种差异性主要体现在以下三个方面:第一,接受本土留学教育的学生来源与分布具有非均衡性。在利用 PSM 模型评估个人教育收益率时,本课题首先采用 logit 模型对个人倾向指数进行打分,结果揭示了人口学特征、专业意向、家庭背景等因素对个体选择本土留学教育的概率有显著影响,尤其是家庭经济水平对个人能否接受本土留学教育往往起着决定性作用。第二,两种类型本土留学生的个人收益具有非均衡性。Ⅰ类本土留学生主要来自独立的中外合作办学法人机构,Ⅱ类本土留学生主要来自中外合作办学二级学院,两种类型的本土留学教育对个人收益的影响具有显著差异,因为Ⅱ类本土留学机构与中方母体院校资源共享程度较高,所以Ⅱ类本土留学生在非经济收益、经济收益方面要优于Ⅰ类本土留学生。第三,本土留学生的个人收益存在明显的性别差异、专业差异、地域差异等。在非经济收益与学校生活满意度的调查分析部分,调查结果显示个人非经济收益具有显著的专业特征、年级特征、家庭特征等等,不同群体接受本土留学教育获得的非经济收益是不一致的;在利用分位数回归法对个人经济收益计量分析的部分,本课题考察了不同分位点下本土留学教育的收入分布,结果表明不同分位点下本土留学教育对个人收益的权重有所不同,本土留学教育对高工资者的影响比较大,对中、低工资者的影响较小。

四、确定性与不确定性——个人风险的来源表现

1. 本土留学教育个人风险较高,呈现"高收益、高风险"态势

本课题从成本风险、教育质量风险、就业(升学)风险三个二级指标对本土留学教育个人风险进行定性描述与定量评估。在调查分析部分,根据五点量表的描述统计显示,成本、就业、中外课程衔接被本土留学生评定为三大主要风险;在分位数回归计量部分,根据第九分位与第一分位回归系数的差值求得风险值为 0.332,表明本土留学教育投资存在明显的收益变动性,存在预期收益风险;在模糊综合评价部分,毕业生对本土留学教育个人风险的综合评定等级处于较高水平,且相对教育成本风险、教育质量风险而言,本土留学教育在

就业(升学)层面的风险更为突出。本课题研究结果与以往对收益及风险的研究成果是一致的,即教育风险与收益之间存在正相关关系,较高的投资收益对应着较高的投资风险。

对于本土留学教育存在的预期收益风险、就业(升学)风险、教学质量风险,我们认为其表现及产生原因有:预期收益风险指本土留学生个人投资的实际收益达不到预期收益的风险,反映了本土留学教育投资与收入的不确定性。与普通高校学生相比,虽然本土留学教育个人收益率较高,但是由于本土留学生的学费较高即个人承担成本比例更高,造成本土留学生能否收回成本、收回期的长短等均存在较高的不确定性。就业(升学)风险指本土留学生不能顺利找到满意的工作或升学院校而带来的风险,反映了本土留学生就业(升学)质量的不确定性。教学质量风险指本土留学生因接受不到较高水平的高等教育而带来的风险,反映了本土留学教育机构在课程设置、专业安排、师资队伍、教学模式等方面质量的不确定性。

2. 本土留学教育个人风险具有确定性及动态变化性特质

对本土留学教育而言,个人风险的存在是确定的,但这并不意味着本土留学教育的个人风险是一成不变的。一方面,教育风险在不同类型本土留学生、不同群体本土留学生间具有差异性,相对Ⅱ类本土留学生,Ⅰ类本土留学生个人风险发生的可能性较高;不同学生特质与个人风险存在显著相关关系,学生自身的人口学特征及家庭背景因素等均会影响个人风险的表现形式及程度。另一方面,本土留学个人风险的种类、大小、性质等是会随着教育体系、社会环境等因素的变化而呈现出动态变化趋势的,有些风险会随着时间的发展而逐渐消失,而另外一些风险可能会越来越凸显。

第二节 大学本土留学教育价值及风险的影响因素分析

本土留学教育价值的实现是教育过程中诸多元素相互促进的结果,依赖于政府、制度、家庭资本等外部力量的有效支持与调控,依赖于本土留学教育内部主动性、能动性、创造性的有效发挥,依赖于学生个体的努力程度。

一、本土留学教育价值的外部影响因素

影响本土留学教育价值的外部因素主要包括政府部门的监督管理、劳动力市场环境以及家庭资本等。

首先,在我国,高等学校分类办学是一种由政府和教育行政部门自上而下

第八章 研究结论及对策建议

的质量保障模式，政府作为高等教育的最主要的办学主体，亦是本土留学教育的宏观调控者。相关教育部门不断加强对本土留学机构的管理及资源配置的调整，并陆续出台一系列相关法规政策，使得本土留学机构受到教育政策和法规的约束，其教学和管理也得到了引导和规范，同时，政府的监管也为提高本土留学生的文凭价值和个人收益提供了保障体系。

其次，经济发展水平、劳动力市场的运行状态及完善程度等市场环境因素对本土留学教育价值收益的实现程度有重要影响。在一个完善的劳动力市场环境中，不同区域和部门之间不存在壁垒，劳动者个人的人力资本存量决定其竞争优势，个人收入差异最终取决于其教育或培训水平。但是，我国的劳动力市场在行业、地域等方面存在割裂情况，劳动者无法通过高等教育实现在劳动力市场中充分的自由流动，高等教育的信号功能相对减弱，本土留学生如果不能在主要劳动力市场实现就业，则将面临较大的教育投资收益风险。

最后，家庭背景、家庭资本等微观环境从不同侧面间接影响本土留学教育价值的实现。家庭微观环境的差异会导致个人在高等教育投资水平和就业（升学）质量方面出现差异。本课题研究证实，在选择是否接受本土留学教育的阶段，家庭经济收入水平越高，学生及家长对本土留学教育投资的倾向度越高；且不同家庭经济背景学生的教育收益率是不等值的，家庭经济水平高的学生获得的个人收益较高，面临的预期收益风险也较低。

二、本土留学教育价值的内部影响因素

本土留学机构的教学质量、形象声誉等是影响教育价值、个人收益及风险的内部因素。学生个体是本土留学教育的消费者，依据人力资本理论的观点，人力资本主要通过投资教育获得，学生的素质和能力是教育质量在其身上的体现，因此，本土留学教育质量直接关系到本土留学生在劳动力市场的求职结构和就业质量，决定了本土留学生价值收益的实现程度。如果个体能够接受较高质量的高等教育，将有利于其提高自身的认知和非认知能力，有助于其在竞争激烈的劳动力市场获得优势，从而获得更多的经济与非经济收益。在我国，本土留学教育还处于起步发展阶段，本土留学机构在竞争日益激烈的高等教育市场，为了在不同类型、不同层次的高校中保持自身特色与个性，本能地持有不同教育理念和不同的质量标准，从而可能显示出不同的价值取向。由于本土留学机构在学术质量和人才培养标准方面具有特殊性，在师资队伍、生源质量、文凭效应等方面也具有不确定性，因此个人投资本土留学教育具有较高风险。

三、本土留学受教育者个体影响因素

本土留学教育的外部政策、内部管理等因素是影响本土留学教育价值的外部条件,本土留学生的个体因素则是影响自身收益与风险的内在决定因素。对于本土留学生个人而言,影响其教育收益及风险的重要因素主要包括个人素质、能力水平和投资的主动性等。首先,不同的本土留学生,其学习兴趣、学习能力、努力程度和风险承受能力大不相同。学习能力强、风险承受能力强的人通过本土留学教育获得人力资本的能力越强,其获得的个人收益也就越高。其次,个人通过接受本土留学教育,如果能建立良好的人际交往能力、沟通能力、团队协调能力,可以丰富其社会资本,有利于其降低本土留学教育投资的不确定性,以获取更高的投资收益。因此,在成本既定的情况下,通过本土留学教育,充分发挥个人的主观能动性,最大限度地提升个人人力资本与社会资本,提高本土留学教育的个人收益,是提高收益与规避风险的最佳途径。

第三节 大学本土留学教育投资的 SWOT 分析

SWOT 分析又称态势分析法,由美国旧金山大学韦里克教授在 20 世纪 80 年代提出,它是一种综合考虑组织内部条件和外部环境,选择最佳战略的方法。"S""W""O""T"分别代表优势(Strength)、劣势(Weakness)、机会(Opportunities)、威胁(Threat)。对优势和劣势的分析,侧重于内部自身的发展状况及与竞争对手的比较;对机会和威胁的分析,侧重于外部环境对自身发展带来的有利和不利的因素。通过优势和劣势分析,可以了解本土留学教育内在的长处和不足,通过与普通高等教育、出国留学教育的对比,可以全面认识本土留学教育内在的资源特征;通过对机会与威胁的分析,可以了解本土留学教育在发展中所面临的外部环境变化对自身的影响,从而有利于把握本土留学教育的外部形势。决策者通常根据这四个要素构建 SWOT 矩阵,将各种因素相互匹配后,得出一系列可供选择的策略,以便作出最佳选择。本课题在对本土留学个人教育收益与风险的理论分析、调查分析、计量分析的基础上,以 SWOT 理论为基础对本土留学教育的内在条件和外部环境进行系统分析,以求为个人高等教育投资提供有益的参考。

第八章 研究结论及对策建议

一、大学本土留学教育投资的优势和劣势

1. 大学本土留学教育的优势分析

我国大学本土留学教育在不断发展的过程中,逐渐形成了特有的办学理念、办学特色和办学优势,这些特色与优势有利于本土留学生在激烈的市场竞争中脱颖而出。

(1)国外优质的教育资源和教学模式。

随着世界经济的高速发展,高等教育的作用越来越重要,面对激烈的竞争,不同的受教育者对高等教育的需求越来越多样化。本土留学教育是随着我国改革开放和经济发展应运而生的,它突破了国家、地域、观念的限制,以全球化和国际化的视野为导向,形成了开放、交流、合作、共享的新体制、新模式。本土留学教育具有中西合璧、优势互补的特点,办学机制比较灵活,中方和外方可以由二级学院或独立法人机构等形式进行合作,中方院校通过直接引进国外前沿的教育理念、先进的教学模式、雄厚的师资力量、以市场为导向的人才培养模式等,来满足受教育者个性化的教育需求,让受教育者接触学科前沿的理论动态,使得受教育者的知识结构更加多元,在就业(升学)选择中的思想意识更为超前,更容易适应市场经济的发展。

(2)教学语言以英语为主,学生语言优势明显。

本土留学机构的师资队伍以外方师资为主,专业学习以外方原版教材为主,课程作业以外语为媒介。这一系列教学特点表明本土留学教育不同于我国普通高等教育,它以英语为主要教学语言。本土留学机构对学生进行专门的外语培训,并在教学过程中强化应用外语,在以外语为主的学习、生活环境中,学生接触和使用外语的机会相对较多,个人的外语水平可以得到显著提升。外语表达和交流能力的熟练掌握程度,可以帮助个人在日后选择出国留学教育时克服语言障碍,有利于个人在国内和国际就业市场竞争中获得明显的语言优势。

(3)留学成本较低,留学质量较高。

本土留学机构的收费虽然较国内高校高很多,但相对高昂的出国留学费用,本土留学教育不但降低了个人学费成本,还降低了在生活上的额外成本,可以为学生及家庭节省大笔的留学学习费用和生活开支,为更多来自中低收入家庭的学生群体提供了以较低成本获得国外优质教育资源的机会。另外,出国留学生可能会遭遇中外文化的差异与冲突、不适应国外生活环境、与外国教师和学生交流困难、远离家人和朋友等问题,缺乏有效的监督与激励,容易

产生无助感,从而使得留学质量大打折扣;相比较而言,本土留学生的学习主要在国内进行,可以及时与教师、朋友、家人等沟通交流,得到他人的有效督促和激励,从而更能安心学习,提高留学的质量。

(4) 毕业生就业(升学)前景广阔。

本土留学生毕业时可以选择继续升学深造或直接就业。一方面,本土留学机构与外方院校联系密切,对于选择升学的本土留学生,由于其与外方教师接触的机会比较多,再加上自身的语言优势和专业优势,更易于进入心仪的院校继续深造。另一方面,本土留学机构以培养国际化人才为战略目标,更重视培养学生的国际化意识、国际交往能力、市场应用技能等。本土留学生由于受过国外教育的系统训练,熟悉国际交易规则,更容易受外资企业或中外合资企业的青睐。因此,本土留学毕业生就业选择的地域更为广泛,就业空间更加开阔,就业层次更为丰富。

2. 大学本土留学教育的劣势分析

本土留学教育的劣势指相对于普通高等教育、出国留学教育等教育形式,本土留学教育在教育资源和人才培养方面的限制与缺陷,主要表现在以下几个方面。

(1) 高水平师资短缺,教学质量难以保证。

师资队伍是本土留学教育质量的重要影响因素,高水平及稳定的师资是学生实现个人收益的根本保障。在本土留学教育中,由于强调外语教学及原版外文教材的使用,这就要求专业课教师不但需要具有扎实的专业知识,还需要用熟练的外语将专业知识传播出去。在国内,由于能够熟练开展双语教学的专业教师数量有限,因此本土留学机构往往通过外聘国外教师解决教学问题,并将师资队伍建设中外籍教师的比例作为宣传的噱头。然而,过多的外籍教师为本土留学教育带来很多质量隐患,比如部分外籍教师来中国教学只为增加人生阅历,短暂任教后便不再继续留任;而且因文化、语言的差异与冲突,教学管理部门对外籍教师教学质量的评估与监管力度也不够。薄弱的高水平师资力量、流动性较强的外籍教师,不利于保证本土留学教育的人才培养质量,限制了本土留学教育水平的提高,也增加了个人风险的程度。

(2) 学科重复建设,专业选择受限。

高校专业结构是专业领域各要素相互关联的综合体,应具有整体性、动态性和层次性等系统特征[1],但由于本土留学教育起步较晚,学科建设尚未形成鲜明的特色,本土留学机构在专业设置中功利主义倾向严重,比较偏重经管

---

① 张紫薇.现代高校本科专业结构调整的多元耦合[J].江苏高教,2013(6).

第八章 研究结论及对策建议

类、语言类专业,对理工类等应用型专业设置较少,对新兴、交叉和边缘学科的建设重视不足,造成本土留学机构在专业设置上重叠现象严重,专业分布不够宽泛。本土留学机构的专业设置与发展不仅关系到院校可持续发展水平,更体现了人才培养目标与规格等问题,是高校生源竞争的关键因素。从本课题的实证调查结果可知,目前本土留学教育专业设置的规模、结构与质量存在不均衡性,专业总数不足,专业种类有限,大大制约了学生的自由选择。

(3) 中外课程衔接环节缺乏连贯性。

外方课程教学内容、教学模式的本土化及中外课程体系的顺利对接是本土留学教育课程建设的关键要素。目前,我国本土留学机构中的外方合作院校以欧美国家为主,专业课的教材以国外原版教材为主,课程体系建设以国外教育人才培养标准为参考。这种设置虽然有利于本土留学生更多地接触国外教育模式,但由于中外教育理念和教学模式是存在一定差距的,中西方的文化和习惯差异亦是显而易见的,因此,在将国外教育资源引入国内的时候,如果只是完全照搬国外的教学模式、教学内容,不考虑国内政策、市场、文化的独特性,很可能会产生专业设置不切合实际、学生不适应教学模式、中外课程衔接不顺畅等问题,导致本土留学生学习状况不理想,个人综合能力培养达不到预期目标。

(4) 本土留学文凭弱势。

在当前严峻的就业形势下,文凭效应的重要性日益凸显,一纸文凭往往决定了个人职业发展的起点。[①] 由于本土留学教育是一种新生事物,受教育者个人、家长及用人单位对本土留学教育的接受程度和认可度还不够高。受传统观念和高额收费标准的影响,很多人认为本土留学机构是国内高校和外方高校联合盈利的工具,甚至认为本土留学生主要是学习习惯较差、努力程度较低的富家子弟。再加上部分本土留学机构为追求经济效益,采用降低录取标准、盲目扩大生源的举措,滥发文凭,造成本土留学文凭贬值,给本土留学教育带来不好的社会声誉,使得用人单位在招聘中对本土留学生心存疑虑,影响了本土留学生顺利就业。

二、大学本土留学教育投资面临的机会和威胁

1. 大学本土留学教育的机会分析

随着经济全球化和高等教育国际化的不断深入,相关法律法规逐渐完善,中央和地方的监管政策陆续出台,本土留学教育获得了有利的外部环境。有

---

① 沈红,张青根.我国个人教育收益中文凭效应的计量分析[J].教育与经济,2015(1).

利的外部条件将促进本土留学教育更加有序发展，也为接受本土留学教育的个体提供了更多的机遇。

1）国家相关政策的有力扶持

我国的本土留学教育是在国家教育政策的支持下逐渐繁荣起来的，国家的方针政策为本土留学教育的发展提供了有力的支撑。为了满足社会经济的发展需求，国家逐渐加大了教育的对外开放和交流力度，开始重视本土留学教育机构的建设发展，《国家中长期教育改革和发展规划纲要（2010—2020年）》中就明确提出"吸引境外知名学校、教育和科研机构以及企业，合作设立教育教学、实训、研究机构或项目。鼓励各级各类学校开展多种形式的国际交流与合作，办好若干所示范性中外合作学校和一批中外合作办学项目"。为了进一步提高本土留学教育的办学质量，教育部通过开展对中外合作办学学历学位证书的认证工作、设立本土留学机构监管工作信息平台、建立办学质量评估机制等举措，为广大的本土留学生提供更有效的行政监督和服务，保障本土留学生的个人权益。

2）国际化人才市场的大量需求

随着当今世界经济发展的全球化和一体化步伐不断加快，国际经济交往的日益频繁，国外企业大幅度进入国内市场，国内企业亦开始逐渐进入国际市场参与竞争，人才的竞争已经成为经济发展的关键要素。在这样的大背景下，跨国企业和本土企业的劳动力市场亟需一批具有国际观念与意识、国际交往沟通能力的高层次综合性人才。日益发展壮大起来的本土留学教育在顺应经济发展的形势下，通过引进国外教学和管理经验，培养了大量复合型的国际化人才，也满足了受教育者多样化的教育需求。

2. 大学本土留学教育的威胁分析

我国高等教育办学类型和层次具有多样化的特点，除了普通高等教育、出国留学教育，还有远程教育、成人教育等形式，来自外部环境的变动和各种教育产品的竞争，将给本土留学教育带来诸多不利或限制。

1）国外教育资源良莠不齐

引进国外优质的教育资源是中外合作办学的核心，是我国本土留学教育成功的关键因素，也是本土留学生实现个人收益、降低个人风险的前提条件。然而，在对本土留学机构调查之后，我们发现本土留学机构有不少因收费较高、录取分数较低、引入资源参差不齐而陷入信誉危机。由于受功利主义和恶性竞争的影响，我国引进的外方教育资源良莠不齐，部分办学层次较低或办学质量较差的高校利用政策漏洞，进入我国高等教育市场。这些学校往往以盈利为目的大肆倒卖假文凭，只关注经济效益，无视教学质量和人才培养质量。

如果引进国外教育资源的质量问题得不到有效解决,会影响本土留学教育的声誉与可持续发展,给本土留学生个人收益的实现带来严重威胁。

2)国内外严峻的就业形势

经济发展水平直接影响着大学生的就业形势。随着日本经济的长期低迷和美国经济的逐步下滑,全球经济形势出现了减缓和衰退。与此同时,我国国内经济也正在进行结构转型与调整,总体发展水平不高,国内外劳动力市场对毕业生的容量有限。但由于高校扩招政策的实施,我国高等教育已进入大众化发展阶段,高等教育在校生的规模逐年增加,大学毕业生的人数也逐年增加。再加上在开放的就业体系下,海外留学生、职业院校学生等加入就业竞争,国内外劳动力市场的供需矛盾日益突出,严峻的就业形势给本土留学生的就业带来了极大的压力。

三、大学本土留学教育投资的战略选择

根据上述分析可知,本土留学教育存在优势和劣势,同时也面临着良好的机会和严峻的挑战。在进行高等教育投资选择时,学生或家长需要系统分析本土留学教育的各种内在、外在因素,以求能够发挥优势、去除劣势、利用机遇、回避风险。我们根据前文的综合分析,构建了本土留学教育投资的SWOT分析矩阵,如表8-1所示,它为本土留学教育的潜在投资人群提供了四种战略:SO战略、WO战略、ST战略、WT战略。

表8-1 本土留学教育投资的SWOT分析矩阵表

外部因素 内部因素	机会(O) (国家相关政策的有力扶持; 国际化人才市场的大量需求)	威胁(T) (国外教育资源良莠不齐; 严峻的国内外就业形势)
优势(S) (国外优质的教育资源和教学模式;教学语言以英语为主,学生语言优势明显;留学成本较低,留学质量较高;毕业生就业前景广阔)	SO战略 发挥优势,利用机会	ST战略 依靠优势,应对威胁
劣势(W) (师资力量薄弱,难以保证教学质量;学科重复建设,专业选择受限;中外课程衔接环节缺乏连贯性;文凭弱势)	WO战略 克服不足,利用机会	WT战略 减少劣势,回避威胁

1. 发挥优势,利用机会(SO 战略)

SO 战略强调充分发挥内部优势,最大限度利用外部机会,是一种最理想的战略选择。根据 SO 战略,我们可以充分发挥本土留学教育留学成本低、留学质量高的优势,以国家政策不断完善和就业市场对国际化人才的大量需求为契机,力求个人收益最大化。

2. 克服不足,利用机会(WO 战略)

WO 战略强调抓住外部环境提供的机会,通过积极的应对策略以弥补不足。在高等教育投资时,我们应意识到本土留学教育可能存在的劣势,利用国家的监管和评估政策,发挥个人主观能动性,提高自身在国际化就业市场的竞争力。

3. 依靠优势,应对威胁(ST 战略)

ST 战略强调利用内在优势应对外部环境的威胁与挑战,降低风险。根据 ST 战略,我们应避免进入办学质量较差的本土留学机构,并充分依靠本土留学教育的优势,提高个人素质与能力,积极应对目前严峻的就业形势。

4. 减少劣势,回避威胁(WT 战略)

WT 战略是一种防御性战略,强调减少内部劣势的同时,回避外部环境的威胁。本土留学教育面临大量的外在威胁,自身内部也存在诸多不足,在高等教育投资时,我们可以根据自身条件选择合适的教育形式,从而完成接受高等教育的最优规划。

第四节 提高大学本土留学教育价值及规避风险的对策建议

一、提升高等教育外部提供的价值

从外部提供的角度去反思我国当今的高等教育发展,会发现众多不合时宜的现象,如高等教育发展的某些重要制度设计缺乏放眼世界的国际胸怀、专业标准体系的建立与国际层面的全面认证依然滞后、高等教育外部提供环境的行政化色彩较浓、国内网络运营商与大学合作开发 MOOC 的意愿和力度不足、部分大学办的孔子学院成为"面子工程"等等。大学外部力量的支持度低和大学向外拓展的能力不足,导致高等教育的发展来自高等教育内部提供的

第八章 研究结论及对策建议

支持居多,全方位的高等教育外部提供的范围狭窄,只集中在如中外合作办学等有限的方式,不利于高等教育整体的供给质量提升和结构优化。

通过分析可以发现,在我国,市场驱动的高等教育外部提供受到过多的行政约束,高等教育外部提供的社会环境不佳,使得我国高等教育的外部提供缺少全局性设计、战略性设计。而且,高等教育的外部提供本身存在差异性和阶段性。在国际层面,发展中国家向发达国家的高等教育外部提供,如中国的孔子学院,具有短期的比较优势;发达国家向发展中国家的高等教育外部提供,如合作办学、MOOC 等,具有持续的竞争优势,综合优势明显。这种高等教育外部提供的不均衡,造成一个突出的问题:具有竞争优势的高等教育外部提供机会过度集中在发达国家,世界高等教育资源配置不公,高等教育市场利润被高等教育强国摄取和掠夺。实现双向、多元、均衡的发展态势,是我国高等教育外部提供迫在眉睫的发展目标。

面对上述问题,第一,要在认识论层面转变观念,加快建立涵盖高等教育外部提供和内部提供的综合新体系。根据供给的内容、主体、方式、空间、目标等确定高等教育的新类型与新形式,完善和改进传统的全日制高等教育和非全日制(在职)高等教育系统分类。通过高等教育的外部提供,打破重点高校对高等教育的行政性垄断,促进高等教育资源的区域与国际流动,提升高等学校在市场发展中的综合优势和开放力度。无论是本科层次的合作办学、借助网络信息平台的 MOOC,还是依产定学的订单教育,都的确在不断壮大,但是对于这些形式各异的高等教育外部提供,其积极效能的充分发挥仍然有赖于整体的设计,这其中既需要政策指导,但又要避免过度行政干预。宏观决策、科学研判、依法指导和支持,是政府在高等教育外部提供中必须履行的职责。

第二,要进一步优化高等教育外部提供的环境。赋予相关主体完整的、独立的办学自主权是一流的高等教育外部提供的重要前提。跨境合作办学、MOOC 等都是极具个性化的教育行为,保证这些活动的充分独立和自主,相关办学和服务主体才能获得广阔的高等教育市场。为此,高等教育提供的准入规则不应该有歧视性,对网络教学内容的专业性切忌盲目干预,同时还应保持政府行为的公正性和守法的示范性,建立高等教育强权的约束机制,这些都是实现高等教育的外部提供不可或缺的原则和规范。

第三,建立完善的大学制度,不断提高高等教育外部提供的专业化水平。我国目前的合作办学法人制度仍有漏洞,存在中外大学校长法人主体职权不对等、办学理念差异明显等问题,在处理大学事务时外方校长更多地寻求内部学术力量的支持和良好的内部管理制度,要求中层管理人员尽职尽责地做好服务,而中方校长偏好满足上级主管部门的政策需要和从政府部门获得更多的支持,要求中层管理人员快速干出成效。为了解决此类问题,大学教学制度的设计和安排必须遵循大学教育发展规律,突出大学发展的教师主体、教学过程的学生主体,以教学与科研的全面进步衡量大学的发展水平,建立公正客观的评价制度、公平的招生制度、综合质量导向的特色培养制度、完善的专业化教学管理制度。如果我们的制度不完备,缺乏核心规则与规范,怎么可能获得世界性的广泛认同呢？无同何能存异？MOOC之所以快速蔓延,就在于它有一个核心的理念规则,即尊重教育消费者的学习选择权利、习惯和自由,充分发挥学习者的主体作用,从而易于让学生全身心地主动参与学习。根据这种规则,我们的大学管理制度需要变革,如实行弹性的多学期制、弹性学期制,建立"慕粉团(MOOC fan)"会员制与(班级)课堂授课和讨论制并存、会友与校友并存的制度,建立MOOC与大学传统课程学分换算制度,加大大学实验实训机构向校内外开放的力度等。完善的大学制度是有效推进高等教育外部提供发展的一剂良方,三个层面的高等教育外部提供都可以从培养专门人才或高端人才的核心职能出发,制定完备的共同契约和规则,借高等教育外部提供之平台,深度介入和参与高等教育服务,充分履行各自的职责,相互促进,合作共赢。

第四,全方位增强大学的开放性,促进高等教育外部提供和内部提供的共同繁荣。与高等教育内部提供相比,高等教育外部提供的突出特点在于:超越传统的高等教育时空概念,打破高等教育的教学边界,使得高等教育发展的市场进一步扩大。这对现有的高等教育的内部提供是一个巨大的挑战。为此,在推进高等教育发展的过程中,必须增强大学的开放性,不能以现实中某些不合理的大学制度固化大学的发展模式与空间,需要平等地向市场、向社会、向域外开放高等教育服务,实现学科标准国际化、留学生管理均等化、宏观管理法治化、内部管理民主化,真正充分发挥社会力量对大学的参与和监督功能。实际上,在大学系统内,既存在高等教育的内部提供的形式,又可能有高等教育的外部提供成分,这种外部提供的高等教育融合到大学系统内的高等教育服务中,与传统的以独立的形式存在的成人高等教育或在职高等教育有显著不同。现代大学作为一类多功能社会组织,唯有积极地全方位开放,才能获得创新的源泉、动力和机会,才能赋予高等教育新的内涵,才能充分实现大学的新理想。

二、理性选择与本土留学个人收益的提高

理性的投资具有"非满足性"和"风险回避性",即投资者在面临相同风险

第八章　研究结论及对策建议

的情况下,一般选择较高收益的投资组合;或在面对相同收益的情况下,一般选择较低风险的投资组合。理性选择要求学生个人及家长根据自身的能力、兴趣及实际经济能力,选择适合自己的教育形式和就业(升学)渠道,以便个人及家庭的教育投入得到最大程度的回报。学生及家长在教育决策方面应注意以下三个方面。

第一,教育决策走向理性需要个人及家长择校观念的转变。高等教育多样化是我国高等教育大众化的必然结果,各种类型高等教育的兴起,使得我国高等教育取得历史性的跨越发展[①],高等教育所面临的需求有了新的变化,高等教育机构明显分化,各级各类高校均有自身的发展定位及特色。无论何种层级与类型的高校,只要将自己的特色做到极致,就是精英教育。个人及家长应在尽量追求教育收益最大化原则的前提下,科学地选择就读的高校和专业类型,尤其是对一些经济条件一般的家庭,不能因选择本土留学教育会在短期内增加家庭负担而盲目选择一些收费低的高校或专业,而应权衡个人能力与兴趣、高校教学质量、专业收益状况等因素,科学地选择高校和专业类型,这样才能更好地提高个人素质,也有利于个人日后的职业发展。

第二,教育决策走向理性需要个人及家长对教育收益具有理性的认识。凡有投资的地方就追求回报,对教育的投资亦是如此,但我国高等教育已进入大众化教育阶段,处在市场经济的大环境中,高等教育投资面临着比以往更大的风险。因此,本土留学教育的预期收益具有不确定性,投资并不一定即刻得到高回报,或者获得的收益可能远远低于个人及家长的期望,我们不能因此否定本土留学教育的投资价值。

第三,教育决策走向理性需要加强对非经济收益的关注。目前,通过高等教育获得个人收益的标准与形式越来越多样化和多元化,很难用一个统一的标准衡量高等教育带来的个人收益。由于教育的公共产品属性,通过本土留学教育积累的很多收益很难被量化,如果把这些非经济收益也考虑到个人收益中,那么教育的收益率将会进一步提高。因此,个人及家长不能仅仅依据经济收益率进行决策,还应提高对非经济收益的关注度。

本土留学教育究竟有何优势?由于每个人的立场和角度不同,需要和出发点不同,因而就存在不同的价值观:政府的本土留学价值观、教师的本土留学价值观、校长的本土留学价值观、学生及家长的本土留学价值观等等。在众多的本土留学价值观中,作为本土留学生个体,我们应该依据哪种评价指标和参数对是否选择本土留学教育做出决策呢?理性的决策应是在结合国家或教

---

① 郭垒.当前我国高等教育质量观综述[J].国家教育行政学院学报,2008(8):65-70.

育主管部门对本土留学教育质量与风险评估结果的前提下,实时关注就业市场动态,综合考量自身情况,选择合适的高等教育形式。

三、合理规避与防范本土留学个人风险

本土留学教育风险的合理规避需要个人或家长强化本土留学教育投资的风险意识。本土留学教育是一种个人投资行为,收益必定伴随着风险。个人或家长应以发展的眼光正确对待本土留学教育的个人承担成本、收益及风险三者的关系。虽然本土留学教育个人承担成本较高,部分本土留学生很难在短期内回收投入的教育成本,但从长期看,本土留学教育给个人及家庭带来的不仅仅是经济收益,更重要的是本土留学教育为个人提供了丰厚的非经济收益。因此,个人及家长应把短期收益和长期收益结合考虑,树立全局观念,不宜因本土留学教育暂时的风险而放弃选择的机会。

本土留学教育风险的合理规避需要个人或家长在对本土留学教育进行投资时,明确自身的风险承受能力,在此基础上选择合适的教育形式,避免因盲目选择带来风险和损失。受教育者可以充分收集本土留学教育的信息,并对相关信息进行理性分析,尤其是要预测自己能够承受的本土留学教育成本与风险,在保证可行性的前提下,合理进行高等教育个人投资,努力追求收益的最大化,以有效规避个人风险。

第五节　分析和讨论

在研究中,我们发现,有几个问题需要引起注意。

(1)大学本土留学是高等教育的外部提供还是混合提供?本课题组认为,虽然大学本土留学的教育机构是中外合作办学机构,从投资份额上外方非主要投资方,但是,在组织形式、管理体制、教学理念和方法等方面,国外高校影响更大。因此,在实质上,大学本土留学属于高等教育的外部提供。

(2)中外合作办学属于集体行为,本土留学属于个人行为,不能用中外合作办学机构代替本土留学。中外合作办学机构是大学本土留学的机构,为本土留学生提供高等教育服务。本土留学生在中外合作办学机构学习和生活,实现本土留学的目的和价值。

(3)大学本土留学的教育价值与收益的主体是个人。在本土留学的过程中,本土留学者个人获得不同于国内公立高校提供的价值理念、课程内容、国际化氛围、知识与能力训练等。本土留学生拥有了这份经历,在语言的运用与

第八章 研究结论及对策建议

交流、出国留学的选择、去外企就业等方面具备了得天独厚的优势。

（4）大学本土留学的收益应分为经济收益和非经济收益两种类型。在一定程度上，非经济收益是经济收益获得的基础。本土留学生在入读中外合作办学机构之前，多看重的是这些机构在价值理念、课程内容、国际化氛围、知识与能力训练等方面的教育价值。虽然这些元素也是影响和形成本土留学人力资本力量的核心因子，但也只是以非经济收益的形式存在。因此，不能完全用经济收益衡量接受本土留学的个人获得的价值。

由于本土留学这种新的教育形式在我国的发展时间不长，作为本土留学机构的中外合作办学机构在发展中也面临社会偏见和管理障碍等问题，加之有关信息并非公开，有些问题涉及本土留学生个人隐私，因此课题组在调研和探索过程中也面临了一些问题，从而影响了课题成果的精准度。这些问题主要表现在：①有关本土留学的部分数据的覆盖面受到一定限制，问卷的填写、访谈的对话存在个别主观判断；②本土留学机构实施的中外合作办学属于跨国跨境教育，由于从专业知识、课程内容、大学的育人功能等方面很难区分是所有高校所共有的，还是外来教育文化与本土教育文化合作的产物，所以也会影响对本土留学价值增量的识别难度。这也是本课题研究未来可以进一步拓展深化的事项。

参考文献

一、中文文献

[1] 包亚明.文化资本与社会炼金术——布尔迪厄访谈录[M].上海:上海人民出版社,1997.

[2] 北京师范大学"留学人员情况调查及归国工作意向研究"课题组.我国部分留学人员情况调查及归国工作意向研究[J].教育研究,1994(5).

[3] 卞庆华.中外合作办学高校辅导员队伍建设研究[D].苏州:苏州大学,2013.

[4] 陈昌贵.1978—2006:我国出国留学政策的演变与未来走向[J].高教探索,2007(5).

[5] 陈昌贵.人才外流与回归[M].武汉:湖北教育出版社,1996.

[6] 陈强.高级计量经济学及Stata应用(第二版)[M].北京:高等教育出版社,2014.

[7] 陈润奇.高等教育国际化背景下对中外合作办学的探索[D].上海:上海师范大学,2007.

[8] 陈兴德.从"过渡舟楫"到"基本方略"——新时期我国留学政策的回顾与展望[J].科学学与科学技术管理,2009(7).

[9] 陈学飞.改革开放以来大陆公派留学教育政策的演变及成效[J].复旦教育论坛,2004(3).

[10] 陈学飞.高等教育国际化:跨世纪的大趋势[M].福州:福建教育出版社,2002.

[11] 陈学飞,等.留学教育的成本与收益:我国改革开放以来公派留学效益研究[M].北京:教育科学出版社,2003.

[12] 陈跃新.高考线下生也能接受高层次高质量教育[J].成才与就业,2004(Z1).

[13] 成刚.对我国留学经济的分析[J].教育科学,2003(5).

[14] 程希,苗丹国.出国留学六十年若干问题的回顾与思考(1949-2009年)[J].东南亚研究,2010(1).

[15] 邓维康.高等教育与世界留学市场探析[J].江苏高教,2006(6).

[16] 董银果,郝立芳.中国教育投资回报率度量的关键问题探析[J].西南大学学报(社会科学版),2011(1).

[17] 董志勇.行为经济学原理[M].北京:北京大学出版社,2006.

[18] 杜淑萍.基于中外合作办学学生学习风格差异性的教学改革与实践[J].中国成人教育,2013(5).

[19] 范道津,陈伟珂.风险管理理论与工具[M].天津:天津大学出版社,2010.

[20] 范先佐.教育经济学[M].北京:人民教育出版社,1999.

[21] 埃尔查南·科恩,特雷 G.盖斯克.教育经济学(第三版)[M].范元伟,译.上海:上海人民出版社,2009.

[22] 方守江.中国学生国际流动:驱动力及风险防范[D].上海:华东师范大学,2010.

[23] 冯发明.中外合作办学的师资问题及对策探析[J].教育与职业,2007(6).

[24] 龚微,谭萍.试析中外合作办学合理回报的特殊性及其完善[J].国家教育行政学院学报,2009(8).

[25] 古伯琼.个人投资高等教育的收益与风险研究[D].成都:四川大学,2007.

[26] 顾明远.高等教育的多样化与质量的多样性[J].中国高等教育,2001(9).

[27] 顾明远.教育大辞典[M].上海:上海教育出版社,1990.

[28] 郭垒.当前我国高等教育质量观综述[J].国家教育行政学院学报,2008(8).

[29] 郭申阳,马克 W.弗雷泽.倾向值分析:统计方法与应用[M].郭志刚,巫锡炜,等,译.重庆:重庆大学出版社,2012.

[30] 韩琳琳.中外合作办学毕业生就业问题研究[J].市场研究,2013(6).

[31] 何亦名.教育扩张下教育收益率变化的实证分析[J].中国人口科学,2009(2).

[32] 洪柳.跨国高等教育与中外合作办学研究——输出国的视角[J].教育学术月刊,2013(7).

[33] 洪锡熙.风险管理[M].广州:暨南大学出版社,1999.

[34] 胡安宁.倾向值匹配与因果推论:方法论述评[J].社会学研究,2012(1).

[35] 黄藤,王冠.第三办学力量的希望与困境——对中外合作办学的实践、

理论及有关政策问题分析[J].民办教育研究,2006(5).
[36] 霍文达.教育成本分析[M].北京:中央民族大学出版社,1998.
[37] 吉艳艳,杨国锐.留学生教育的成本—收益分析——基于世界、国家和个人的三维视角[J].湖北经济学院学报(人文社会科学版),2009(3).
[38] 姜继红.社会资本与就业研究[M].北京:社会科学文献出版社,2005.
[39] 金晓达.外国留学生教育学概论[M].北京:华语教学出版社,1998.
[40] 金雪军,杨晓兰.行为经济学[M].北京:首都经济贸易大学出版社,2009.
[41] 靳希斌.从滞后到超前——20世纪人力资本学说·教育经济学[M].济南:山东教育出版社,1995.
[42] 柯佑祥.教育经济学[M].武汉:华中科技大学出版社,2009.
[43] 孔令锋.论人力资本投资的风险[J].当代经济科学,2002(2).
[44] 冷树伟,高永军,冯娅楠,等.中外合作办学外籍教师教育资源优势及特征分析[J].中国成人教育,2011(8).
[45] 李鸿泽.从教育消费性收益看当代留学动机[J].世界教育信息,2007(8).
[46] 李盛兵,王志强.中外合作办学30年——基于11省市中外合作办学分析[J].华南师范大学学报(社会科学版),2009(2).
[47] 李晓伟.自费留学的经济分析[J].科学学与科学技术管理,2002(4).
[48] 李玉梅.关于中外合作办学机构终止的法律规定亟待完善[J].教育研究,2009(9).
[49] 李子奈,叶阿忠.高级应用计量经济学[M].北京:清华大学出版社,2012.
[50] 栗晓红.高等教育制度变迁视野中的中外合作办学研究[J].教育研究,2011(10).
[51] 廖娟.人力资本投资风险与教育选择——基于个体风险态度的研究[J].北京大学教育评论,2010(3).
[52] 林钢,武雷,等.高等教育成本研究[M].北京:中国人民大学出版社,2008.
[53] 林金辉,刘志平.高等教育中外合作办学"走出去"发展战略探新[J].教育研究,2008(1).
[54] 林金辉,刘志平.高等教育中外合作办学研究[M].广州:广东高等教育出版社,2010.
[55] 林金辉,刘志平.论高等教育中外合作办学的规范与引导[J].江苏高

教,2007(6).

[56] 林金辉.论中外合作办学的可持续发展[J].教育研究,2011(6).

[57] 林金辉.中外合作办学基本规律及其运用[J].江苏高教,2012(1).

[58] 林金辉.中外合作办学中引进优质教育资源问题研究[J].教育研究,2012(10).

[59] 林荣日.教育经济学[M].上海:复旦大学出版社,2001.

[60] 林炜,陶林.论当前中外合作办学的问题、原则与对策[J].南京医科大学学报(社会科学版),2006(3).

[61] 刘国福.近三十年中国出国留学政策的理性回顾和法律思考[J].浙江大学学报(人文社会科学版),2009(6).

[62] 刘婧婧.我国个人教育投资收益与风险研究[D].威海:山东大学,2013.

[63] 金子元久.高等教育的社会经济学[M].刘文君,译.北京:北京大学出版社,2007.

[64] 刘泽云,萧今.教育投资收益分析——基于多层模型方法的研究[M].北京:北京师范大学出版社,2009.

[65] 刘泽云.教育收益率估算中的几个方法问题[J].北京大学教育评论,2009(1).

[66] 刘志民.教育经济学[M].北京:北京大学出版社,2007.

[67] 刘志平.高等教育中外合作办学引进优质教育资源问题研究[D].厦门:厦门大学,2008.

[68] 楼晓玲,陈昌贵,高兰英.我国高校留学人员回国后发挥作用状况与分析[J].清华大学教育研究,2000(3).

[69] 芦文娟,朱柯冰.中外合作办学背景下双语教学模式研究[J].教育理论与实践,2013(9).

[70] 陆根书,康卉,闫妮.中外合作办学:现状、问题与发展对策[J].高等工程教育研究,2013(4).

[71] 路竞竞.人力资本投资风险类型分析[J].现代经济探讨,2008(5).

[72] 罗尧成.高职院校国际合作办学项目中优质教育资源的识别与引进[J].教育与职业,2012(36).

[73] 马晓强,丁小浩.我国城镇居民个人教育投资风险的实证研究[J].教育研究,2005(4).

[74] 马晓强.教育投资收益——风险分析[M].北京:北京大学出版社,2008.

[75] 毛德权.中外合作办学法律问题研究[D].沈阳:辽宁大学,2011.

[76] 孟韬,葛婷婷.中外合作办学的多主体监管体系探索[J].现代教育管理,2013(5).

[77] 苗丹国,杨晓京.改革开放初期出国留学政策的形成与调整[J].广东社会科学,2008(5).

[78] 闵维方.高等教育运行机制研究[M].北京:人民教育出版社,2002.

[79] CARNOY M.教育经济学国际百科全书(第二版)[M].闵维方,等,译.北京:高等教育出版社,2000.

[80] 戚德祥,柳海民.出国留学教育价值论[J].东北师大学报(哲学社会科学版),2003(4).

[81] 钱争鸣,易莹莹.中国教育收益率统计估计与分析——基于参数和半参数估计方法的比较[J].统计研究,2009(7).

[82] 人类发展报告编写组.1999年人类发展报告[M].北京:中国财政经济出版社,2001.

[83] 邵丽霞.中外合作办学政策分析[D].扬州:扬州大学,2009.

[84] 沈红,张青根.我国个人教育收益中文凭效应的计量分析[J].教育与经济,2015(1).

[85] 申跃,孟芊.大学吸引力的因素分析:基于留学选择的实证研究[J].清华大学教育研究,2005(1).

[86] 盛冰.论教育中的社会资本[J].教育科学,2005(3).

[87] 史秋衡,郭华.过度市场化下中外合作办学的理念调整及发展规划[J].教育研究,2009(9).

[88] 西奥多 W.舒尔茨.论人力资本投资[M].吴珠华,等,译.北京:北京经济学院出版社,1990.

[89] 西奥多 W.舒尔茨.教育的经济价值[M].长春:吉林人民出版社,1982.

[90] 宋维堂,张淑梅.中外合作办学对我国人才培养的影响[J].教育探索,2008(12).

[91] 孙伟忠,肖辉.我国高等教育收益的获得机制分析[J].学术交流,2010(2).

[92] 覃美琼.中外合作办学现状分析与对策建议[J].高等教育研究,2006(5).

[93] 谭贞.国外优质教育资源的引进与模式优化[J].教育与经济,2007(3).

[94] 谭贞.中外合作办学对我国高等教育发展的双重作用[J].现代教育管理,2009(3).

[95] 田玲.留学教育效果评估理论框架的探讨[J].清华大学教育研究,2002(2).

[96] 麦可斯研究院.就业蓝皮书:2014年中国大学生就业报告[M].北京:社会科学文献出版社,2014.

[97] 王春梅.家庭背景、自我效能与学业态度的关系研究——以中外合作办学项目学生为样本的实证调查[J].高教探索,2012(6).

[98] 王建华.中国出国留学教育与留学人才外流回归现象研究[D].杭州:浙江工业大学,2005.

[99] 王剑波,薛瑞莉.中外合作办学教育主权问题的理性思考[J].山东师范大学学报(人文社会科学版),2004(5).

[100] 王剑波.跨国高等教育与中外合作办学[M].济南:山东教育出版社,2012.

[101] 王明进,岳昌君.个人教育投资风险的计量分析[J].北京大学教育评论,2007(2).

[102] 王庆仁.金融理财规划[M].上海:复旦大学出版社,2010.

[103] 王善迈.教育投入与产出研究[M].石家庄:河北教育出版社,1996.

[104] 王新华,李堂军,丁黎黎.复杂大系统评价理论与技术[M].济南:山东大学出版社,2010.

[105] 王永吉,蔡宏伟,夏结来,等.倾向指数第二讲:倾向指数常用研究方法[J].中华流行病学杂志,2010,31(5).

[106] 王永吉,蔡宏伟,夏结来,等.倾向指数第一讲:倾向指数的基本概念和研究步骤[J].中华流行病学杂志,2010,31(3).

[107] 王玉昆.教育经济学[M].北京:华文出版社,1998.

[108] 韦洪涛.高等教育质量评价与保证体系研究[M].长春:吉林人民出版社,2006.

[109] 吴霞.我国高等教育受教育者投资风险研究[D].长沙:长沙理工大学,2009.

[110] 武向荣.大学毕业生就业风险和职业选择[J].当代教育论坛,2005(11).

[111] 肖地生,顾冠华.全球化视野下的中外合作办学[J].黑龙江高教研究,2003(5).

[112] 谢洪梅.不出国门"留学"热身赛[J].成才与就业,2004(Z1).

[113] 熊福生.风险理论[M].武汉:武汉大学出版社,2005.

[114] 徐国兴.高等教育经济学[M].北京:北京大学出版社,2013.

[115] 徐建中,李有彬,那书博.中外合作办学的经济性分析与模式探索[J].

情报科学,2006(5).

[116] 许评.有限理性下的税收遵从研究[M].北京:知识产权出版社,2010.

[117] 许震.人力资本投资风险研究[D].南京:南京理工大学,2003.

[118] 许震.西方人力资本投资风险理论述评[J].经济研究导刊,2009(20).

[119] 杨爱英.中外合作办学与高等教育教学改革研究[J].黑龙江教育(高教研究与评估),2013(3).

[120] 杨辉.中外合作办学模式初探[J].教育评论,2004(4).

[121] 杨立军,汤美玲.政策效用视角下的我国中外合作办学项目[J].教育发展研究,2012(19).

[122] 叶阿忠,陈国宏,吴相波,等.计量经济学[M].福州:福建人民出版社,2010.

[123] 易凌.中外合作办学中面临的法律问题及解决途径[J].教育研究,2012(6).

[124] 殷永建.高校中外合作办学项目质量评价体系建构[J].黑龙江教育学院学报,2011(4).

[125] 于海峰.当代中国留学制度研究[D].长春:东北师范大学,2008.

[126] 于浩淼.中外合作办学的可持续发展问题探究[J].教育探索,2013(8).

[127] 占盛丽,孔繁盛.中国高中生对留学海外高校质量信息的重视程度及其影响因素研究[J].复旦教育论坛,2010(5).

[128] 张继国,辛格.信息熵——理论与应用[M].北京:中国水利水电出版社,2012.

[129] 林南.社会资本——关于社会结构与行动的理论[M].张磊,译.上海:上海人民出版社,2005.

[130] 张宁,连进军.多元文化视角:中外合作办学批判性课程文化的生成与构建[J].江苏高教,2012(6).

[131] 张卫国.跨国高等教育背景下教育主权新论[J].国家教育行政学院学报,2011(5).

[132] 张学敏,叶忠.教育经济学[M].北京:高等教育出版社,2009.

[133] 张珍.留学教育的个人投资决策解析[J].文教资料,2008(5).

[134] 张紫薇.现代高校本科专业结构调整的多元耦合[J].江苏高教,2013(6).

[135] 赵恒平,闵剑.高等教育个人投资风险研究[J].武汉理工大学学报,2005(12).

[136] 赵宏斌.教育收益与风险的国际比较及对我国的启示[J].比较教育研究,2004(8).

[137] 赵宏斌.人力资本投资风险——对中国高校毕业生就业选择与教育投资风险的研究[M].上海:上海交通大学出版社,2007.

[138] 赵彦志.收益、风险与监管:中外合作办学的经济分析[M].北京:中国社会科学出版社,2010.

[139] 郑克强,罗序斌.地方高校新区建设债务风险研究[M].北京:中国社会科学出版社,2011.

[140] 钟秉林,周海涛,夏欢欢.中外高等教育合作办学机构和项目的学生满意度分析[J].中国高教研究,2012(9).

[141] 周金燕,钟宇平,孔繁盛.全球化背景下的教育不平等:中国高中生留学意愿影响因素的研究[J].清华大学教育研究,2009(6).

[142] 周梦君,谢翠蓉,王翔波.中外合作办学是引进国外优质教育资源提升教育整体水平的有效途径[J].国家教育行政学院学报,2003(4).

二、英文文献

[1] ALTBACH P G, KNIGHT J. The Internationalization of Higher Education: Motivations and Realities[J]. Journal of Studies in International Education, 2007, 11.

[2] AUSTIN P, MAMDANI M M. A Comparison of Propensity Score Methods: A Case-study Estimating the Effectiveness of Post-AMI Statin Use[J]. Statistics in Medicine, 2006, 25(12).

[3] ADAMS J, Song H L. Key Developments and Future Challenges in Chinese-foreign Cooperation in Higher Education[J]. Journal of Knowledge-based Innovation in China, 2009, 1(3).

[4] BECKER S O, ICHINO A. Estimation of Average Treatment Effects Based on Propensity Scores[J]. The Stata Journal, 2002, 2(4).

[5] BELFIELD C R. Economic Principles for Education: Theory and Evidence[M]. Northampton Ma: Edward Elgar Publishing Ltd, 2000.

[6] BRUCE J D. Sharing the Costs of Higher Education: Student Financial Assistance in the United Kingdom, the Federal Republic of Germany, France, Sweden, and the United States[M]. NewYork: College Board Publications, 1986.

[7] CHRISTINE E, Yang F J. Foreign Universities in China: A Case Study

[J]. European Journal of Education,2009,44(1).

[8] COLEMAN J S. Social Capital in the Creation of Human Capital[J]. American Journal of Sociology,1988,94.

[9] DEHEJIA R H,WAHBA S. Causal Effects in Non-experimental Studies:Re-evaluating the Evaluation of Training Programs[J]. Journal of the American Statistical Association,1998,94.

[10] EFRON B,TIBSHIRANI R J. An Introduction to the Bootstrap[M]. London:Champman & Hall,1993.

[11] EICHLER M,LECHNER M. An Evaluation of Public Employment Programmes in the East German State of Sachsen-Anhalt[J]. Labour Economics,2002,9.

[12] FANG W H. The Development of Transnational Higher Education in China:A Comparative Study of Research Universities and Teaching Universities[J]. Journal of Studies in International Education,2012,16(1).

[13] HUANG F T. Internationalization of Higher Education in the Developing and Emerging Countries:A Focus on Transnational Higher Education in Asia[J]. Journal of Studies in International Education,2007,11(3-4).

[14] HECKMAN J J,LALONDE R J,SMITH J A. Handbook of Labor Economics[M]. Amsterdam:Elsevier Science Ltd,1999.

[15] HECHANOVA G,BEEHR T,CHRISTIANSEN N D,et al. Adjustment and Strain among Domestic and International Student Sojourners:A Longitudinal Study[J]. School Psychology International,2002,23(4).

[16] IMBENS G W. Nonparametric Estimation of Average Treatment Effects Under Exogeneity:A Review[J]. The Review of Economics and Statistics,2004,86(1).

[17] JAMES P. International Education:Diplomacy in China[J]. Brown Journal of World Affairs,2012,19.

[18] KIM J. Economic Analysis of Foreign Education and Students Abroad [J]. Journal of Development Economics,1998,56(2).

[19] MCBURNIE G,ZIGURAS C J. The Regulation of Transnational Higher Education in Southeast Asia:Case Studies of Hong Kong,Ma-

laysia and Australia[J]. Higher Education,2001,42(1).

[20] Mok K H,XU X Z. When China Opens to the World:A Study of Transnational Higher Education in Zhejiang,China[J]. Asia Pacific Education Review,2008,9(4).

[21] United Nations Educational,Scientific and Cultural Organization. Policy Paper for Change and Development in Higher Education[R]. Paris: UNESCO,1995.

[22] YANG R. Transnational Higher Education in China:Contexts, Characteristics and Concerns[J]. Australian Journal of Education,2008,52.

三、电子资源

[1] ALTBACH P G. Philip Altbach:China Has Right Approach to Foreign Collaboration[EB/OL].[2012-02-19]. http://www.insidehighered.com/blogs/world-view/philip-altbach-china-has-right-approach-foreign-collaboration.

[2] 中华人民共和国教育部.教育规划纲要实施三年来中外合作办学发展情况[EB/OL].[2013-09-05]. http://www.moe.gov.cn/jyb_xwfb/xw_fbh/moe_2069/s7135/s7597/s7598/201309/t20130905_156992.html.

[3] 中华人民共和国教育部. 中华人民共和国中外合作办学条例实施办法[EB/OL].[2004-06-02]. http://www.moe.gov.cn/srcsite/A02/s5911/moe_621/200406/t20040602_180471.html.

[4] 中华人民共和国教育部. 国家中长期教育改革和发展规划纲要(2010-2020年)[EB/OL].[2010-07-29]. http://www.moe.gov.cn/publicfiles/business/htmlfiles/moe/moe_838/201008/93704.html.

[5] 俞菀."不拘一格录人才"——专家建言中外合作办学[EB/OL].[2013-09-06]. http://edu.people.com.cn/n/2013/0906/c1053-22836544.html.

后　　记

本书是国家社会科学基金"十二五"规划 2013 年度教育学一般项目"大学层面本土留学的价值识别与风险控制"(BIA130084)的研究成果。大学层面本土留学的价值识别与风险控制是我国中外合作办学发展面临的新问题，也是高等教育研究领域极具挑战性的课题。正因为属于新问题，所以无现成的成果可以参考借鉴。也因为课题具有高度的挑战性，因此在深入研究中碰到了许多难以想象的困难，例如对本土留学内涵的准确把握、本土留学与中外合作办学的区分、本土留学价值主体的个人行为、本土留学的经济收益与非经济收益识别、数据获得的不易等等，这些都影响了课题研究的进程。但是，这些困难丝毫没有减弱课题团队对"大学层面本土留学的价值识别与风险控制"的研究兴趣，反而激发了课题团队迎难而上、勇于开拓的斗志。课题负责人精心设计，明确分工，集思广益，带领课题团队成员协作攻关，研讨交流，撰文写稿。经过长达 5 年认真、艰辛的探索，使得本课题终于全面完成。

课题负责人柯佑祥主持负责课题总体设计规划、总报告的撰写、政策参考报告的撰写、课题全部报告的统稿和调研、课题主要子报告的撰写、其他子报告的修改、成果发表(出版)与传播等工作，雷洪德、刘金、彭湃等参与了课题的研讨与调研等重要工作，张紫薇、谢冬平、段梦涵、李进生、沈思、罗晓等参与了课题的调研、子课题报告撰写及研讨等工作。全书由柯佑祥策划与统稿。感谢课题组的协作攻关和艰辛探索！具体分工如下：

第一章：柯佑祥，张紫薇。

第二章：谢冬平，柯佑祥。

第三章：柯佑祥，段梦涵，沈思，李进生。

第四章：张紫薇，柯佑祥。

第五章：张紫薇，柯佑祥。

第六章：张紫薇，柯佑祥。

第七章：张紫薇，柯佑祥。

第八章：柯佑祥，张紫薇，李进生。

本书课题的立项和研究得到了全国教育科学规划领导小组办公室的大力支持，得到了华中科技大学人文社科处和教育科学研究院等长期的支持，在课题调研过程中也得到了宁波诺丁汉大学、西交利物浦大学等众多中外合作办

后记

学高校的领导与师生的热情帮助,在课题研究与报告撰写的过程中也参考了有关学者的论著。本书的出版得到了华中科技大学出版社的帮助。在此,课题组谨表示真诚的谢意。也特别感谢家人与亲朋好友的付出和关心,感谢"学在华柯"团队的博士与硕士研究生的支持和努力。

本土留学的价值识别与风险控制是一个非常棘手的重要问题。对如何做好这项课题研究,我们深有体会。一是要厘清课题研究中的相关概念。如在本课题中,涉及本土留学、高等教育外部提供、中外合作办学、经济收益与非经济收益、收益的个体与集体(机构)等重要术语,必须明确区分。二是在课题结构设计上坚持宏观与微观相结合,理论与实际相结合,政策研究与学术研究相借鉴。大学层面的价值识别与风险控制涉及留学的变迁、留学政策、收益理论、中外合作办学政策、本土留学个体行为选择及其收益和风险计量等,需要按照"两个结合、一个借鉴"的原则,精心设计,优化结构。三是在研究中树立质量导向和团队意识。一项好的课题研究,必然要做到设计前沿不俗套、方法科学不单调(包括定量定性、文献与调查、案例与整体皆备)、内容丰富有新意、方案精炼有水平、团队诚信有合作、思想突出有境界。我们在课题研究中也是按照这种理念执行的。四是对本土留学个人行为和机构的办学行为的研究应有的放矢,集中研究重点问题。如研究本土留学的教育价值时,通过与出国留学比较,体现出本土留学的特色;研究本土留学的收益与风险时,集中分析个人收益及风险,突出问题的关键。总的来说,课题研究有明确的目标、任务与要求,有特定的研究范式,也可以在调研、交流与研究中营造和培植丰富的课题文化,推进课题研究更上一层楼。

本土留学这种新的留学形式在我国的发展时间不长但发展迅速,研究本土留学的价值识别与风险控制无论从广度还是深度上都有巨大空间,值得长期持续探索。由于课题组成员研究风格或能力各异,课题负责人虽经悉心统稿、修改,但难免有不完全一致的地方,有待作者修订时进一步完善,恳请读者指正。

2018 年 12 月,武汉